2021 年国家社科基金艺术学重大项目

《中国艺术考古资料整理与研究》（立项号：21ZD09）之子课题

# 《音乐考古与中国礼乐文明研究》

阶段性成果

王清雷 著

# 西周甬钟篆带动物纹研究

文物出版社

**图书在版编目（CIP）数据**

西周甬钟篆带动物纹研究 / 王清雷著. -- 北京：
文物出版社, 2022.5
ISBN 978-7-5010-7567-6

Ⅰ.①西… Ⅱ.①王… Ⅲ.①铜器纹饰(考古)—研究
—中国—西周时代 Ⅳ.①K876.414

中国版本图书馆CIP数据核字(2022)第083309号

## 西周甬钟篆带动物纹研究

| | | |
|---|---|---|
| 著　　者 | 王清雷 | |

| | | |
|---|---|---|
| 责任编辑 | 刘良函 | |
| 责任印制 | 王　芳 | |

| | | |
|---|---|---|
| 出版发行 | 文物出版社 | |
| 社　　址 | 北京市东城区东直门内北小街2号楼 | |
| 邮政编码 | 100007 | |
| 网　　址 | http://www.wenwu.com | |
| 经　　销 | 新华书店 | |
| 制版印刷 | 天津图文方嘉印刷有限公司 | |
| 开　　本 | 710mm×1000mm　1/16 | |
| 印　　张 | 22.75 | |
| 版　　次 | 2022年5月第1版 | |
| 印　　次 | 2022年5月第1次印刷 | |
| 书　　号 | ISBN 978-7-5010-7567-6 | |
| 定　　价 | 360.00元 | |

谨以此书献给恩师

刘绪先生

# 序　言

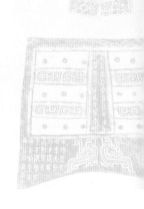

　　今年春节期间，王清雷携家人来我家拜年，带来了他的新作《西周甬钟篆带云纹研究》等书。清雷是我的大师兄兼辅导老师刘绪先生的弟子，已经在中国艺术研究院音乐研究所工作多年。我自从参与中国艺术研究院主编的《中华艺术通史》第二卷撰写以后，尤其是自该院一起参加编写该书的老朋友（包括音乐研究所的秦序先生）陆续退休后，就很少再到中国艺术研究院，对音乐研究所的情况了解甚少。清雷给我讲述了音乐研究所的研究近况，我对清雷本人近期的研究成果才有所了解，知道清雷这些年除了亲自参与多个省区的中国音乐文物调查和多个考古项目的音乐文物分析，主持编写《中国音乐文物大系·福建卷》外，还撰写了系统研究上古乐器的《西周乐悬制度的音乐考古学研究》（2007年）和中国音乐考古研究史的论作，《西周甬钟篆带云纹研究》一书就是他最新的研究成果。寒假后不久，清雷又寄来了他即将出版的另一部新作《西周甬钟篆带动物纹研究》的校样，希望我给他这本书写篇序。我完全不懂音乐，好在该书对西周甬钟篆带动物纹的研究以纹饰为主，兼顾调音研究，纹饰的类型分析是该书的基础和主要内容。我从事夏商周考古的教学和科研，也兼做一点中国古代青铜器的研究，对青铜打击乐器的形态和纹饰也有一些了解，本着促使自己认真阅读清雷新作的态度，也就答应为清雷的新作

写篇序言。当然，我答应写这篇书序的首要原因是，清雷是刘绪先生的弟子，刘绪先生不幸离开了我们，我算是清雷的师叔，代替清雷的老师给他的新书作序，也是理所当然的。

铜钟是先秦打击乐器的主要种类的总称，其形若带钮或杆悬挂装置的状如合瓦的共鸣体。若干个大小不等的钟按一定音阶排列组合在一起，经过调音，使之能演奏乐章，就构成编钟。中国古代铜钟从最初的铜铃开始，为了降低铸造工艺难度（主要是翻脱范难度），采用合瓦状即截面呈梭形的造型设计是一种合理的选择。早期铜铃的这种造型之后被放大并沿用，尽管后来铸造圆形铜器的技术已经不成问题，但由于传统的作用，商周时期的铜钟无论是口朝下的甬钟和钮钟，还是口朝上的钲和铎；无论是口部弧形的铙，还是口部平齐的镈；它们的造型都是合瓦形而非圆筒形，合瓦形的造型成了中国铜乐钟长期保持的一个特点。立面为梯形和截面呈梭形的铜钟，造型相对简单，在漫长的时间跨度中变异不大，更不要说像西周这样一个时期了。而铜钟的组合即编钟，即便同一人制作的编钟也存在批次和形态的不同，有的一套的造型可以明显分为不同的类型，如笔者曾经参与发掘的山西曲沃县北赵晋侯墓地八号墓出土的晋侯苏钟，就可以分为两种型式，一式晋侯苏钟4件，二式晋侯苏钟12件。诸如此类的一些原因，使得铜钟的断代定年比起其他青铜容器来说就显得相对困难。因此，通过纹饰的形态学研究和调音痕迹的研究来判断成编铜钟的年代，就成为理所当然的方法之一。王世民、陈公柔、张长寿在《西周青铜器分期断代研究》一书指出："由于铜器形制和纹饰的变化并不是同步的，而是两相交叉的，往往形制上相对稳定的时间稍长，纹饰上变化明显，这便需要将纹饰研究与形制研究结合起来，二者相辅相成，避免仅据器型断代的偏差。"青铜器种类多样，器形有的复杂有的简单，造型复杂、使用较多的器类，由于在反复制作的过程中容易发生变异，形态演变相对较快；造型简单和使用较少的器类，则因为同样的原因，其形态变化相对较慢。具体到铜钟来说，钟是一种造型简单的器物，其使用范围也有限，直到西周中晚期，铜编钟虽成为男性贵族标表身份等级的用器之一，但女性贵族都还不使用。大概由于这两方面的原因，钟类青铜器形态的变化相对于其他铜礼器和铜兵器来说，就显得更加缓慢。清雷将纹饰类型及其演变研究作为铜钟音乐考古研究的基础，这无疑是恰当的。

铜钟的纹饰主要分布在篆带和鼓部，鼓部呈镜像对称的纹饰单元较大，较早就引起研究者的关注。音乐考古和音乐史研究前辈学者李纯一先生连续发表了《周代甬钟正鼓云纹断代》（1996年）、《周代钟镈正鼓对称顾龙纹断代》（1998年）、《周代钟镈正鼓对夔纹和蟠虺纹断代》《东周钟镈正鼓蟠龙纹和兽面纹的断代》和《关于一些中原地区东周钟鼓部纹饰的思索》（2019年）的铜钟纹样研究的论文，对铜钟鼓部纹样的类型及其年代的关系进行分析。正由于铜钟上纹饰研究对于断代具有重要意义，而不同类型铜钟的不同部位的纹样类型又有所不同，正确的铜钟纹饰断代是判断一套编钟组合成编年代的重要依据，如同清雷所说，他就是在李纯一先生早期论作的影响和启发下，认识到编钟纹饰研究的学术意义。不过，李纯一先生关注的铜钟鼓部纹饰的类型与年代，只是铜钟装饰最引人注目的部分，鼓部是奏乐时的打击部分，使用时的长期打击可能会使纹饰不那么清晰。而铜钟篆带所饰纹样在一件铜钟中重复最多，且篆带纹样在凸起钟枚的制约下，在铜钟使用时一般不会磨损，花纹多保存铸造时期的原貌。清雷选择铜钟的篆带纹样作为自己的主要研究对象，这既可弥补前辈学者研究的缺失，也从篆带纹样类型学研究方面完善了铜钟个体和组合的年代学研究，其学术意义是不言而喻的。

在铜钟的发展演变历程中，西周时期是最重要的阶段。正是在这一时期，铜钟继承了先前中原地区铜编铙的用法，并融汇南方地区大铙的形态，出现了成编铜甬钟这种新的铜器类型，并逐渐成为当时各种乐器组合的中心，"钟鸣鼎食"构成周文化的重要特征之一。鉴于西周时期铜钟的重要性，而西周铜钟又基本上都是甬钟，清雷对铜钟篆带纹饰的类型学研究首先选取西周时期的甬钟，这无疑也是恰当的。甬钟篆带纹以云纹和动物纹为主，另有雷纹、波带纹和重环纹；即便动物纹样，除了龙纹和窃曲纹外，也还有蝉纹。纹饰类型学的研究，如果研究目的主要是为了排序、分期、编年的话，选取研究对象应着眼于出现频率高、使用时间长、变化速率快的纹饰，并不需要对所有纹饰进行类型学的分析排比。大概也正是出于这样的考虑，清雷对西周铜甬钟篆带纹样的研究，首先从云纹开始，其最终研究成果就是前面提到的《西周甬钟篆带云纹研究》一书；紧接着就是对蝉纹以外的动物纹的研究，其最终成果就是目前呈现在我们面前的《西周甬钟篆带动物纹研究》新作。

清雷对西周甬钟篆带动物纹的研究延续了他对西周甬钟云纹的研究思路，也就是采用"以调音和纹饰为核心元素的综合断代方法"，在对西周甬钟篆带所饰龙纹或窃曲纹做类型学分析之前，先对不同类型的龙纹和窃曲纹的不同名称进行考辩，从考古发掘品和传世品中选定了师㝨钟、㝬钟（宗周钟）、士父钟、逨钟、南宫乎钟这5例甬钟作为饰有篆带动物纹的西周甬钟的断代标准器，其年代从厉王到宣王晚期，作为界标铜钟的年代跨度尽管不长，但这一时期甬钟的数量最多，如果这样一个较短时期篆带动物纹样排序能够解决，部分可以证明整体，整个西周中晚期铜钟篆带动物纹样排序的先后顺序和相对年代也就比较清楚了。在确定了"界标"甬钟的基础上，清雷又选择了15例"纹饰清晰、来源可靠、资料完整的西周甬钟作为不同型式的实物标本"。对于每一例标本，都先梳理出学界不同的断代观点，然后以编钟的调音和纹饰作为主要判断标准，再结合其测音数据、纹饰工艺、铭文、器形、编列、音列等多种断代元素，对这些标本进行断代。在这个论述过程中，清雷对相关纹样铜钟年代的新见不时涌现，一些被误判或存疑的西周铜甬钟，都重新得到了更正。曲沃县北赵晋侯墓地8号墓出土的晋侯苏钟，清雷将一式晋侯苏钟的时代断定为西周中期夷王之世，把二式晋侯苏钟的时代断定为西周晚期厉王后段，即为一例。最后，该书通过对西周甬钟篆带动物纹的类型学研究，初步构建了一个西周甬钟篆带动物纹的发展谱系，为西周编钟断代提供了一个较为可靠的时代标尺。

读完清雷《西周甬钟篆带动物纹研究》这部专著后，本人感触良多，不仅想应清雷要求给该书写篇书序，还想将该书及其姊妹篇《西周甬钟篆带云纹研究》一书合在一起，写一篇书评。写书评不仅需要"述"，更重要的是"评"。考古学论著的评论是史学评论之一，需要就一些存在问题，或对可以进一步补充完善的地方进行讨论，以供作者参考，也能引起读者共读此书并参与讨论的兴趣。当然，要想写好书评，还需要再仔细阅读这两本书，也还要花比较多的时间。这里我仅就有关本书的一些想法，提三点建议，供清雷参考。

一是关于铜甬钟篆带纹样在内的青铜器纹样的名实问题。纹样名称既要考虑

"名不正则言不顺"，也要考虑到"约定俗成"，因而清雷尽管不赞同窃曲纹这一名称，却因该名称学术界都已习用，故仍然采用窃曲纹作为铜钟篆带三种动物纹之一的代号。这里需要提出讨论的是，窃曲纹这种纹样的外延，也就是窃曲纹的分类问题。窃曲纹是变形动物纹的一种，习惯上把变形迥异的两种纹样都归入了窃曲纹类：一类是整体形态如"己"字形的反转云纹或龙纹，纹带中段有突出的眼睛，也就是清雷书中所分的A型"横S形窃曲纹"；另一类是整体形态如"凹"字形的曲身龙纹或云纹，眼睛一般脱离纹带而位于纹带一侧的中间，也就是清雷书中的B型"横G形窃曲纹"。这两种纹样的动物原型不同，创型意趣各异，通常青铜器研究者将其都归入窃曲纹本来就有点勉强，分别命名似乎更好一些。

二是关于铜甬钟篆带纹样的分类阶元问题。《西周甬钟篆带动物纹研究》一书在辨明铜甬钟动物纹样种类名称的基础上，将篆带龙纹分为对角两头龙纹和斜角龙纹，即A、B两型。前者又以龙舌是否穿过龙颈为标准，划分为两个亚型，每个亚型又根据龙首的唇部特征或身躯的特征划分为两三个具有发展关系的"式"；后者则直接以线条表现形式的变化划分为三式。篆带窃曲纹分类也是如此，先根据整体形态的差异划分为横S形窃曲纹和横G形窃曲纹这样的A、B两型，其中A型又根据有无眼睛划分为两个"式"。这种用树状结构和文字表达来描述甬钟篆带动物纹的分类阶元，分类依据和类型结构的表达都很清晰，但由于没有附上每个型式的动物纹图像（虽然在每类纹样最后都有纹样型式分期图表，但前后距离好几十页，对比不便），这不便于读者将抽象的型式与具体的纹样联想起来，如果还能够调整，建议补上，以便读者。

三是青铜打击乐器调音研究在年代判断方面的作用。清雷将"已有调音的西周中晚期编钟的断代研究"置于众多断代元素中的首位，以"充分发挥音乐考古学交叉学科的学科优势"。我完全认同音乐考古学界对调音研究意义的判断。不过，我个人以为，编钟调音研究所获得的年代信息，是基于音乐发展从不成熟到逐渐成熟的逻辑过程，通过对铜编钟的调音遗痕的观察记录，确定不同群组铜编钟的先后序列的方法，是关于铜钟相对年代判定的一种独立的信息源；同样，铜编钟纹饰的类型学研究，也是基于纹饰的逻辑发展序列，参照其他年代信息再确认纹饰发展历程的方法，也是一种判断铜钟年代先后的独立信息源。分别独立开展这两方面的排序和分期研究，然后再将二者整合在一起，或许效果更显著。

从《西周甬钟篆带动物纹研究》一书的后记可知，清雷关于西周甬钟篆带云纹和动物纹的研究，只是他西周铜钟纹饰研究的两个重要部分，其后还有西周甬钟篆带其他纹样、其他部位纹样的研究；在西周甬钟纹饰研究完成以后，还可能会有东周铜钟纹饰研究的计划。清雷是一个勤奋的学者，我相信在不久的将来，他就可以按计划陆续完成自己的系列研究（至少是西周铜钟纹饰的研究）。那时，我建议清雷能将既有成果集中起来，以周代或西周铜钟的纹饰类型学研究和调音研究为主干，以铜钟的形态研究、测音研究和文字研究成果为参照，撰写出一部更全面和更丰富的音乐考古论著。

我会一直期待着。


孙　华

（北京大学考古文博学院教授、院学术委员会主任、文化遗产保护研究中心主任）

2022年4月25日

# 目 录

第一章

## 西周甬钟篆带动物纹的分类与定名

第二章
西周甬钟篆带龙纹的类型学研究

第三章
西周甬钟篆带窃曲纹的类型学研究

## 结　语

# 附 录

# 参考文献

# 后 记

# 绪 论

## 一 选题缘起与意义

### （一）选题缘起

2021年4月，笔者完成《西周甬钟篆带云纹研究》[1]书稿并交付文物出版社。本来计划开始撰写中国艺术研究院院课题《音乐考古学概论》或者国家社科基金艺术学课题《海昏侯刘贺墓出土乐器的音乐考古学研究》。但如此一来，"西周甬钟篆带纹饰研究"这个选题就成了"半拉子工程"，因为西周甬钟篆带除了主要装饰云纹之外，还有一些装饰动物纹，这两类纹饰是西周甬钟篆带的主体纹样。同时，对于西周甬钟篆带纹饰研究也就不能做到系统性把握，这对于西周的礼乐重器——甬钟的体系性研究，无疑留下了一个较大的学术缺口。笔者思考再三，最终还是决定撰写本书《西周甬钟篆带动物纹研究》，将"西周甬钟篆带纹饰研究"这个选题画上一个圆满的句号。

编钟纹饰研究是否属于音乐考古学的研究范畴，这也是本书选题缘起需要探讨

---

[1] 王清雷：《西周甬钟篆带云纹研究》，文物出版社，2021年。

的一个问题。对于编钟而言，有的音乐学者认为仅需关注与音乐有关的内容即可，重点就是测音工作，然后在测音数据的基础上做乐学、律学以及音乐声学的研究，而编钟纹饰研究是文博考古工作者的事情，或者是美术考古的研究领域，不需要音乐考古界的学者去研究。试想，如果按照这种模式去研究编钟，岂不成了单纯的音乐学研究？那音乐考古学的研究又从何说起？秦序先生指出："目前考古学的基本方法有两条：一是类型学，一是层位学。科学的音乐考古研究要结合音乐学特有的研究方法和经验积累，但也需运用以上两种现代考古学的基本方法。"[1]秦先生所言甚是。音乐考古学作为一门音乐学与考古学的交叉学科，只有在学术研究中将音乐学与考古学的方法并重，音乐考古学这门学科才能名副其实。对于编钟而言，那就是既要在测音数据的基础上做音乐学的研究，还要在编钟纹饰的微观与宏观把握的基础上做考古类型学的研究。如果在音乐考古学的研究中，仅仅关注音乐学的内容，而忽略考古学的研究，甚至将考古学的内容剥离，那么音乐考古学这门学科又怎能称之为音乐"考古"学呢？

对于西周的礼乐重器——甬钟而言，其音列、编列、乐悬制度、铭文等方面均已有较为深入与系统的研究，唯独纹饰的研究非常薄弱，仅有李纯一先生关于编钟纹饰研究的5篇拓荒之作[2]以及笔者所著《西周甬钟篆带云纹研究》[3]一书。如果没有对西周甬钟纹饰系统而深入的考察，要想完成西周甬钟的考古类型学研究显然是不可能的，即使完成也是没有深度的浅描之作。故此，笔者希望通过撰写《西周甬钟篆带动物纹研究》，再结合业已出版的《西周甬钟篆带云纹研究》[4]一书，实现对西周甬钟纹饰的体系性把握。唯有如此，将来才能名副其实地完成西周甬钟的音乐考古学研究。

[1] 秦序：《半世纪以来的中国古代音乐史学研究》，《南京艺术学院学报（音乐与表演）》2005年第2期，第10页。
[2] 5篇文章分别为《周代甬钟正鼓云纹断代》《周代钟镈正鼓对称顾龙纹断代》《周代钟镈正鼓对夔纹和蟠虺纹断代》《东周钟镈正鼓蟠龙纹和兽面纹的断代》以及《关于一些中原地区东周钟鼓部纹饰的思索》。
[3] 王清雷：《西周甬钟篆带云纹研究》，文物出版社，2021年。
[4] 同[3]。

（二）选题意义

对于笔者的编钟纹饰研究，有的音乐学者可能觉得其缺乏学术价值，这是因为他们认为文博考古界的青铜器纹饰研究已经完全体系化、成熟化，编钟作为一种青铜器，它上面的纹饰应该都是文博考古界已经研究过的东西。笔者再来研究编钟纹饰，无疑是在做没有意义的重复劳动，甚至是投机取巧地"炒冷饭"。事实果真如此吗？

曾任故宫博物院副院长、中国博物馆协会副理事长的段勇先生指出：青铜器纹饰的"研究历史时断时续，研究资料或零或碎，研究水平忽高忽低，致使纹饰研究长期未能形成系统的、公认的、有影响的研究成果"[1]，"与青铜器铭文研究和器型研究的广度、深度相比，纹饰研究仍处于相对落后的状况"[2]。显然，中国青铜器的纹饰研究远非有的音乐学者认为的已经完全体系化、成熟化。尤其是编钟纹饰的研究，基本是一片未被开垦的处女地，是一片大有可为的新天地。下面，笔者就来详细阐述本书的选题意义和学术价值。

1.西周甬钟篆带动物纹的定名

朱凤瀚先生指出："对于青铜器纹饰研究来说，纹饰的分类、定名自然是研究工作的基础与前提。"[3]

笔者通过全面梳理有关西周甬钟篆带动物纹的研究文献发现，纹饰定名的不统一、不规范，是撰写本书首先面临的严峻问题。对于这一问题，李学勤先生早在19年前就已指出："这一学科分支有大量专有名词，包括纹饰，但诸家分歧很多，容易造成混淆紊乱。在翻译成外文的时候，问题更是复杂，莫衷一是。"[4]从西周甬钟篆带所饰动物纹的定名问题，可以管窥李先生所言的"分歧"与"紊乱"的严峻现状。例如西周甬钟篆带所饰的"两头龙纹"，最早出自《商周青铜器文饰》一书，具体为："两头龙纹，纹饰特点是单个兽体的两端各有一个龙形或兽形的

［1］段勇：《商周青铜器幻想动物纹研究》，上海古籍出版社，2003年，第2页。
［2］同［1］（前言），第2页。
［3］朱凤瀚：《中国青铜器综论》（上），上海古籍出版社，2009年，第535页。
［4］李学勤：《＜商周青铜器幻想动物纹研究＞·序》，上海古籍出版社，2003年，第2页。

头。"[1]篆带饰两头龙纹的西周甬钟实物主要有11例，如师㝬钟（图1·1·2之1）、柞钟（177号）（图1·1·2之8）等。对于这种两头龙纹，学界尚有多种不同的称谓。据笔者目前初步统计，"两头龙纹"的异名至少有17种，数量之多完全出乎笔者的预料，如两头夔纹、斜角夔纹、斜角两头夔纹、斜角变体夔纹、双头连身的夔纹、两头兽纹、横S状双头兽纹、斜角双头兽纹、对角双头兽纹、对角兽头纹、双兽首纹、双头龙纹、顾首龙纹、S形顾龙纹、S状纹、斜角双首共体龙纹、斜角龙纹等。这种纷繁多样的纹饰称谓，给圈内同行之间的学术交流带来了诸多的不便；对于跨学科研究的学者而言，则会头晕眼花、满头雾水，有种陷入纹饰的汪洋大海而茫然不知所措之感。比如笔者在搜集西周甬钟纹饰资料的时候，如果不是因为熟悉西周甬钟并拥有丰厚翔实的甬钟图片资料作为支持，就会凭空多统计出数十种、甚至上百种的纹饰。而事实上，许多不同的纹饰名称仅是同一种纹饰的不同称谓罢了。

2017年5月，刘绪先生在中国艺术研究院硕士论文《河南所见周代编钟正鼓部纹饰研究》[2]的评阅书上指出："对青铜器纹饰的称谓，学术界比较混乱，即使专门研究青铜器的专家，对同一纹饰的称谓亦往往彼此互不相同，给读者带来很大不便。"如果学科的基础理论问题都难以科学化、统一化、规范化和体系化，又如何落实习近平总书记关于《建设中国特色中国风格中国气派的考古学，更好认识源远流长博大精深的中华文明》的讲话精神呢？又如何构建有中国特色、中国风格、中国气派的中国考古学话语体系呢？尤其是在全球学科视野下的当今，其必将成为制约学科大数据建设的一个瓶颈。基于此种现状，笔者拟对西周甬钟篆带所饰动物纹及其异名进行全面的梳理与考辨，希冀在青铜器纹饰定名的统一与规范性方面尽一点绵薄之力。

2.为西周甬钟断代提供一个较为可靠的时代标尺

郭沫若先生指出："大凡一时代之器必有一时代之花纹与形式。今时如是，古亦如是。故花纹形式在决定器物之时代上占有极重要之位置，其可依据，有时过于铭文，在无铭文之器则直当以二者为考订时代之唯一线索。……余谓凡今后研究

---

[1] 马承源：《商周青铜器纹饰综述》，《商周青铜文饰》，文物出版社，1984年，第8页。
[2] 陈洁：《河南所见周代编钟正鼓部纹饰研究》，中国艺术研究院硕士学位论文，2017年。

殷、周彝器者，当以求出花纹形式之历史系统为其最主要之事业。"[1]但是，距离郭先生提出这一高屋建瓴的宏论91年之后的当下，对于西周甬钟纹饰的分期断代研究仍然非常薄弱，甚至绝大部分依然是空白，这不能不说是一个非常遗憾的学术问题。故此，笔者希望能够通过对西周甬钟篆带动物纹的类型学研究，初步构建一个西周甬钟篆带动物纹的发展谱系，为西周甬钟断代提供一个较为可靠的时代标尺。

3.音乐考古田野工作的客观需要

在恩师刘绪先生的亲切关怀及亲自指导下，笔者近几年主持了江西海昏侯刘贺墓、陕西澄城刘家洼东周墓地、山西襄汾陶寺北两周墓地、山西隰县瓦窑坡春秋墓地和四川广汉三星堆祭祀坑等考古项目出土乐器的资料采录、整理与研究工作。2022年1月初，笔者刚刚完成山西襄汾陶寺北两周墓地发掘报告中部分乐器的撰稿工作。编钟是其中的主体部分，内容包括编钟的出土资料、分型分式、器型、纹饰与工艺手法、调音情况、形制数据、测音数据、编列、音列以及断代研究。编钟的纹饰是其中的重要内容之一，分别装饰于甬钟的甬、旋、斡，镈和钮钟的钮，甬钟、镈和钮钟的舞部、篆带、正鼓部和侧鼓部，有的编钟甚至两铣也布满纹饰。这些纹饰涉及编钟的分型分式、编列与断代等问题。如果对于编钟纹饰缺乏多年的系统研究与积淀，笔者将很难完成对山西襄汾陶寺北两周墓地出土编钟的音乐考古资料的采录、整理与研究工作，仅能圆满完成其中音乐学资料的采录与研究部分。故此，拥有对编钟纹饰的系统性研究，是从事音乐考古田野工作的客观需要，更是与考古队合作撰写考古发掘报告的重要保障。

## 二　以往研究成果述评

据笔者所知，目前学界有关编钟篆带纹饰的研究文献仅有1部著作。除此之外，还有6篇研究编钟纹饰的学术文章以及2篇学位论文。

---

[1] 郭沫若：《毛公鼎之年代》，《金文丛考》，人民出版社，1954年，第306、307页。原载于《东方杂志》1931年第二十八卷第十三期。

（一）有关编钟篆带纹饰的研究文献

目前所知，有关编钟篆带纹饰的研究文献仅有1部著作，即《西周甬钟篆带云纹研究》[1]。该书选择了45例纹饰清晰、来源可靠、资料完整的西周甬钟，对其篆带所饰云纹做了系统而深入地研究。该书根据云纹整体形态特征的不同，将西周甬钟篆带所饰云纹分为六组。通过全面梳理有关研究文献发现，关于这六组云纹的不同称谓至少有34种之多。该书首先对这些纷繁复杂的云纹名称进行考辨并定名，第一次提出"横G形云纹""螺旋形云纹"和"燕尾云纹"这三种云纹命名。在此基础上，该书通过对西周甬钟篆带云纹的类型学研究，初步构建了一个西周甬钟篆带云纹的发展谱系，为西周编钟断代提供了一个较为可靠的时代标尺。该书作为编钟纹饰研究的第一部专著，无疑是青铜器纹饰研究领域的拓荒之作，具有重要的开创意义。但是，该书的"西周甬钟篆带A型云纹（连续云纹）型式分期表"（表4）[2]、"西周甬钟篆带B型云纹（适合云纹）型式分期表"（表6）[3]、"西周甬钟篆带云纹型式分期表"（表7）[4]的形式表达有些抽象，如果使用图片来展示不同型式的西周甬钟篆带云纹的时代分期，则会更为直观生动，一目了然。本书的撰写，在这一方面进行了改进。

（二）有关编钟纹饰的研究文献

目前所知，有关编钟纹饰的研究文献仅有6篇学术文章和2篇学位论文。

1.有关编钟纹饰研究的学术文章

有关编钟纹饰研究的6篇学术文章分别为《周代甬钟正鼓云纹断代》[5]《周代钟镈正鼓对称顾龙纹断代》[6]《周代钟镈正鼓对夔纹和蟠虺纹断代》[7]《东

---

[1] 王清雷：《西周甬钟篆带云纹研究》，文物出版社，2021年。
[2] 同[1]，第208页。
[3] 同[1]，第310页。
[4] 同[1]，第332页。
[5] 李纯一：《周代甬钟正鼓云纹断代》，《音乐研究》1996年第3期。
[6] 李纯一：《周代钟镈正鼓对称顾龙纹断代》，《中国音乐学》1998年第3期。
[7] 李纯一：《周代钟镈正鼓对夔纹和蟠虺纹断代》，《"宁慢爬，勿稍歇"——李纯一先生九五华诞学术研讨会文集》，中国文联出版社，2019年，第11~20页。

周钟镈正鼓蟠龙纹和兽面纹的断代》[1]《关于一些中原地区东周钟鼓部纹饰的思索》[2]和《功能·隐喻·观念：青铜纹饰在音乐考古学研究中的功用——以郑国祭祀遗址编钟为例》[3]。前5篇文章均为李纯一先生所撰，其中前2篇文章分别发表于1996年和1998年，后3篇文章的发表则晚了二十余年，均被收录在2019年出版的《"宁慢爬，勿稍歇"——李纯一先生九五华诞学术研讨会文集》[4]一书中，但文章的完成时间应该很早，推测应在2000年左右。这5篇文章是音乐考古学学科领域第一批有关编钟纹饰研究的学术成果，具有非常重要的奠基与开拓意义。作为一位音乐考古学大师，李纯一先生在近80岁高龄的时候接连撰写5篇编钟纹饰研究的学术文章，足见编钟纹饰在李先生心中的重要学术地位。

由于《周代钟镈正鼓对夔纹和蟠虺纹断代》《东周钟镈正鼓蟠龙纹和兽面纹的断代》和《关于一些中原地区东周钟鼓部纹饰的思索》这3篇文章发表于2019年，故对笔者的编钟纹饰研究影响非常有限；而分别发表于1996年和1998年的《周代甬钟正鼓云纹断代》[5]《周代钟镈正鼓对称顾龙纹断代》[6]这2篇文章，对于笔者的编钟纹饰研究则具有重要的启蒙意义。正是李先生的这2篇文章，使笔者在二十多年之前就已知道编钟纹饰也属于音乐考古学的研究范畴，从而使笔者的研究领域逐步由编钟的乐学、律学与礼制研究，拓展到编钟的纹饰研究；正是李先生的这2篇文章，笔者才知道编钟的纹饰研究具有如此重要的学术价值，是编钟断代的重要元素，也是编钟考古类型学研究不可或缺的重要内容，如果缺乏对编钟纹饰的系统性考察，要想对编钟做音乐"考古"学的研究，显然是一件力所不能及的事情，从而开启了笔者对编钟纹饰做体系性研究的构想并于2008年开始实施；也正是李先

[1] 李纯一：《东周钟镈正鼓蟠龙纹和兽面纹的断代》，《"宁慢爬，勿稍歇"——李纯一先生九五华诞学术研讨会文集》，中国文联出版社，2019年，第21～34页。
[2] 李纯一：《关于一些中原地区东周钟鼓部纹饰的思索》，同[1]，第35～38页。
[3] 曲文静：《功能·隐喻·观念：青铜纹饰在音乐考古学研究中的功用——以郑国祭祀遗址编钟为例》，《交响（西安音乐学院学报）》2020年第2期。
[4] 李纯一：《"宁慢爬，勿稍歇"——李纯一先生九五华诞学术研讨会文集》，中国文联出版社，2019年。
[5] 李纯一：《周代甬钟正鼓云纹断代》，《音乐研究》1996年第3期。
[6] 李纯一：《周代钟镈正鼓对称顾龙纹断代》，《中国音乐学》1998年第3期。

生的这2篇文章，告诉笔者如何做编钟的纹饰研究，如何描述编钟的纹饰。笔者曾经比照一张张编钟纹饰的图片，反复研读这2篇文章，仔细揣摩每个措辞、每个术语的含义，由此成为笔者研究编钟纹饰的"红宝书"。当然，李先生的这5篇文章中也有不妥之处，试举2例。其一，《周代甬钟正鼓云纹断代》将该文中的图一之2称为"四方连续云纹"[1]是不能成立的，应该是"二方连续云纹"；其二，《周代甬钟正鼓云纹断代》指出："南方出现的古越族早期甬钟当是从北方传入或在当地仿制的，而其纹饰也当是以周人甬钟为蓝本。"[2]对此，学界已有新的认识："中原西周甬钟的形成主要是以南方大铙为基础，又吸收殷商编铙的某些因素而成，可名之为大铙改良起源说。同时，西周甬钟应该首先形成于南方。"[3]"陕西宝鸡、长安所出西周早期后段和中期之初的甬钟，应是传自南方。它们北传的路线可能有两条，一条是经湖北东南部的扬越之地直接传入北方，另一条可能是经楚地再传入周人地区。"[4]"而非李纯一所言南方地区发现的一些甬钟，当是由中原地区传入，或者是由当地居民所仿制的。"[5]

编钟纹饰是否属于音乐考古学的研究范畴，至今仍有一些音乐学者对此提出质疑。《功能·隐喻·观念：青铜纹饰在音乐考古学研究中的功用——以郑国祭祀遗址编钟为例》一文指出："纹饰对于青铜乐器研究而言有其多方面的功用，是音乐考古研究必不可少的一环。之所以有学者对编钟研究中纳入纹饰产生质疑，恰恰反映出当今某些学者对音乐考古学的学科定义、学科归属，特别是对音乐考古与考古学之间的关系问题不甚清晰。"[6]"仅局限于对乐器自身的音乐性能进行研究便失去音乐考古学探究人类音乐历史的终极目标，而就音乐考古学的重点研究对象青铜编钟而言，应充分考虑其看似与音乐无关的诸如纹饰等多种文化因素，唯其如

[1] 李纯一：《周代甬钟正鼓云纹断代》，《音乐研究》1996年第3期，第55页。

[2] 同[1]，第56页。

[3] 王清雷：《西周乐悬制度的音乐考古学研究》，文物出版社，2007年，第81页。

[4] 王子初：《中国音乐考古学》，福建教育出版社，2003年，第146、147页。

[5] 同[3]。

[6] 曲文静：《功能·隐喻·观念：青铜纹饰在音乐考古学研究中的功用——以郑国祭祀遗址编钟为例》，《交响（西安音乐学院学报）》2020年第2期，第34页。

此，方能观照音乐史的本来面目，进而管窥到深潜于音乐中的文化现象。"[1]该文所言甚是。不过，文中也有一些小问题，试举2例。其一，该文认为1923年发掘的河南新郑李家楼"镈钟与甬钟的舞部和正鼓部均饰以蟠螭纹"[2]，这是不妥当的。从河南新郑李家楼甬钟的图片[3]来看，其正鼓部饰鸟体龙纹，也有学者称之为顾龙纹，并非该文所言的"蟠螭纹"。其二，该文指出："晋侯苏编钟是第一种拼凑方式的典型代表，……据研究，晋侯苏编钟'并非同一个时期的产品，它们很可能是在自西周初期至恭王世前后的200～300年间逐步发展增扩形成的。'晋侯苏编钟的拼凑现象勾勒出商铙到甬钟的演变轨迹。"[4]如果全面梳理晋侯苏编钟（16件）的断代研究文献，就会发现这套编钟的断代在学界争议很大，主要有五种观点：第一，"厉王"或"宣王"说；第二，"西周初年至厉王"说；第三，"西周初期至共王"说（即该文引用的观点）；第四，"西周早中期"说；第五，"西周中晚期"说。笔者通过对其纹饰和调音等断代元素的综合考察，认为一式晋侯苏钟（4件，73627～73630号）的时代应断为西周中期夷王之世，二式晋侯苏钟（12件，73631～73640号，M8:32、33号）的时代可断为西周晚期厉王后段[5]。故此，该文引用的晋侯苏编钟的断代观点是值得商榷的。有的年轻学子可能会对此提出质疑：该文引用的是别人的观点，又不是该文作者提出的观点，这怎么成了该文的问题呢？很多年以前，在笔者读研究生的时候也是这样认为的。后来在一次研究生的毕业答辩会上，一位专家特意指出了这一问题：在撰写学术文章时，作者首先要对搜集到的各种材料和前人的研究成果进行整理，剔除掉存在问题的材料，在众多研究成果中应择善而从，在此基础上才能开始撰写文章。作者应该对自己文章中使用的材料和引用的观点负有责任。就如同一位老板开了一个饭店，用的是地沟油、过期肉等。在遭到消费者的投诉后，老板解释说：油是地沟油，让消费者去投诉卖地

[1] 曲文静：《功能·隐喻·观念：青铜纹饰在音乐考古学研究中的功用——以郑国祭祀遗址编钟为例》，《交响（西安音乐学院学报）》2020年第2期，第34页。
[2] 同[1]，第28页。
[3] 赵世纲：《中国音乐文物大系·河南卷》，大象出版社，1996年，第84、85页，图1·7·5a、b。
[4] 同[1]，第28、29页。
[5] 王清雷：《西周甬钟篆带云纹研究》，文物出版社，2021年，第113～118页。

沟油的；肉是过期肉，让消费者去投诉卖过期肉的；饭菜做的很难吃，去投诉饭店的厨师。这一切都和饭店老板没有关系。大家认为这个道理对吗？作为饭店的老板，不应该把好原材料的质量关吗？不应该选择聘用厨艺高的厨师吗？作为饭店老板，不应该为这一切负责吗？作为一篇学术文章的作者，道理也是一样的。

2.有关编钟纹饰研究的学位论文

有关编钟纹饰研究的学位论文共计2篇，分别为《河南所见周代编钟正鼓部纹饰研究》《山东所见周代编钟鼓部纹饰的音乐考古学研究》，述评如下：

《河南所见周代编钟正鼓部纹饰研究》[1]一文以河南所见周代编钟正鼓部纹饰为研究对象，对同一纹饰在不同文献中的不同称谓进行考辨，指出各自存在的讹误及不合理之处，厘定各自最为妥当的定名。在此基础上，对河南所见周代编钟正鼓部纹饰做类型学分析与分期断代研究。研究发现，在河南所见周代编钟正鼓部纹饰中，龙纹是最为常见的纹饰，其次为云雷纹。在龙纹中，A型龙纹（顾龙纹）的时间跨度最长，所占比例最大；B型龙纹（交龙纹）与C型龙纹（卷龙纹）皆仅见于春秋时期，可以作为编钟断代的一种参考依据。在云雷纹中，B型云雷纹（三角云纹）最为常见，且均见于春秋时期，可以作为编钟断代的一种参考依据。兽面纹均见于战国时期，亦可为编钟的断代提供重要参考。此外，不同纹饰在地域上的分布或集中或分散，在一定程度上体现出不同地域既各具特色，又相互影响的礼乐文化特征。该文也存在一些小问题，如对编钟正鼓部所饰顾龙纹的定名并不妥当，将其称为"鸟体龙纹"更为合理。

《山东所见周代编钟鼓部纹饰的音乐考古学研究》[2]一文主要以山东所见周代编钟的鼓部纹饰为研究对象，运用考古类型学、音乐学、文献学、工艺美术学、统计学等研究方法，首先对山东所见周代编钟的鼓部纹饰做了全面的梳理与考辨。在此基础上，再对其做考古类型学的分析与研究，探究其不同的时代特征、地域特征以及文化内涵，对周代编钟的断代具有较为重要的应用价值。由于

[1] 陈洁：《河南所见周代编钟正鼓部纹饰研究》，中国艺术研究院硕士学位论文，2017年。
[2] 张玲玲：《山东所见周代编钟鼓部纹饰的音乐考古学研究》，中国艺术研究院硕士学位论文，2020年。

作者拥有编钟文物的演奏经验，所以首次从乐器演奏的视角对编钟的正鼓音和侧鼓音标记纹饰作了较为深入的探讨。该文通过对涉及山东所见周代编钟鼓部纹饰文献的全面梳理，发现这些纹饰在不同的文献中各有不同的称谓，约近40种之多。存在的问题主要有三点：一是命名体系混乱，二是命名过于笼统，三是名实不符。如果对这些纹饰定名存在问题的资料不做考辨而直接引用的话，其学术后果可想而知。该文通过对山东所见周代编钟鼓部纹饰的类型学研究，在其时代与地域特征方面有了一些新的发现。如山东编钟正鼓部所饰云纹流行于西周中晚期，少数云纹沿用到春秋中期，至春秋晚期已不再使用；正鼓部装饰龙纹是春秋编钟的时代特色；C型、D型和E型龙纹均出自鲁南文化区，显示出浓郁的地域特征；编钟正鼓音标记纹饰A型（圆圈纹）出现的时代为春秋早中期，B型（同心圆纹）和C型（涡纹）出现的时代是春秋中期，D型（蟠蛇纹）出现的时代是春秋中晚期；编钟侧鼓音标记纹饰C型（鸟体龙纹）仅见于西周晚期，D型（圆圈纹）不见于西周时期，是春秋编钟上新出现的一种纹饰，等等。该文从乐器演奏的视角指出，春秋早期开始出现的正鼓音敲击点标记纹饰，对于编钟这种青铜乐器而言具有划时代的意义，它标志着编钟由西周时期的伴奏乐器一跃成为春秋时期的旋律乐器。该文也存在一些小问题，如将鲁遹钟的时代断为西周晚期，略显宽泛。笔者通过对鲁遹钟调音的分析，再结合其正鼓部和侧鼓部的纹饰形态特征，认为应将鲁遹钟的时代断为西周晚期厉王之世。

由于以上2篇研究编钟纹饰的硕士论文均为笔者的研究生所撰，故笔者在指导并修改这2篇硕士论文的过程中，相当于自己也写了一遍。同时，作为一位老师，要想教给学生一碗水，自己就得有一桶水，故此也逼着自己阅读和研习了大量青铜器纹饰的研究文献，这为本书的撰写初步奠定了编钟纹饰研究的知识与理论基础。

## 三　本书的研究方法、标本的选择与年代分期

### （一）本书的研究方法

作为一门交叉学科的专题研究，本书运用了乐学、音乐声学、考古类型学、文

献学、工艺美术学、统计学等学科领域的研究方法。其中，编钟的断代方法是一个最为重要的问题。在文博考古界的学术研究中，编钟作为一种青铜器，其断代方法与一般青铜器的断代方法并无二致，断代元素主要有铭文、纹饰和器型等。

对于一些有铭铜器，铭文断代较为有效，且已积累了大批研究成果。但是，"正如有的学者指出的那样，单纯依靠铜器铭文中的人和事来串联它器，往往是危险的。同一称名，可能不是同一个人，如匽侯、周公、荣伯、皇父之类。……即使是同一个人，也可能生活在好几个王世。如大家常常提到的伯懋父、微氏家族铜器中的微伯兴等。至于铭文中所记的历史事件，亦有易于为人误会者。……此外，还有对同一地名、族名的不同理解。……如果仅凭借学者对铭文的主观解释，而未有一套器物自身提供的有关它们时代特征的检验系统，就很容易出差错。"[1] "要正确判断一件有铭青铜器的制作时代，必须使考古类型学方法与仔细的铭文研究二者很好地结合起来，依靠类型学研究求得器物的相对年代，在相对年代的框架内通过铭文的探求确立器物的绝对年代。"[2]

关于器型和纹饰这两个元素在青铜器断代方面的运用，《西周青铜器分期断代研究》一书指出："由于铜器形制和纹饰的变化并不是同步的，而是两相交叉的，往往形制上相对稳定的时间稍长，纹饰上变化明显，这便需要将纹饰研究与形制研究结合起来，二者相辅相成，避免仅据器型断代的偏差。"[3]《金文断代方法探微》一书指出："我们感到，似乎是西周时期的青铜器纹饰的种类更加丰富，变化更加细微。这就需要我们对西周青铜器纹饰的研究投入更多的注意力。"[4] 由此可知，变化明显的纹饰对于青铜器的断代更为有效。

综上所论，"不用单一的方法来判定一个时代的器物，而应从多方面观察，这一点已是学界的共识。"[5] "铜器类型断代必须综合考察器物形制、纹饰及铭文字体、书风诸方面的因素，尽量避免单纯强调某一方面的简单化和绝对化倾

[1] 杜勇、沈长云：《金文断代方法探微》，人民出版社，2002 年，第 140、141 页。

[2] 同 [1]，第 142 页。

[3] 王世民、陈公柔、张长寿：《西周青铜器分期断代研究》，文物出版社，1999 年，第 4 页。

[4] 同 [1]，第 146 页。

[5] 陈英杰：《容庚青铜器学》，学苑出版社，2015 年，第 75 页。

向。"[1] "根据各类器物形制和纹饰的详细对比，铭文内容的多方面联系，特别是铭文一致和做器者相同的同组关系……综合起来考察它们的发展谱系。"[2]

　　但是，编钟不是一般的青铜器，它的第一属性是乐器。故此，在编钟的断代元素中，除了一般青铜器断代要关注的纹饰、器型、铭文（如果有的话），还要关注与音乐有关的调音、测音数据等元素，特别是调音。王子初先生指出："在对编钟进行调音时留下的锉磨遗痕，是追溯当时铸钟工匠调音手法的最好依据，也是对这种乐器进行断代分析的重要物证。事实上，那些位于乐钟于口内面留存至今的锉磨痕迹，看似沟沟洼洼，零零星星，却隐藏着极为深刻的声学含义，不存在哪怕是一点点的随意性。"[3] 据笔者多年对出土编钟调音情况的系统考察，并结合当代编钟的复制经验来看[4]，编钟的调音是一种以音乐声学、乐学和应用律学为内核的音乐科学技术。这种调音技术随着时代的发展而发展，随着时代的进步而进步，呈现出鲜明的时代特征，是西周中晚期编钟非常重要的断代元素，实践证明行之有效。例如应侯视工钟的断代。韧松、樊维岳先生在1975年发表的《记陕西蓝田县新出土的应侯钟》一文中，将应侯视工钟断为西周中期共王之器。其后学界诸多文献多沿用此说，如《中国音乐文物大系·陕西卷》[5]《晋侯苏钟的音乐学研究》[6]《应侯见工钟（两件）》[7]《西周乐悬制度的音乐考古学研究》[8]《先秦大型组合编钟研究》[9]《探源溯流——青铜编钟谱写的历史》[10]等。王世民等诸位先生在《西周青铜器分期断代研究》（夏商周断代工程报告集）一书中，同样认为应

[1] 杜勇、沈长云：《金文断代方法探微》，人民出版社，2002年，第144页。

[2] 王世民、陈公柔、张长寿：《西周青铜器分期断代研究》，文物出版社，1999年，第4页。

[3] 王子初：《中国青铜乐钟的音乐学断代——钟磬的音乐考古学断代之二》，《中国音乐学》2007年第1期，第18页。

[4] 王清雷、陈伟岸、曹蕤蕤：《当代编钟铸造的实地考察与思考》，《人民音乐》2020年第7期。

[5] 方建军：《中国音乐文物大系·陕西卷》，大象出版社，1996年，第35页。

[6] 王子初：《晋侯苏钟的音乐学研究》，《文物》1998年第5期，第26页。

[7] 朱凤瀚：《应侯见工钟（两件）》，《保利藏金（续）》，岭南美术出版社，2001年，第159页。

[8] 王清雷：《西周乐悬制度的音乐考古学研究》，文物出版社，2007年，第230页。

[9] 王友华：《先秦大型组合编钟研究》，中国艺术研究院博士学位论文，2009年，第72页。

[10] 关晓武：《探源溯流——青铜编钟谱写的历史》，大象出版社，2013年，第83页。

侯视工钟"应为西周中期恭王前后器"[1]。故此，学界多将应侯视工钟视为西周共王之世的断代标准器。但是，仅从应侯视工钟的调音情况来看，其绝非共王之世的产物。其调音槽的形态较为规范，说明其刚刚步入"铸调双音"[2]成熟阶段，故笔者将其断为西周晚期厉王早期之器[3]。

从目前文博考古界有关编钟断代的研究成果来看，尚没有将调音作为西周编钟断代的有效手段。故此，对于已有调音的西周中晚期编钟的断代研究，笔者将调音置于众多断代元素中的首位，充分发挥音乐考古学交叉学科的学科优势。考虑到"在青铜器的各种因素中，纹饰的时代性、地域性最为鲜明，流迁变化最是敏感"[4]，故笔者将编钟纹饰放在与调音同等重要的地位。铭文也是编钟断代的重要元素，有时具有"一锤定音"的效果，但是考虑到有些编钟没有铭文，故此将其排在调音和纹饰之后。其次，还有编钟的测音数据、纹饰的工艺手法、器型、编列、音列等断代元素。笔者将这种以调音和纹饰为核心元素的综合断代方法，称之为"多重断代法"。张懋镕先生指出："西周青铜器断代是个系统工程，情况非常复杂。由于器物种类的不同，族属的不同，影响到形制、纹饰、铭文演进速度的不同。"[5]为了保证断代的准确性，在得出所研编钟的断代结果之后，笔者再使用"多重断代法"涉及的多个断代元素，逐一审校其与同一时代的编钟以及前后时代的编钟是否有矛盾之处。如经审校之后没有发现龃龉之处，那么该断代结论才应该是立得住的。

以上只是编钟断代的宏观方法，具体到不同时期的每一件或每一组（套）编钟，对于断代要素的选择和主次应灵活处理，不能犯机械主义错误。在具体的断代过程中，有一个断代原则是必须要秉持的，即张懋镕先生所言："我们如果仅仅注意到那些古老的因素，就有可能将此器的年代提前，如果注意到新的元素的出现，

［1］王世民、陈公柔、张长寿：《西周青铜器分期断代研究》，文物出版社，1999年，第173页。

［2］冯光生：《周代编钟的双音技术及应用》，《中国音乐学》2002年第1期，第43页。

［3］对应侯视工钟断代的详细论述，详见本书第三章第二节 A I 式（无目纹）窃曲纹"例1：保利艺术博物馆藏应侯视工钟（小钟）"。

［4］李学勤：《＜商周青铜器幻想动物纹研究＞·序》，上海古籍出版社，2003年，第1页。

［5］张懋镕：《试论西周青铜器演变的非均衡性问题》，《考古学报》2008年第3期，第342页。

就有可能比较准确地把握它的年代，因为按照考古学的常识，判定某器物的年代是着眼于那些显示最晚年代特征的因素。"[1]下面笔者以逆钟为例，简单来谈谈具体的编钟断代。

据笔者所知，目前逆钟的断代主要有4种不同看法：第一，"孝夷"说；第二，"厉王"说；第三，"西周晚期"说；第四，"宣王"说。由此可见，其断代分歧还是很大的。从笔者目前搜集的资料来看，逆钟的钟腔内壁是有调音的。按照"多重断代法"的原则，首先考虑的是其调音。根据笔者的断代经验，仅凭调音这一元素就可以实现逆钟断代的"一锤定音"。但非常遗憾的是，目前笔者搜集到的逆钟调音资料有限，只能判断逆钟为西周中期孝王之后的产物，调音这一元素只能放弃。再看逆钟的纹饰。《西周青铜器分期断代研究》一书认为逆钟的"篆部和正鼓部云纹均由带阴线的宽条构成。"[2]经过比对逆钟的篆带（图3·2·5之43、48、53、58）和正鼓部（图3·2·5之44、49、54、59）图片，发现其纹饰确实如《西周青铜器分期断代研究》一书所言的"均由带阴线的宽条构成"，这就涉及纹饰的工艺手法问题了。既然逆钟的篆带由"带阴线的宽条构成"，其就不再是云纹，而是横S形窃曲纹，这是"显示最晚年代特征的因素"。如果《西周青铜器分期断代研究》一书认识到这一点，就不会再认为逆钟"为西周中期后段器，约当夷孝前后"[3]，而是西周晚期的产物。同时，逆钟的正鼓部云纹"由带阴线的宽条构成"，这种纹饰工艺手法为阳刻平雕加阴线刻，这也是"显示最晚年代特征的因素"，其与西周中期甬钟正鼓部由阴线单勾而成的工字形云纹并非同一时代的产物，而是到了西周晚期。再与西周晚期宣王之世的断代标准器——逑钟相比对，笔者最终将逆钟断为宣王之器。对逆钟断代的详细论述，详见本书第三章第二节AⅠ式（无目纹）窃曲纹"例3：逆钟"。从逆钟的断代这一实例，我们会发现纹饰的工艺手法起到了至关重要的作用。所以，在编钟断代的具体研究工作中，务必注意具体情况具体对待，对每个断代元素应灵活运用，不可生搬硬套。

---

[1] 张懋镕：《西周青铜器断代两系说刍议》，《考古学报》2005年第1期，第5页。
[2] 王世民、陈公柔、张长寿：《西周青铜器分期断代研究》，文物出版社，1999年，第174页。
[3] 同[2]。

（二）本书研究标本的选择

对于西周甬钟篆带动物纹的类型学研究，研究标本的选择至关重要。郭宝钧先生指出："我们先选出几个地点可靠、时代明确的分群，定为划定时代的界标，作为进一步比较其他器群器物类型的尺度。"[1]邹衡先生指出，《商周铜器群综合研究》一书"取材于发掘品，其根据一般是比较可靠的。在这种基础上采用界标法，的确是一个比较科学的方法。中国青铜器发展的历史好比全部旅程，在这漫长的旅程中，树立一些里程碑，只要看一看里程碑，就知道走了多少路。当我们研究一群铜器时，只要把它同前后两个界标（即两个标准器组）比一比，就可确定它处于哪个发展阶段了。"[2]邹衡先生又指出，《商周铜器群综合研究》一书"把研究的基点放在发掘品上是对的，但完全否认了传世品的重要性，也容易走向另一个极端。"[3]按照邹先生的筛选原则，笔者从考古发掘品和传世品中共选定了5例可以作为界标的篆带饰动物纹的西周甬钟断代标准器，分别如下：

1.师史钟，其时代为西周晚期厉王之世。1974年，出土于陕西省扶风县强家村西周铜器窖藏。

2.㝬钟（宗周钟），其时代为西周晚期厉王之世。清宫旧藏。

3.士父钟，其时代为西周晚期厉王之世。著录4件，现存3件，其中2件为清宫旧藏，1件从湖南省株洲市收集。

4.逨钟，其时代为西周晚期宣王之世。1985年，出土于陕西省眉县杨家村一处西周青铜器窖藏。

5.南宫乎钟，其时代为西周晚期宣王后段。1979年，出土于陕西省扶风县南阳公社豹子沟。

（三）西周年代的分期

关于西周年代的分期，笔者按照《西周铜器断代》[4]《西周青铜器分期断代

［1］郭宝钧：《商周铜器群综合研究》，文物出版社，1981年，第3页。
［2］邹衡：《夏商周考古学论文集（续集）》，科学出版社，1998年，第332页。
［3］同［2］，第333页。
［4］陈梦家：《西周铜器断代》（上册），中华书局，2004年，第354页。

研究》两书的观点，将西周分为早中晚三期，每期的具体划分为："西周早期相当于武、成、康、昭四个王世"[1]，"西周中期相当于穆、恭、懿、孝、夷五个王世"[2]，"西周晚期相当于厉王（包括共和）、宣王和幽王时期"[3]。

## 四　本书需要说明的两个问题

### （一）图片说明

考虑到本书的研究对象为西周甬钟篆带所饰动物纹，故此笔者使用了大量西周甬钟的图片资料，共计416幅。其中，153幅图片为笔者亲自拍摄或制图，121幅图片出自《中国音乐文物大系》（一期和二期工程），115幅图片出自一些青铜器研究著作以及发掘简报、发掘报告、期刊文章等，7幅图片由魏旭爽拍摄，3幅图片为张玲玲制图，还有17幅图片来自网络。对于每一张图片的来源，笔者都标注得清清楚楚、明明白白，严格遵守学术规范。对于少量出自网络的图片，并非在现有的著作中找不到相同的图片，而是因为现有文献中的图片质量不高，如楚公豪钟（2号）拓片、猷钟拓片等。笔者出于对图片质量的考量，最终选择使用网上搜索到的高清大图。

考虑到音乐考古学属于交叉学科，故本书出版之后将会面对音乐界的一些读者。由于他们对考古学缺乏一定的了解，可能会对本书大量使用图片（416幅）提出质疑，甚至有"字数不够，图片来凑"的嫌疑。在这里，笔者要说明两点：其一，本书的字数约24万字，已经达到一部专著的篇幅，不需要图片来凑数；其二，作为一部研究青铜器纹饰的著作，使用大量图片是学术研究的客观需要，以保证笔者对每一种纹饰的分析考辨都有相应的图片作为客观依据。陈英杰先生在《容庚青铜器学》一书中指出："研究青铜器的著作一定要有大量清晰的图片（最好是照

---

[1] 王世民、陈公柔、张长寿：《西周青铜器分期断代研究》，文物出版社，1999年，第251页。
[2] 同[1]，第252页。
[3] 同[1]，第254页。

片，有些器物还要提供多方位的照片），供读者结合文字描述进行揣摩。"[1]陈先生所论是站在读者的角度而言的。故此，无论对于作者还是读者，"大量清晰的图片"都是青铜器纹饰研究著作必不可少的重要组成部分，而不是"凑数"的投机取巧之举。

### （二）校订部分研究文献中的客观性谬误

笔者在本书的撰写过程中，发现在一些研究文献中存在着一些客观性或学科常识性谬误，而不是学术认知的异见。试举如下3例：

1. 学科常识性谬误，如《西周乐悬制度的音乐考古学研究》一书对于述钟乙组Ⅰ号纹饰的定名。该书对于述钟乙组Ⅰ号纹饰描述为："旋饰云纹，舞饰阴线云纹，篆间饰云纹，鼓饰顾夔纹，右侧鼓饰鸾鸟纹为侧鼓音的演奏标记。"[2]通过核对该钟的纹饰可知，其旋上（图3·2·5之17）饰带目纹的横S形窃曲纹，舞部（图3·2·5之17）饰横S形窃曲纹，篆带（图3·2·5之18）亦饰横S形窃曲纹。故此，该书对于述钟乙组Ⅰ号的旋、舞部和篆带纹饰的定名和认知是错误的。

2. 学科常识性谬误，如《中国音乐文物大系·陕西卷》一书中三式兴钟76FZH1:8号正鼓音测音数据的错误。在该书所载三式兴钟（6件）的测音结果表中，76FZH1:8钟的正鼓音为$a^1 \sim 49$音分，侧鼓音为$c^1$-15音分[3]。根据周代编钟的双音发音规律，应该是正鼓音低，侧鼓音高，这是由编钟的钟腔结构及其发音原理决定的，不可能出现正鼓音比侧鼓音高大六度的现象。经综合分析6件三式兴钟的测音数据可知，三式兴钟76FZH1:8号的正鼓音测音数据有误，从该钟的侧鼓音为$c^1$-15音分来看，应将其正鼓音订正为"a-49"音分。

3. 客观性错误，如《中国音乐文物大系·陕西卷》一书对于无铭柞钟60·0·190号的调音槽数量与位置描述有误。该书指出60·0·190号钟"惟内壁有隧4条，两铣及

---

[1] 陈英杰：《容庚青铜器学》，学苑出版社，2015年，第75页，脚注5。
[2] 王清雷：《西周乐悬制度的音乐考古学研究》，文物出版社，2007年，第149页。
[3] 方建军：《中国音乐文物大系·陕西卷》，大象出版社，1996年，第42页。

前、后壁正鼓各1"[1]。经笔者亲自考察该钟的调音情况发现，其钟腔内壁共有调音槽2条，分别位于两个正鼓部（图2·1·4之4），故《中国音乐文物大系·陕西卷》的相关描述有误。

对于一些初入学术之门的年轻学子，大多会采取拿来主义，即原封不动的引用这些结论或材料。试想，他们一旦在研究中使用了这些存在错误的文献，其结论必然会出现或多或少的问题，甚至是大的错误。故此，笔者主要使用《校勘学释例》一书中的"他校法"和"理校法"[2]，对于在本书撰写过程中发现的相关文献中的客观性和学科常识性谬误进行校勘，希望能对使用这些材料的朋友提供一点帮助。校勘内容均置于各型式所举西周甬钟实物标本的最后，这样既不影响行文论证的流畅性，也有利于读者结合该实物标本进行分析与理解。同时，笔者也以这种客观的方式告诉一些年轻学子，在做学术研究的案头工作时，对待任何研究成果都要持批判的态度去认真研读，用专业的校勘方法去仔细校勘，而不是盲目的全盘接受。"吾爱吾师，吾更爱真理。"批判精神是学术的精髓，在学术研究中应始终秉持。

---

[1] 方建军：《中国音乐文物大系·陕西卷》，大象出版社，1996年，第55页。
[2] 陈垣：《校勘学释例》，中华书局，2016年，第137～139页。

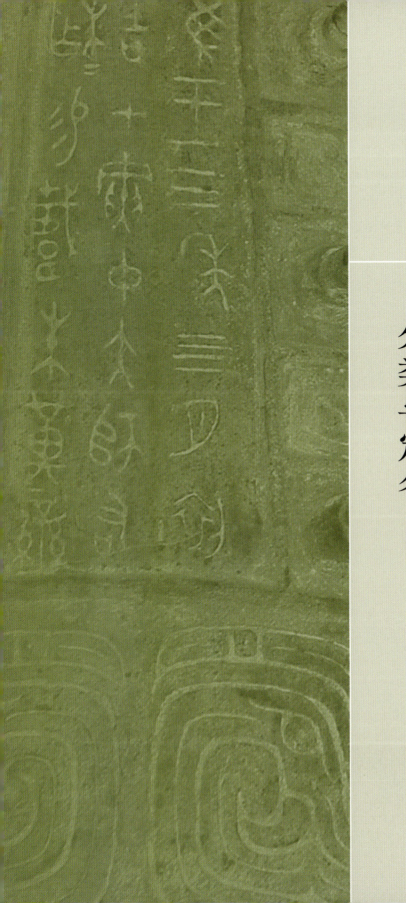

第一章

西周甬钟篆带动物纹的
分类与定名

　　据笔者初步统计，西周甬钟篆带所饰动物纹种类较少，主要包括龙纹、窃曲纹、蝉纹等。其中，西周甬钟篆带饰有蝉纹的仅有1例，即出土于晋穆侯墓的楚公逆编钟（6件）[1]，无法对其做类型学分析与研究，故本书对其暂不探讨。所以，本章仅对西周甬钟篆带所饰龙纹和窃曲纹进行分类并对其定名进行考辨。

[1] a. 山西省考古研究所、北京大学考古学系：《天马——曲村遗址北赵晋侯墓地第四次发掘》，《文物》1994年第8期，第4~10页。b. 李学勤：《试论楚公逆编钟》，《文物》1995年第2期，第69~72页。c. 黄锡全、于柄文：《山西晋侯墓地所出楚公逆钟铭文初释》，《考古》1995年第2期，第170~178页。d. 项阳、陶正刚：《中国音乐文物大系·山西卷》，大象出版社，2000年，第48页。e. 高至喜：《晋侯墓出土楚公逆编钟的几个问题》，《晋侯墓地出土青铜器国际学术研讨会论文集》，上海书画出版社，2002年，第346~354页。f. 刘绪：《晋侯邦父墓与楚公逆编钟》，《长江流域青铜文化研究》，科学出版社，2002年，第56~60页。g. 高西省：《楚公编钟及有关问题》，《文物》2015年第1期，第45~48页。

# 第一节

## 西周甬钟篆带
## 龙纹定名考

从笔者目前搜集的资料来看，西周甬钟篆带所饰龙纹有两种："两头龙纹"和"斜角龙纹"。关于它们的定名，笔者分别考辨如下：

### （一）西周甬钟篆带两头龙纹定名考

#### 1.两头龙纹及其异名考辨

"两头龙纹"的称谓，最早出自《商周青铜器文饰》一书，即："两头龙纹，纹饰特点是单个兽体的两端各有一个龙形或兽形的头"[1]。篆带饰"两头龙纹"的西周甬钟实物主要有11例，分别为：师㝨钟（图1·1·2之1）、楚公豪钟（Z98:3009号）（图1·1·2之2）、三式兴钟（4件，76FZH1:8、30、16、33号）（图1·1·2之3～6）、㝬钟（宗周钟）（图1·1·2之7）、柞钟（177号）（图1·1·2之8）、中义钟（182号）（图1·1·2之9）、陕西扶风齐家村甬钟甲（图1·1·2之10）、士父钟（小钟，故宫博物院藏）（图1·1·2之11）、井人安钟（图1·1·2之12）、鲁邍钟（图1·1·2之13）以

---

[1] 马承源：《商周青铜器纹饰综述》，《商周青铜器文饰》，文物出版社，1984年，第8页。

及梁其钟（44043号）（图1·1·2之14）。

关于西周甬钟篆带所饰"两头龙纹"，学界尚有多种不同的称谓。据笔者目前初步统计，"两头龙纹"及其不同称谓至少有18种之多，如两头夔纹、斜角夔纹、斜角两头夔纹、斜角变体夔纹、双头连身的夔纹、两头兽纹、横S状双头兽纹、斜角双头兽纹、对角双头兽纹、对角兽头纹、双兽首纹、两头龙纹、双头龙纹、顾首龙纹、S形顾龙纹、S状纹、斜角双首共体龙纹、斜角龙纹等。纵观"两头龙纹"及其17种不同的称谓，可以将其分为三大类：夔纹类、兽纹类和龙纹类。先说夔纹类。

（1）夔纹类

关于"两头龙纹"的异名夔纹类称谓共有5种，分别为两头夔纹、斜角夔纹、斜角两头夔纹、斜角变体夔纹和双头连身的夔纹，分述如下：

① "两头夔纹"说

《中国上古出土乐器综论》一书将师旲钟[1]的篆带纹饰（图1·1·2之1）称为"平雕两头夔纹"[2]。

经笔者全面梳理有关青铜器纹饰的研究文献可知，"两头夔纹"（图1·1·1）最早见于《商周彝器通考》一书。该书指出："两头夔纹　其状（一）两头一上一下，身为对角线。（二）一头有角，一头大腮，两身相连。"[3]该书所言两头夔纹的"其状（一）"与师旲钟篆带纹饰的形态雷同，属于同一种纹饰。

在《殷周青铜器通论》一书中亦有对"两头夔纹"的具体界定，该书认为："两头夔纹，两端的头部一上一下，身为对角线"[4]。该书初版于1958年，对初版于1941年的《商周彝器通考》所载的"两头夔纹"进行了精简，仅保留了其中的"两头夔纹其状（一）"[5]（图1·1·1之1），删掉了第二种"两头夔纹"。

---

［1］ 该书称之为"师丞钟"。从该钟的铭文来看，应该厘定为师旲钟。

［2］ 李纯一：《中国上古出土乐器综论》，文物出版社，1996年，第196页。

［3］ 容庚：《商周彝器通考》（重印版），上海人民出版社，2008年，第84页。

［4］ 容庚、张维持：《殷周青铜器通论》，文物出版社，1984年，第112页。

［5］ 同［4］，图七六。

1　　　　　　　　　　　　　　　　　2

图1·1·1　《商周彝器通考》所载两头夔纹图例
1.两头夔纹（一）（史簋[1]）　2.两头夔纹（二）（亚醜簋[2]）

②"斜角两头夔纹"说

《中国上古出土乐器综论》一书认为三式兴钟（4件，76FZH1:8、30、16、33号）的篆带（图1·1·2之3～6）"饰阴线斜角两头夔纹"[3]。

③"斜角夔纹"说

《西周青铜器分期断代研究》一书认为三式兴钟第3件（76FZH1:16号）的篆带（图1·1·2之5）"饰斜角夔纹"[4]。同时指出㝬钟（宗周钟）（图1·1·2之7）、柞钟（图1·1·2之8）、中义钟（图1·1·2之9）的篆带纹饰与这件兴钟相近[5]。

④"斜角变体夔纹"说

《中国音乐文物大系·陕西卷》一书将陕西省扶风齐家村甬钟甲的篆带纹饰（图1·1·2之10）称为"斜角变体夔纹"[6]。

⑤"双头连身的夔纹"说

《故宫青铜器》一书认为故宫博物院所藏士父钟的篆带（图1·2·11）"饰双头连身的夔纹"[7]。

以上就是5种关于两头龙纹的异名夔纹类称谓。那么这类称谓是否妥当呢？

一说起夔纹，大家都会想起《说文解字》《庄子·秋水》《山海经·大荒东

---

[1]　容庚：《商周彝器通考》（重印版），上海人民出版社，2008年，第86页，图一〇〇。
[2]　同[1]，图一〇一。
[3]　李纯一：《中国上古出土乐器综论》，文物出版社，1996年，第191页。
[4]　王世民、陈公柔、张长寿：《西周青铜器分期断代研究》，文物出版社，1999年，第178页。
[5]　同[4]，第178、179页。
[6]　方建军：《中国音乐文物大系·陕西卷》，大象出版社，1996年，第75页。
[7]　故宫博物院：《故宫青铜器》，紫禁城出版社，1999年，第222页。

经》《韩非子·外储说》等文献中关于夔的记载。在目前一些青铜器研究文献中，夔纹这一称谓的使用依然比较广泛。但从学术角度来讲，夔纹这一称谓并不妥当，这在学界早已有人关注，并有详细而深入的探讨，其中以《商周青铜器文饰》一书最具代表性。该书对夔纹的批判性阐述如下[1]：

以往所称的夔纹或夔龙纹是概念不清和形象混乱的一大堆龙类纹饰的缀合。据过去的著作，我们所分的单个爬行龙纹，部分的卷龙纹和大多数的长冠龙纹，都是夔纹或夔龙纹。宋代以来金石学家把青铜器上具有一足或根本省略了足的侧视龙形图像称之为夔纹。因此，青铜器上夔纹的数量之大，达到了惊人的程度。这是一个误解。商周时代描绘物象图案，通常是采用侧面或正侧面相结合的方法来表现。正面和正侧两面结合的方法是兽面纹中所习见的。除此之外，就是侧视的表现方法了。我们在商和西周青铜器的立体装饰上往往可以看到，龙这种幻想中的物象大多有两只爪子，因此用侧视的图像表现时，则必定只有一足。有两足似走兽形的龙纹，在立体形象中必是四足，例如玉雕中就有四足龙。但是，在任何立体的铸像中从来没有见过一足的龙。因此，把这种一足的侧视龙类的图像与"夔一足"的神话传说联系在一起是不妥当的。关于夔一足和夔非一足的说法也各有不同。《山海经·大荒东经》："东海中有流波山，入海七千里。其上有兽，状如牛，苍身而无角，一足，出入水则必风雨。其光如日月，其声如雷，其名曰夔。黄帝得之，以其皮为鼓，橛以雷兽之骨，声闻五百里，以威天下。"这是说夔是仅有一足和声如震雷的青牛。但是，就在春秋时代，对夔一足的说法早已提出了怀疑。《韩非子·外储说》："哀公问于孔子曰：'吾闻夔一足，信乎？'曰：'夔，人也，何故一足？彼其无他异而独通于声。'尧曰'夔一而足矣'，使为乐正。故君子曰：'夔有一足，非一足也。'"又，《说文》："夔，神魖也，如龙，一足，从文，象有角手人面之形。"一足的青牛和像龙而人面有角兽，显然是无法联系起来的，因为夔的形象如此之不确定。孔子本人处于那个时代，如果殷周礼器上有

---

[1] 马承源：《商周青铜器纹饰综述》，《商周青铜器文饰》，文物出版社，1984年，第8、9页。

这么多的夔纹，则他不会说不存在一足之夔的可能。《左传》昭公二十八年也说夔是乐正。但如果将《山海经》中夔皮可以鼓而声闻五百里的神话，与传世的一件青铜鼓上有一个裸身、形状狰狞而头上有角的怪神相联系，商周时代的乐正夔，很可能就是这个青铜鼓上人面有角的怪神了。因为它的特殊形象和鼓是相应的，在别的器上以往从未见过这种图像。所以，本集中我们没有单独列一类夔纹，而是分别将宋代以来金石学家们称为夔纹或夔龙纹的图案，统一分类在龙纹之中。

另外，《中国青铜器综论》一书对于夔纹的命名也提出了质疑。"旧通常所谓夔纹是指一种有一足、二足或根本省略了足的龙形侧面图像。"[1] "但从旧称作夔纹的图像看，并非皆只一足，也有的有二足，或根本无足。"[2] "因此把上述侧视的龙形图像视为夔，严格地说，实是不很妥当的。"[3] 特别重要的是，另外13种不同于夔纹的命名，虽然没有对"夔纹"说提出正面批判，但其命名本身已经在事实上否定了夔纹称谓的合理性。"皮之不存，毛将安傅？"既然夔纹的称谓存在问题，那么关于两头龙纹的异名夔纹类称谓（两头夔纹、斜角夔纹、斜角两头夔纹、斜角变体夔纹、双头连身的夔纹）也就无法成立，均属于旧说之列，建议摒弃。

1                                    2

图1·1·2之1、2　西周甬钟篆带两头龙纹

1.师𫘧钟背面的篆带纹饰（王清雷摄）　2.楚公豪钟（Z98:3009号）背面的篆带纹饰线图[4]

[1] 朱凤瀚：《中国青铜器综论》（上），上海古籍出版社，2009年，第547页。
[2] 同[1]，第547、548页。
[3] 同[1]，第548页。
[4] 高西省：《楚公编钟及有关问题》，《文物》2015年第1期，第46页，图五。

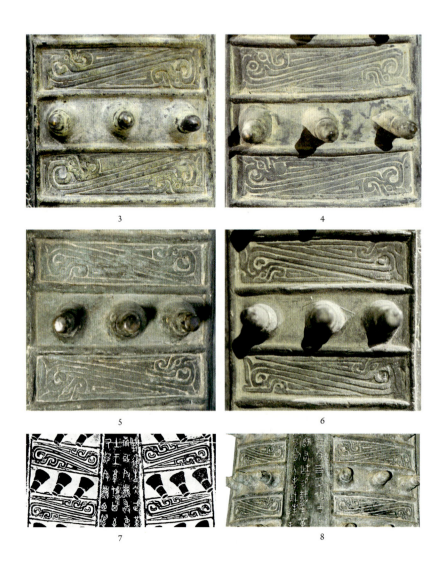

图1·1·2之3~8  西周甬钟篆带两头龙纹

3.三式兴钟76FZH1:8号背面的篆带纹饰（王清雷摄）  4.三式兴钟76FZH1:30号背面的篆带纹饰（王
清雷摄）  5.三式兴钟76FZH1:16号背面的篆带纹饰（王清雷摄）  6.三式兴钟76FZH1:33号背面的篆
带纹饰（王清雷摄）  7.默钟（宗周钟）背面的篆带纹饰拓片[1]  8.柞钟（177号）背面的篆带纹饰
（王清雷摄）

[1] https://auction.artron.net/paimai-art5141780805/

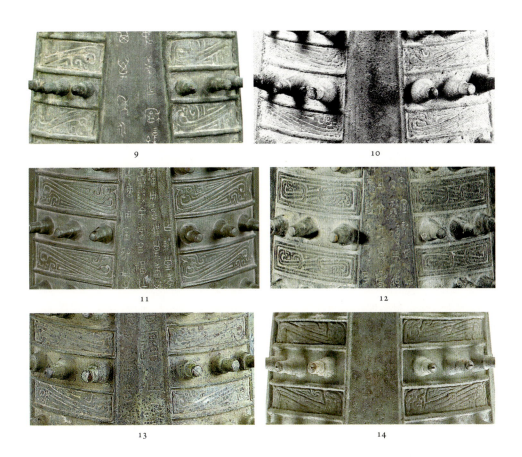

**图1·1·2之9～14　西周甬钟篆带两头龙纹**

9.中义钟（182号）背面的篆带纹饰（王清雷摄）　10.扶风齐家村甬钟甲背面的篆带纹饰[1]　11.士父钟（小钟，故宫博物院藏）背面的篆带纹饰[2]　12.井人安钟背面的篆带纹饰[3]　13.鲁遝钟背面的篆带纹饰[4]　14.梁其钟（44043号）背面的篆带纹饰（王清雷摄）

---

[1]方建军：《中国音乐文物大系·陕西卷》，大象出版社，1996年，第75页，图1·5·30a。"10.
　　扶风齐家村甬钟甲背面的篆带纹饰"由王清雷裁剪自"图1·5·30a"。

[2]袁荃猷：《中国音乐文物大系·北京卷》，大象出版社，1996年，第41页，图1·5·4d。"11.
　　士父钟（小钟，故宫博物院藏）背面的篆带纹饰"由王清雷裁剪自"图1·5·4d"。

[3]同[1]，第68页，图1·5·22a。"12.井人安钟背面的篆带纹饰"由王清雷裁剪自"图1·5·22a"。

[4]马承源：《中国音乐文物大系·上海卷》，大象出版社，1996年，第46页，图1·2·10a。"13.
　　鲁遝钟背面的篆带纹饰"由王清雷裁剪自"图1·2·10a"。

（2）兽纹类

关于"两头龙纹"的异名兽纹类称谓共有6种，分别为两头兽纹、横S状双头兽纹、斜角双头兽纹、对角双头兽纹、对角兽头纹、双兽首纹，分述如下：

①"两头兽纹"说

《商周彝器通考》一书将㝬钟（宗周钟）的篆带纹饰（图1·1·2之7）和井人安钟的篆带纹饰（图1·1·2之12）均称为"两头兽纹"[1]。笔者查阅《商周彝器通考》，发现在该书中有"两头兽纹"的具体界定，即："两头兽纹，其状（一）两头兽相盘绕，一头作长舌一头作大腮。（二）两头皆长舌，一向上，一向下，作S形。（三）两两头长舌兽相重。（四）两两头长舌兽相盘绕。（五）如（二）状，长舌兽有鼻如象。（六）两两头兽相对如扁球。（七）两两头兽相钩连。"[2]但笔者仔细阅读这段文字，并结合该书所附例图（图1·1·3）可知，该书在纹饰部分所界定的"两头兽纹"与㝬钟（宗周钟）、井人安钟的篆间所饰的"两头兽纹"虽然名称相同，但是纹样形态并不相同。

1　　　　　　　　　　　　　2　　　　　　　　　　　　3

图1·1·3之1～3　　《商周彝器通考》所载两头兽纹图例
1.颂壶纹饰[3]　2.克盨纹饰[4]　3.芮大子伯壶纹饰[5]

[1] 容庚：《商周彝器通考》（重印版），上海人民出版社，2008年，第373页。在该书中，井人安钟被称为邢人编钟。

[2] 同[1]，第111、112页。

[3] 同[1]，第111页，图二一〇。

[4] 同[1]，第112页，图二一一。

[5] 同[1]，第112页，图二一四。

4           5

6           7

图1·1·3之4～7 　《商周彝器通考》所载两头兽纹图例

4.两头兽纹壶纹饰一[1] 5.两头兽纹壶纹饰二[2] 6.叔朕簠纹饰[3] 7.两头兽纹钟纹饰[4]

《殷周青铜器通论》一书将㝬钟（宗周钟）的篆带纹饰（图1·1·2之7）称为"两头兽纹"[5]。该书虽然在第七章对青铜器纹饰作了较为详细的阐述，但其中并没有关于"两头兽纹"的任何阐释。

《西周士父钟的再发现》一文认为师奂钟[6]的篆带（图1·1·2之1）饰"双头兽纹"[7]。

《中国音乐文物大系·陕西卷》一书将井人安钟的篆带纹饰（图1·1·2之12）称为"两头兽纹"[8]。

《中国音乐文物大系·上海卷》一书将鲁邍钟的篆带纹饰（图1·1·2之13）称为

[1] 容庚：《商周彝器通考》(重印版)，上海人民出版社，2008年，第112页，图二一二。

[2] 同[1]，图二一三。

[3] 同[1]，图二一五。

[4] 同[1]，第113页，图二一六。

[5] 容庚、张维持：《殷周青铜器通论》，文物出版社，1984年，第74页。

[6] 师奂钟在该文中被称为"师丞钟"。从该钟的铭文来看，应该厘定为师奂钟。

[7] 高至喜：《西周士父钟的再发现》，《文物》1991年第5期，第87页。

[8] 方建军：《中国音乐文物大系·陕西卷》，大象出版社，1996年，第68页。

"两头兽纹" [1]。

②　"横S状的双头兽纹"说

《西周士父钟的再发现》一文认为士父钟的篆带（图1·1·2之11）饰"横S状的双头兽纹" [2]。

③　"斜角双头兽纹"说

《陕西扶风庄白一号西周青铜器窖藏发掘简报》一文将三式兴钟（6件）中的2件（76FZH1:8、30号）的篆带纹饰（图1·1·2之3、4）称为"斜角双头兽纹" [3]。

《先秦乐钟之研究》一书认为井人妄钟（图1·1·2之12）、师丞钟 [4]（图1·1·2之1）、三式兴钟（4件，76FZH1:8、30、16、33号）（图1·1·2之3~6）、士父钟（图1·1·2之11）、默钟（宗周钟）（图1·1·2之7）、梁其钟（图1·1·2之14）、柞钟（图1·1·2之8）以及中义钟（图1·1·2之9）这8例西周甬钟的篆带均饰"斜角双头兽纹" [5]。

《西周微氏家族青铜器群研究》一书认为三式兴钟（4件，76FZH1:8、30、16、33号）的篆带（图1·1·2之3~6）"饰斜角双头兽纹" [6]。

《中国青铜器综论》一书认为默钟（即宗周钟）的篆带（图1·1·2之7）"饰斜角双头兽纹" [7]。

④　"对角双头兽纹"说

《中国音乐文物大系·陕西卷》一书将三式兴钟（4件，76FZH1:8、30、16、33号） [8]（图1·1·2之3~6）、师丞钟 [9]（图1·1·2之1）这两例甬钟的篆带纹饰均称

[1] 马承源：《中国音乐文物大系·上海卷》，大象出版社，1996年，第46页。

[2] 高至喜：《西周士父钟的再发现》，《文物》1991年第5期，第86页。

[3] 陕西周原考古队：《陕西扶风庄白一号西周青铜器窖藏发掘简报》，《文物》1978年第3期，第7页。该文将此组兴钟称为丙组，而不是三式兴钟。从其出土号来看，属于三式兴钟，这属于同一组器物在不同文献中的不同表述。目前学界绝大多数均称其为三式兴钟，故本文采用此种表述方式，特此说明。

[4] 师丞钟在该书中被称为"师丞钟"。从该钟的铭文来看，应该厘定为师丞钟。

[5] 朱文玮、吕琪昌：《先秦乐钟之研究》，台湾南天书局，1994年，第75、76页。

[6] 陕西周原考古队、尹盛平：《西周微氏家族青铜器群研究》，文物出版社，1992年，第38页。

[7] 朱凤瀚：《中国青铜器综论》（上），上海古籍出版社，2009年，第363页。

[8] 方建军：《中国音乐文物大系·陕西卷》，大象出版社，1996年，第41~44页。

[9] 同[8]，第58页。

为"对角双头兽纹"。

⑤ "对角兽头纹"说

《中国音乐文物大系·陕西卷》一书将柞钟[1]（图1·1·2之8）、中义钟[2]（图1·1·2之9）这两例甬钟的篆带纹饰均称为"对角兽头纹"。

⑥ "双兽首纹"说

《陕西扶风庄白一号西周青铜器窖藏发掘简报》一文将三式兴钟（6件）中的2件（76FZH1:16、33号）（图1·1·2之5、6）的篆带纹饰均称为"双兽首纹"[3]。

从以上6种关于两头龙纹的异名兽纹类称谓来看，在《商周彝器通考》《殷周青铜器通论》这两部著作中，这一种纹饰就有"两头兽纹""两头夔纹"两种称谓，可见容庚、张维持两位先生对这一纹饰的定名尚未统一；在《中国音乐文物大系·陕西卷》一书中，这一种纹饰就有"两头兽纹""对角双头兽纹""对角兽头纹"三种称谓，足见对其定名的严重分歧。因在相关研究文献中，对于这些纹饰的定名均没有任何阐释，故对于每一种纹饰定名原因我们不得而知。但有一点应该是可以肯定的，那就是研究青铜器纹饰的许多专家应该都阅读过《商周彝器通考》《殷周青铜器通论》这两部著作，因为"在目前有关青铜器的著作与考古报告中，对青铜器纹饰名称的使用，多数情况下仍是采用容庚《商周彝器通考》及《殷周青铜器通论》的说法"[4]。既然如此，这些专家就应该知道这种纹饰应该称为"两头夔纹"，而不是某种兽纹。特别是，《商周彝器通考》《殷周青铜器通论》这两部著作在纹饰一章中均专门阐释了何为"两头夔纹"，但在正文中描述有关器物的纹饰时却没有使用这一称谓。如《商周彝器通考》一书将默钟（宗周钟）的篆带纹饰（图1·1·2之7）和井人安钟的篆带纹饰（图1·1·2之12）均称为"两头兽纹"[5]，

---

[1] 方建军：《中国音乐文物大系·陕西卷》，大象出版社，1996年，第55～57页。

[2] 同[1]，第52～54页。

[3] 陕西周原考古队：《陕西扶风庄白一号西周青铜器窖藏发掘简报》，《文物》1978年第3期，第7页。该文将此组兴钟称为丁组，本文采用学界的主流称谓，即三式兴钟，特此说明。

[4] 朱凤瀚：《中国青铜器综论》（上），上海古籍出版社，2009年，第539页。

[5] 容庚：《商周彝器通考》（重印版），上海人民出版社，2008年，第373页。在该书中，井人安钟被称为邢人编钟。

《殷周青铜器通论》一书将㝬钟（宗周钟）的篆带纹饰（图1·1·2之7）亦称为"两头兽纹"[1]，这显然是矛盾的。

由此笔者推测，对于"两头夔纹"这种称谓，《商周彝器通考》《殷周青铜器通论》两书的作者容庚和张维持先生有可能也觉得其并不妥当。故此，两位先生在著作中描述有关器物的纹饰时，就没有采用"两头夔纹"的称谓，而是采用概念更为宽泛的"两头兽纹"的新名称。将"两头夔纹"改称为"两头兽纹"，仅一字之差，其逻辑关系显而易见。既然夔纹有不妥之处，但夔肯定属于兽的范畴，将其改称为两头兽纹，应该比称为两头夔纹要合理一些。其他几种关于某某兽纹的称谓，估计也是出于这种考虑。这种称谓从某种程度上解决了"两头夔纹"等夔纹类命名存在的问题，但却与科学的求真精神背道而驰。因为从科学的动物学分类视角而言，兽纹的涵盖面过于宽泛，虎纹、象纹、鹿纹、龙纹等都属于兽纹。对于那些不熟悉青铜器纹饰的学者而言，仅从"两头兽纹"等兽纹类名称上来看，很难判断这是一种什么形态的兽纹，从而会陷入一种虚无茫然的状态。有些学者在看到真实的器物纹饰时可能会恍然大悟，这不是容庚先生所言的"两头夔纹"吗？估计会有种被忽悠的感觉。也就是说，原来的"两头夔纹"等夔纹类名称，虽然有些不妥之处，但对于圈内人而言，大家都知道说的是什么纹饰；对于圈外人而言，仅从"两头夔纹"等夔纹类名称上，也能知晓其纹饰的大致样貌。故此，笔者认为将"两头龙纹"的异名夔纹类称谓改称为兽纹类称谓，并不妥当。这6种兽纹类称谓过于宽泛，缺乏具象性，尚不如原来的夔纹类称谓合理，所以笔者认为应该摒弃。

（3）龙纹类

关于"两头龙纹"的异名龙纹类称谓最多，共有7种，分别为两头龙纹、双头龙纹、顾首龙纹、S形顾龙纹、S状纹、斜角双首共体龙纹、斜角龙纹，其中"S状纹"出自《西周青铜器年代综合研究》一书。根据该书作者在青铜器方面的造诣判断，不会出现这种定名。笔者推测这里应漏写了"龙"字，故将"S状纹"放在这里进行探讨。分别辨析如下：

---

[1] 容庚、张维持：《殷周青铜器通论》，文物出版社，1984年，第74页。

① "两头龙纹"说

《商周青铜器文饰》一书指出："两头龙纹，纹饰特点是单个兽体的两端各有一个龙形或兽形的头。这种纹饰的体躯大多变形，成为一条斜线或曲折形线，没有看到过比较写实的形象化的体躯。"[1]"两头龙纹大多做回顾状，两头在同一个方向的称同向式，两头回顾相对的称相顾式，两头做相反方向的称向背式。"[2]该书列举了大量的青铜器"两头龙纹"例证（图1·1·4），对"两头龙纹"进行了详细阐释。马承源先生在他主编的《中国音乐文物大系·上海卷》中即采用了这种定名，如井人安钟[3]（图1·1·2之12）和梁其钟[4]（图1·1·2之14）的篆带纹饰均被称为"两头龙纹"。《中国音乐文物大系·江苏卷》也采用这种定名，将梁其钟的篆带纹饰（图1·1·2之14）称为"两头龙纹"[5]。

从笔者目前搜集到的青铜器研究文献来看，马承源先生在《商周青铜器文饰》一书中通过对夔纹和夔龙纹的批判，第一次提出"两头龙纹"这一名称，这是一个经过深思熟虑、反复推敲过的定名。对于青铜器研究领域一个经常使用的纹饰称谓的更名，不仅要考虑其合理的学术性与求真的科学性，还要考虑其现实的可操作性与通俗性。"在目前有关青铜器的著作与考古报告中，对青铜器纹饰名称的使用，多数情况下仍是采用容庚《商周彝器通考》及《殷周青铜器通论》的说法。"[6]中国有许多从事青铜器研究的专家、学者和文博考古工作者，改动越少，给学界同仁带来的麻烦就会越少。从《商周彝器通考》和《殷周青铜器通论》这两部著作中的"两头夔纹""两头兽纹"，到马承源先生的"两头龙纹"，虽仅一字之差，却体现了马先生的独居匠心、学术智慧和人文关怀。同时，马先生"两头龙纹"的提出，充分体现了老一辈学者是如何对前人成果进行

[1] 马承源：《商周青铜器纹饰综述》，《商周青铜器文饰》，文物出版社，1984年，第8页。

[2] 上海博物馆青铜器研究组：《商周青铜器文饰》，文物出版社，1984年，第97页。

[3] 马承源：《中国音乐文物大系·上海卷》，大象出版社，1996年，第44页。该书将井人安钟称之为邢人安钟，但从该钟铭文来看，厘定为井人安钟更为妥当。

[4] 同[3]，第24～27页。

[5] 王子初：《中国音乐文物大系·江苏卷》，大象出版社，1996年，第174页。

[6] 朱凤瀚：《中国青铜器综论》（上），上海古籍出版社，2009年，第539页。

1

2

3　　　　　　　　　　　　　　　　　4

图1·1·4之1～4　《商周青铜器文饰》所载两头龙纹的部分图例

1.两头龙纹（同向式，保卣颈部[1]）　2.两头龙纹（相顾式，两头龙纹尊腹部[2]）　3.两头龙纹（相顾式，子父丁卣颈部[3]）　4.两头龙纹（相顾式，梁其钟篆带[4]）

批判性继承，又如何在此基础上实现学术性创新的。马先生用具体的学术行动令笔者见证了什么才是真正的、负责任的"传承与创新"，值得学界同仁与后学深入研习与反复参悟。

---

[1] 上海博物馆青铜器研究组：《商周青铜器文饰》，文物出版社，1984年，第131页，图375。

[2] 同[1]，第133页，图382。

[3] 同[1]，第132页，图376。

[4] 同[1]，第133页，图383。

图1·1·4之5～8　《商周青铜器文饰》所载两头龙纹的部分图例

5.两头龙纹（相顾式，鲁邍钟篆带[1]）　6.两头龙纹（向背式，井人安钟篆带[2]）　7.两头龙纹（向背式，卷龙纹钟篆带[3]）　8.两头龙纹（向背式，两头龙纹瓿腹部[4]）

②"双头龙纹"说

《陕西周原新出土的青铜器》一文认为1998年出土于陕西周原的楚公豪钟（Z98:3009号）篆带（图1·1·2之2）"饰线条流畅的阴纹单线双头龙纹"[5]。

③"顾首龙纹""S形顾龙纹"和"S状纹"说

这三种纹饰名称均出自《西周青铜器年代综合研究》一书，故放在一起探讨。

该书将三式兴钟的篆带纹饰（图1·1·2之3～6）称为"顾首龙纹"，认为其与默钟（图1·1·2之7）、师奭钟[6]（图1·1·2之1）的篆带纹饰相同[7]。该书认为梁其钟

[1] 上海博物馆青铜器研究组：《商周青铜器文饰》，文物出版社，1984年，第135页，图385。

[2] 同［1］，第138页，图394。该书将井人安钟称之为邢人钟，但从该钟铭文来看，厘定为井人安钟更为妥当。

[3] 同［1］，第138页，图396。

[4] 同［1］，第138页，图395。

[5] 罗西章：《陕西周原新出土的青铜器》，《考古》1999年第4期，第20页。

[6] 该书称之为"师丞钟"。从该钟的铭文来看，应该厘定为师奭钟。

[7] 彭裕商：《西周青铜器年代综合研究》，巴蜀书社，2003年，第406页。

（图1·1·2之14）的"篆间饰S形顾龙纹"，其与㪤钟、三式兴钟、师㝨钟[1]的篆带纹饰相同[2]。该书认为鲁遣钟（图1·1·2之13）"篆间饰S状纹"[3]。

笔者仔细观察以上5例西周甬钟的篆带纹饰（图1·1·2之1、3～7、13～14），发现它们的篆带纹样均为同一种龙纹。但在《西周青铜器年代综合研究》一书中，对于这同一种龙纹却有3种不同的名称："顾首龙纹""S形顾龙纹"和"S状纹"。那么，其中哪一种称谓合理呢？

笔者通读《西周青铜器年代综合研究》一书，发现该书有对纹饰的专论，即"第六章　西周青铜器纹饰"，其中用了一节的篇幅对龙纹进行了较为详细的阐释。该节根据龙纹形态的不同，将其分为八型：A型花冠顾首龙纹[4]、B型水草型顾首龙纹[5]、C型象鼻龙纹[6]、D型波曲形龙纹[7]、E型横S形顾首龙纹[8]、F型龙纹间火纹[9]、G型短小龙纹[10]、H型绞龙纹[11]。认真阅读该节全文，并结合所附的龙纹例图，笔者有3点认识：

其一，在该书"第六章　西周青铜器纹饰"所论的A至H型的八型龙纹中，并没有"顾首龙纹""S形顾龙纹"和"S状纹"的称谓，且这3种称谓均指同一种纹饰。可见该书对于青铜器的纹饰研究与具体使用尚存在两张皮的现象。

其二，云纹、雷纹、窃曲纹等均有"S状"的纹样类型。显然，"S状纹"的称谓太过宽泛，严重缺乏具象性，故此这种称谓并不妥当，首先排除。

其三，仅从称谓来看，在该书"第六章　西周青铜器纹饰"所论的A至H型的八型龙纹中，与"顾首龙纹"和"S形顾龙纹"最为接近的是"E型横S形顾首龙

[1] 该书称之为"师丞钟"。从该钟的铭文来看，应该厘定为师㝨钟。
[2] 彭裕商：《西周青铜器年代综合研究》，巴蜀书社，2003年，第433页。
[3] 同[2]，第501页。该书称之为鲁原钟。
[4] 同[2]，第530页。
[5] 同[2]，第532页。
[6] 同[2]，第533页。
[7] 同[2]，第534页。
[8] 同[2]，第538页。
[9] 同[2]，第540页。
[10] 同[2]，第541页。
[11] 同[2]，第543页。

纹"[1]。那么㝬钟、三式兴钟、师奂钟、梁其钟、鲁遼钟这5例西周甬钟篆带所饰龙纹是不是属于"E型横S形顾首龙纹"呢？该书对该型龙纹的具体描述为："E型 横S形顾首龙纹。分二式。I式尾内卷，如临潼南罗墓盂形簋（本书CaIII）口下的纹饰。……II式卷尾与前面的三角形纹相连，龙尾变成了向前的三角刀形。"[2]同时，该书列举了一些代表性例证，如㝬簋口沿（图1·1·5）的龙纹等。笔者仔细查看该书列举的所有实例，没有发现一例与㝬钟等5例西周甬钟的篆带龙纹雷同的纹样。同时，笔者发现该书所论的E型横S形顾首龙纹的龙头、龙身与龙尾大体呈"横S形"，但是龙纹均为单头；而㝬钟等5例西周甬钟篆带龙纹均为双头，差别很大。显然，㝬钟等5例西周甬钟篆带龙纹不属于该书所言的E型"横S形顾首龙纹"。

图1·1·5　《西周青铜器年代综合研究》所载E型横S形顾首龙纹图例（㝬簋）[3]

排除E型"横S形顾首龙纹"之后，笔者又仔细阅读了该书中关于剩余七型龙纹的文字资料。在对B型"水草型顾首龙纹"的描述中，笔者找到了关于㝬钟、三式兴钟、师奂钟、梁其钟、鲁遼钟这五例西周甬钟篆带龙纹最为接近的阐述，该书对B型"水草型顾首龙纹"的界定为："B型 水草型顾首龙纹 主要特点是纹饰由细长曲折的线条构成，线条上多有歧出的钩状纹饰。龙首反顾，整个纹饰做长条形，多装饰器物的口下、盖沿和圈足。有单首与一身双首两种形式，一身双首的又有双首同向与双首相对两种样式。"[4]其中，"一身双首"之"双首同向"B型龙纹

[1]彭裕商：《西周青铜器年代综合研究》，巴蜀书社，2003年，第538页。
[2]同[1]，第538、539页。
[3]同[1]，第546页，图十五之4。
[4]同[1]，第532页。

以保卣颈部的纹饰（图1·1·6之1）为例，"一身双首"之"双首相对"B型龙纹以子父丁卣颈部的纹饰（图1·1·6之2）为例。巧合的是，这两例纹饰也是《商周青铜器文饰》所言"两头龙纹"的实例[1]。故此，B型"水草型顾首龙纹"中的"一身双首"样式，符合馱钟等5例西周甬钟篆带龙纹的主体纹样特征。所以，按照《西周青铜器年代综合研究》一书"第六章 西周青铜器纹饰"对龙纹的类分标准，馱钟等5例西周甬钟篆带所饰龙纹应该称为"水草型顾首龙纹"（一身双首式），而不是"顾首龙纹"或"S形顾龙纹"。但是，对于"水草型顾首龙纹"的称谓，笔者认为还需商榷。水草是指生长在水中的草本植物，常见的种类就有十多种之多，茎叶形态各异。况且，该书在对"水草型顾首龙纹"的概念界定中，并没有提及任何与"水草"有关的词汇，故该书所言的"水草型"到底是指哪种水草形态我们不得而知，也不清楚该型龙纹与水草有何关系。所以，笔者认为"水草型顾首龙纹"的称谓，尚值得斟酌与推敲。

图1·1·6　《西周青铜器年代综合研究》所载B型"水草型顾首龙纹"（一身双首式）图例
1.保卣颈部纹饰（双首同向）[2] 2.子父丁卣颈部纹饰（双首相对）[3]

④"斜角双首共体龙纹"说

《北方西周早期甬钟的特点及甬钟起源探索》将三式兴钟[4]（6件）（图1·1·2

---

［1］ 参见本书图1·1·4之1、3，各自图片角度存在差异。笔者尊重两本著作各自图片的角度，未做任何调整。

［2］ 彭裕商：《西周青铜器年代综合研究》，巴蜀书社，2003年，第536页，图十四之4。

［3］ 同［2］，图十四之5。

［4］ 高西省：《北方西周早期甬钟的特点及甬钟起源探索》，《西周青铜器研究》，陕西人民出版社，2005年，第62页。

之3~6)、师奭钟[1](图1·1·2之1)、士父钟[2](图1·1·2之11)这3例甬钟的篆带纹饰称为"斜角双首共体龙纹"或"双首共体龙纹"。《探源溯流——青铜编钟谱写的历史》将此类纹饰也称为"斜角双首共体龙纹"[3]。"斜角双首共体龙纹"是笔者统计的17种"两头龙纹"异名纹饰名称中最复杂一种,里面包含了3个纹样元素:斜角、双首、共体。显然,《北方西周早期甬钟的特点及甬钟起源探索》一文的目的,是想使这种纹饰的定名精确化、具象化和唯一化,只要在学术研究中谈到这种纹饰的名称,学界同仁即可知道说的是哪一种纹饰,这样便于学术交流,而不需要再去解释该纹饰是某一类纹饰中的某一型中的某一式。从语言学的视角而言,作为一种纹饰名称,不仅要考虑其学术性、具象性与唯一性,还必须要考虑其简洁性。"斜角双首共体龙纹"这一名称包含了3个纹样特征元素,有点过于复杂了。同时,所谓的"双首"就暗含着共用一个身躯。故此,笔者认为"斜角双首共体龙纹"这种称谓,尚可斟酌。

⑤ "斜角龙纹"说

《西周青铜器分期断代研究》一书将师奭钟[4](图1·1·2之1)、梁其钟[5](图1·1·2之14)的篆带纹饰称为"斜角龙纹"。

"斜角龙纹"的称谓最早出自《商周青铜器文饰》一书[6],但对其并无具体界定。笔者通过研读诸多青铜器纹饰研究文献并反复考察、比对大量的龙纹纹样后发现,所谓"斜角龙纹",其纹样特点为(图1·1·10):由两条独立的龙构成;每条龙的龙尾向龙头的一侧回折,与龙头相对,龙尾与龙身形成一个斜角;两条龙的龙头均回顾,在一条篆带内呈对角关系;两条龙的龙身基本呈平行线的关系。如果不细心观察,确实容易将"斜角龙纹"误认为是"两头龙纹"。其

[1] 高西省:《北方西周早期甬钟的特点及甬钟起源探索》,《西周青铜器研究》,陕西人民出版社,2005年,第63页。该文称之为"师丞钟"。从该钟的铭文来看,应该厘定为师奭钟。
[2] 同[1],第66页。
[3] 关晓武:《探源溯流——青铜编钟谱写的历史》,大象出版社,2013年,第86页。
[4] 王世民、陈公柔、张长寿:《西周青铜器分期断代研究》,文物出版社,1999年,第173页。
[5] 同[4],第176页。
[6] 马承源:《商周青铜器纹饰综述》,《商周青铜器文饰》,文物出版社,1984年,第8页。

实，二者还是比较容易区分的，其最大的不同就是："两头龙纹"是由一条龙（两头）构成，"斜角龙纹"是由两条龙（均为单头）构成。显然，师丝钟（图1·1·2之1）和梁其钟（图1·1·2之14）的篆带纹饰不符合"斜角龙纹"的纹样特征，故这种称谓是不妥当的。

需要指出的是，笔者在梳理三式兴钟的资料时，发现诸多文献将6件三式兴钟视为纹饰相同的一组，如《中国上古出土乐器综论》认为三式兴钟（76FZH1:8、30、16、33、62、65号）的篆带均饰"阴线斜角两头夔纹"[1]；《先秦乐钟之研究》认为三式兴钟（6件）的篆带均饰"斜角双头兽纹"[2]；《中国音乐文物大系·陕西卷》将三式兴钟（6件）的篆带纹饰均称为"对角双头兽纹"[3]，等等。但事实上，6件三式兴钟的纹饰并不相同，其中4件三式兴钟（76FZH1:8、30、16、33号）（图1·1·2之3~6）的篆带纹饰均为"两头龙纹"。《西周微氏家族青铜器群研究》一书是笔者见到的第一部发现6件三式兴钟中的76FZH1:62、65号这两件编钟篆带纹饰与其他4件（76FZH1:8、30、16、33号）不同的文献，但该书认为这两件甬钟篆带均饰"斜角云纹"[4]的描述并不准确。笔者经反复观察76FZH1:62、65号这两件三式兴钟的篆带发现，前者（图1·1·7之1）背面的3条篆带饰"斜角云纹"，背面右侧下面的篆带饰"横S形窃曲纹"；后者（图1·1·7之2）背面左侧2条篆带纹饰为"两头龙纹"，背面右侧2条篆带纹饰为"斜角云纹"。由此可知，6件三式兴钟中的76FZH1:62、65号两钟的篆带纹饰并非是单一的"斜角云纹"，非常罕见。

[1] 李纯一：《中国上古出土乐器综论》，文物出版社，1996年，第191页。

[2] 朱文玮、吕琪昌：《先秦乐钟之研究》，台湾南天书局，1994年，第75、76页。该书没有使用"三式兴钟"的表述，而是用"'兴钟'丙、丁组共6件"的表述，查阅《陕西扶风庄白一号西周青铜器窖藏发掘简报》可知，丙组2件（76FZH1:8、30号），丁组4件（76FZH1:16、33、62、65号），恰为6件三式兴钟，故本文采用学界的主流称谓，即三式兴钟，特此说明。

[3] 方建军：《中国音乐文物大系·陕西卷》，大象出版社，1996年，第41~44页。

[4] 陕西周原考古队、尹盛平：《西周微氏家族青铜器群研究》，文物出版社，1992年，第39页。

图1·1·7　三式兴钟（2件，76FZH1:62、65号）篆带纹饰

1.三式兴钟（76FZH1:62号）背面的篆带纹饰（王清雷摄）　2.三式兴钟（76FZH1:65号）背面的篆带纹饰（王清雷摄）

### 2.两头龙纹定名的再探讨

通过以上对两头龙纹及其不同的17种异名称谓的辨析，夔纹类（5种）、兽纹类（6种）名称均属于旧说之列，不建议继续使用。在龙纹类7种纹饰名称中，笔者

认为《商周青铜器文饰》一书提出的"两头龙纹"[1]命名较为合理。但《商周青铜器文饰》所言"两头龙纹"的身躯有"斜线或曲折形线"[2]两种，而笔者所论西周甬钟篆带的这种"两头龙纹"只是身躯呈"斜线"的样式，如果再加一个限定词来体现这一纹样特点，则使这种纹饰名称更具科学性、准确性、具象性和唯一性。试论如下：

（1）"斜角两头龙纹"还是"对角两头龙纹"

为了体现这种"两头龙纹"的身躯特点，已有不少学者做过有益的探讨，如在上述"两头龙纹"及其17种异名纹饰名称中有6种名称使用了"斜角"一词，分别为斜角夔纹、斜角两头夔纹、斜角变体夔纹、斜角双头兽纹、斜角双首共体龙纹、斜角龙纹。该词是关于这种纹饰使用频率最高的一个限定词。那么，是否可以将这种龙纹定名为"斜角两头龙纹"呢？

斜角是指数学几何中的一个概念，指不是直角整数倍的角，包括锐角与钝角。那么，西周甬钟篆带所饰"两头龙纹"的斜角在何处呢？我们来观察三式兴钟（76FZH1:8号）篆带所饰"两头龙纹"（图1·1·8），可以发现斜角位于龙纹上唇的最前端（红色标识的锐角），这是该纹饰上最明显的一个斜角，是一个大约为14°的锐角。如果以这种"两头龙纹"上唇为斜角的特点来命名这种龙纹为"斜角两头龙纹"的话，笔者以为不妥。因为龙纹上唇为斜角并不是这种龙纹的整体形态特点，而是局部特点。尤其是，西周甬钟篆带所饰"两头龙纹"的上唇并不是均为斜角，还有龙纹上唇上卷等其他样式，如师兑钟（图1·1·2之1）、楚公豪钟（Z98:3009号）（图1·1·2之2）、中义钟（图1·1·2之9）篆带所饰两头龙纹。如果以"斜角两头龙纹"名之，则与师兑钟、楚公豪钟、中义钟等西周甬钟篆带两头龙纹的纹样特征不吻合，从而出现名实不符的错误。

---

[1] 马承源：《商周青铜器纹饰综述》，《商周青铜器文饰》，文物出版社，1984年，第8页。
[2] 同[1]。

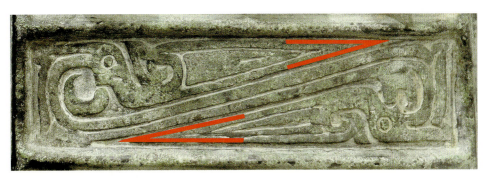

图1·1·8　两头龙纹的斜角标识（76FZH1:8号三式兴钟篆带纹饰）（王清雷制）

　　在上述"两头龙纹"及其17种异名名称中，除了6种名称使用了"斜角"一词之外，还有2种纹饰名称使用了"对角"一词，分别为"对角双头兽纹"和"对角兽头纹"。

　　那么何为对角呢？对角有两种：其一是三角形中的对角，是指三角形中两边所夹的角对第三个边来说，叫作这个边的对角；其二是四边形中的对角，是指四边形中不相邻的两角。甬钟的篆带为长方形，那么对角就是指篆带不相邻的两个角。

　　最早涉及"对角"一词的纹饰描述，见于《商周彝器通考》一书，该书指出："两头夔纹其状（一）两头一上一下，身为对角线。"[1]《殷周青铜器通论》一书继承了这一概念："两头夔纹，两端的头部一上一下，身为对角线。"[2] 这里所言的"对角线"，意为两个对角顶点之间的连线。"对角双头兽纹"[3] 和"对角兽头纹"[4] 这两种纹饰名称中的"对角"一词是否指的是"身为对角线"的含义，笔者不得而知，因为该书对这种纹饰并无任何界定。仅从"对角双头兽纹"这一名称的本身推测，"双头"是指这种龙纹有两个龙头，而"对角"一词可能是指"身为对角线"，也可能是指两个龙头呈对角的关系。

　　《商周青铜器文饰》一书对这种"两头龙纹"龙身特点描述为："这种纹饰的

[1] 容庚：《商周彝器通考》（重印版），上海人民出版社，2008年，第84页。
[2] 容庚、张维持：《殷周青铜器通论》，文物出版社，1984年，第112页。
[3] 方建军：《中国音乐文物大系·陕西卷》，大象出版社，1996年，第41～44、58页。
[4] 同［3］，第52～57页。

体躯大多变形，成为一条斜线……"[1]那么"对角线"和"斜线"哪个词汇更能体现"两头龙纹"的龙身特点呢？何为对角线，我们已经探讨过。那么什么是斜线呢？在立体几何中，斜线表示与某个特定平面夹角在0°～90°的直线。显然，对于"两头龙纹"龙身形态特点的描述，"对角线"要比"斜线"准确得多。为了使读者可以一目了然地知道"对角线"与"两头龙纹"身躯特点的高度契合性，笔者将师㝈钟篆带（图1·1·9）所饰"两头龙纹"的身躯用红色线条标记出来。从图片上可以清晰地看出，容庚先生所言的"身为对角线"[2]的措辞，非常符合"两头龙纹"身躯的形态特点。由此，笔者不得不由衷地敬佩容庚先生洗练的文笔和精当的用词。如果我们再仔细观察这种"两头龙纹"，还会发现一个特点，那就是两个龙头呈对角的关系（图1·1·9，两个绿色四角星标记处）。

综上所论，笔者认为应将西周甬钟篆带所饰"两头龙纹"定名为"对角两头龙纹"。所谓"对角两头龙纹"，其纹样特征为（图1·1·9）：由一条龙构成；单个龙身两端各有一个龙头，两个龙头呈对角关系；共用的龙身呈现出一条对角线的形态。

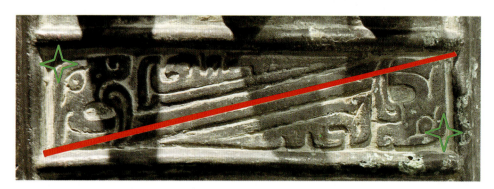

图1·1·9　两头龙纹的对角与对角线标识（师㝈钟篆带纹饰）（王清雷制）

［1］马承源：《商周青铜器纹饰综述》，《商周青铜器文饰》，文物出版社，1984年，第8页。

［2］容庚：《商周彝器通考》（重印版），上海人民出版社，2008年，第84页。

（2）"对角两头龙纹"还是"对角双首龙纹"

一开始，笔者认为将西周甬钟篆带所饰"两头龙纹"定名为"对角两头龙纹"就可以画上句号，没有必要再继续探讨下去了。但是，受到容庚先生《商周彝器通考》一书中"身为对角线"一句的影响，笔者觉得学术还是应该追求完美。故此笔者决定，从语言学的视角再探讨一下"对角两头龙纹"和"对角双首龙纹"孰更恰当的问题。

在上述"两头龙纹"及其17种异名名称中，有9种名称使用了"两头"或"双头"一词，分别为两头夔纹、斜角两头夔纹、双头连身的夔纹、两头兽纹、横S状双头兽纹、斜角双头兽纹、对角双头兽纹、两头龙纹、双头龙纹；仅有1例使用了"双首"一词，即斜角双首共体龙纹[1]。那么，究竟应该用"头"还是用"首"呢？

"首"和"头"，本义都是头的意思。但"首"字出现很早，而"头"字则晚得多。在我国最早的文字——甲骨文当中就多次出现"首"字。《汉语史稿》一书指出："战国以前，只有'首'没有'头'。金文里有很多'首'字，却没有一个'头'字。《诗》《书》《易》都没有'头'字。到了战国时代，'头'字就出现了。"[2]既然西周时期仅有"首"字，而无"头"字，那么西周甬钟篆带所饰"两头龙纹"是不是只能称之为"对角双首龙纹"，而不能称之为"对角两头龙纹"呢？笔者以为非也。因为青铜器纹饰研究是现代学科考古学中的一个重要专题，有关青铜器纹饰研究中的理论、概念都要纳入到现代科学的学科体系当中去考量其合理性与科学性，而不能拘泥于历史上"首"和"头"孰早孰晚的问题上。所以，对于"对角两头龙纹""对角双首龙纹"这一对名称，下面还得继续探讨。

《小议"头"与"首"的词义演变》一文指出："先秦时期，'首'占绝对优势，两汉时期，'头、首'竞争激烈，西汉时'头'稍占上风，东汉时'头'

---

[1] 高西省：《北方西周早期甬钟的特点及甬钟起源探索》，《西周青铜器研究》，陕西人民出版社，2005年，第62~66页。

[2] 王力：《汉语史稿》，中华书局，2004年，第566页。

占绝对优势，但'首'还未完全隐退。到了魏晋时期，替换就完全完成了。"[1]
《"首"与"头"的历时考察》一文进一步指出："'头'在西汉得到快速发展，
这是事实。但是'首'并没有因为'头'的迅速流行而退出，换句话说，'头'和
'首'并没有像其他具有同义关系的常用词一样，很快发生替换，而是互相并存共
用，一直延续到现代汉语中。"[2]

那么，就"对角两头龙纹"和"对角双首龙纹"这两种命名，"头"与"首"
究竟应该如何选择呢？在现代汉语中，"头"与"首"在语体上有些明显的不同，
"'头'主要用于口语作品中，'首'主要用于书面语作品或仿古作品中。"[3]
青铜器纹饰研究属于现代学科考古学中的一个重要专题，并非"口语作品"的范
畴。笔者尝试多次吟诵"对角两头龙纹"和"对角双首龙纹"，明显感觉后者朗朗
上口，显得高大上；前者则感觉平白俚俗，很接地气，故选用"对角双首龙纹"似
乎比较妥当。但有一个问题值得注意，那就是考古学是一门实践性很强的学科，几
乎每天都有千千万万的考古工作者奋斗在考古发掘第一线，参与的人员有老师、研
究生、本科生以及大量的技工等，考古发掘人员需要登记许多出土文物的各种信
息。参与考古发掘的人员所学专业不同，对于考古学不同研究领域的学术概念和专
业语汇并不十分清楚，如果原始资料的登记存在疏漏，就会产生连锁反应，带来一
系列的问题与麻烦。在这种田野考古的语境下，准确而又通俗的纹饰定名就显得非
常重要。特别需要指出的是，青铜器纹饰的定名属于语言学的范畴。故此，从语
言学的视角出发，我们再次审视"对角两头龙纹"与"对角双首龙纹"这两种名
称，就会产生新的想法。《小议"头"与"首"的词义演变》一文指出："至于
'头'为何取代'首'成为代表词，有两个主要原因，一是'首'的语义负担负荷
过重，……二是'首'和'手'同音，'斩首'音同'斩手'，'首足'音同'手
足'，非常不利于交际，于是就出现了同音替换。"[4]在田野考古工作中，"双

[1] 吴宝安：《小议"头"与"首"的词义演变》，《语言研究》2011年第2期，第127页。
[2] 杨世铁：《"首"与"头"的历时考察》，《淮北师范大学学报（哲学社会科学版）》2013年第5期，
　　　第96页。
[3] 同[2]，第98页。
[4] 同[1]。

首龙纹"的名称也存在相同的问题，"双首"音同"双手"，非常容易混淆，在登记一些青铜器的纹饰信息时可能就会带来一些隐患和麻烦。如果使用"两头"而不是"双首"，就可以规避掉可能出现的错误。在上述"两头龙纹"及其17种异名称中，有9种使用了"两头"或"双头"一词，仅有1例使用"双首"一词，很可能也是出于这种现实考虑。笔者在给研究生上课时，就曾出现过此类问题。如曾侯乙墓出土数件鼓，其中一件有一个木柄，故称之为"有柄鼓"。笔者在课间休息的时候查看学生记录的笔记，发现有的学生竟然将"有柄鼓"记成了"油饼鼓"，至今想来仍不禁捧腹。从这个真实发生过的小笑话来看，从语言学的视角出发来考量青铜器纹饰的定名问题，是非常必要的。

综上所论，笔者认为将三式兴钟（4件，76FZH1:8、30、16、33号）（图1·1·2之3~6）、斁钟（宗周钟）（图1·1·2之7）、柞钟（图1·1·2之8）等11例西周甬钟篆带所饰两头龙纹定名为"对角两头龙纹"，更为合理与恰当。

（3）"对角两头龙纹"的来源

关于"对角两头龙纹"的来源，《商周青铜器文饰》一书认为："如果我们从一种斜角叠置龙纹的变形角度加以考虑，则两头龙纹可能是斜角龙纹两条斜线状的身躯简化而合为一体的结果。"[1]笔者认为，此说值得商榷。

图1·1·10　斜角龙纹的纹样结构标识图（2号楚公蒙钟篆带纹饰）（王清雷制图）

---

[1] 马承源：《商周青铜器纹饰综述》，《商周青铜器文饰》，文物出版社，1984年，第8页。

西周甬钟篆带所饰"斜角龙纹"所见不多，例如江西鹰潭甬钟篆带纹饰（图1·1·12之1）、楚公豪钟（2号）篆带纹饰（图1·1·12之2）、河南洛阳西工编钟篆带纹饰（图1·1·12之3、4）等。"斜角龙纹"的纹样特征为：由两条独立的龙构成；两条龙的龙头均回顾，在一条篆带内呈对角关系（图1·1·10，两个绿色四角星标记处）；每条龙的龙尾均回折，与龙身形成一个斜角（图1·1·10，红色锐角标记处）；如果将这条龙分为龙头、龙颈、龙身和龙尾，那么两条龙的龙身基本呈平行线的关系。

那么"对角两头龙纹"是否"可能是斜角龙纹两条斜线状的身躯简化而合为一体的结果"呢？我们不妨做个试验，按照《商周青铜器文饰》一书所言，现将楚公豪钟（2号）篆带所饰"斜角龙纹"（图1·1·12之2）做变形处理，将"斜角龙纹"的两条龙的"身躯简化而合为一体"。对于这种变形处理过的"斜角龙纹"（图1·1·11），乍一看似乎是"两头龙纹"。但仔细观察并非如此，这种所谓的"两头龙纹"不仅有两头，还有两尾，属于共用龙身的两条龙；其龙头对着龙尾，龙身与龙尾构成斜角关系。我们再看西周甬钟篆带所饰"对角两头龙纹"（图1·1·2），它们都是仅有两头，没有龙尾，是一条拥有两头的龙。既然没有龙尾，那么龙身也就无法与龙尾构成斜角关系。显然，将"斜角龙纹两条斜线状的身躯简化而合为一体"[1]，并不能构成"对角两头龙纹"。故此，《商周青铜器文饰》一书认为"两头龙纹可能是斜角龙纹两条斜线状的身躯简化而合为一体的结果"[2]，是不能成立的。至于"对角两头龙纹"究竟源自何种纹饰，仍然是一个留待将来破解的谜题。

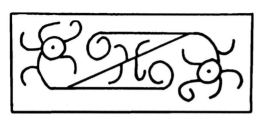

图1·1·11　斜角龙纹变形处理图（2号楚公豪钟篆带纹饰）（张玲玲绘）

［1］马承源：《商周青铜器纹饰综述》，《商周青铜器文饰》，文物出版社，1984年，第8页。
［2］同［1］。

## （二）西周甬钟篆带斜角龙纹定名考

"斜角龙纹"的称谓最早出自《商周青铜器文饰》一书[1]，但该书对其并没有具体界定。笔者以为，所谓"斜角龙纹"，其纹样特点为：由两条独立的龙构

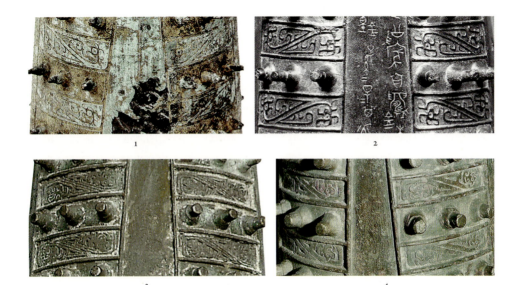

图1·1·12　西周甬钟篆带斜角龙纹

1.江西鹰潭甬钟背面的篆带纹饰[2]　2.楚公𫘧钟（2号）背面的篆带纹饰[3]　3.河南洛阳西工编钟(2号)背面的篆带纹饰[4]　4.河南洛阳西工编钟(3号)背面的篆带纹饰[5]

［1］马承源：《商周青铜器纹饰综述》，《商周青铜器文饰》，文物出版社，1984年，第8页。

［2］彭适凡、王子初：《中国音乐文物大系Ⅱ·江西卷》，大象出版社，2009年，第52页，图1·4·2。"1.江西鹰潭甬钟背面的篆带纹饰"由王清雷裁剪自"图1·4·2"。

［3］高西省：《楚公编钟及有关问题》，《文物》2015年第1期，第45页，图三。"2.楚公𫘧钟（2号）背面的篆带纹饰"由王清雷裁剪自"图三"。

［4］赵世纲：《中国音乐文物大系·河南卷》，大象出版社，1996年，第80页，图1·7·2a。"3.河南洛阳西工编钟(2号)背面的篆带纹饰"由王清雷裁剪自"图1·7·2a"的右数第2件钟。

［5］同［4］，图1·7·2b。"4.河南洛阳西工编钟(3号)背面的篆带纹饰"由王清雷裁剪自"图1·7·2b"。

成，两条龙呈逆对称关系；每条龙的龙尾向龙头的一侧回折，与龙头相对，龙尾与龙身形成一个斜角；两条龙的龙头均回顾，在一条篆带内呈对角关系；两条龙的龙身基本呈平行线的关系。篆带饰"斜角龙纹"的西周甬钟实物主要有3例，分别为：江西鹰潭甬钟（图1·1·12之1）、楚公豪钟（2号）（图1·1·12之2）和河南洛阳西工编钟（图1·1·12之3、4）。需要指出的是，《西周青铜器分期断代研究》一书中也有"斜角龙纹"的称谓。但此书所言的"斜角龙纹"与笔者所言的"斜角龙纹"并非指同一种纹饰，属于名同而实异。《西周青铜器分期断代研究》一书将师𬯎钟[1]（图1·1·2之1）、梁其钟[2]（图1·1·2之14）的篆带纹饰均称为"斜角龙纹"。笔者在上一部分已经论证，师𬯎钟和梁其钟的篆带纹饰均为"对角两头龙纹"，而非斜角龙纹。如果不细心观察，确实容易将"斜角龙纹"误认为是"对角两头龙纹"。其实，二者还是比较容易区分的，其最大的不同就是："对角两头龙纹"是由一条龙（两头）构成，"斜角龙纹"是由两条龙（单头）构成。

关于西周甬钟篆带所饰"斜角龙纹"，学界主要有7种不同的称谓，如双头斜角夔纹、斜向双头夔纹、斜角兽纹、斜角双头兽纹、双首顾龙纹、双三角顾龙纹、斜角回首龙纹。分述如下：

1."双头斜角夔纹"说

《赣江流域出土商周铜铙和甬钟研究》一文认为江西鹰潭甬钟的篆带（图1·1·12之1）饰"双头斜角夔纹"[3]。

2."斜向双头夔纹"说

《中国音乐文物大系Ⅱ·江西卷》一书将江西鹰潭甬钟的篆带纹饰（图1·1·12之1）称为"斜向双头夔纹"[4]。

3."斜角兽纹"说

《商周彝器通考》一书认为楚公豪钟（2号，日本泉屋博古馆藏）篆带（图

[1] 王世民、陈公柔、张长寿：《西周青铜器分期断代研究》，文物出版社，1999年，第173页。
[2] 同[1]，第176页。
[3] 彭适凡：《赣江流域出土商周铜铙和甬钟研究》，《中国南方青铜器研究》，上海辞书出版社，2011年，第177页。
[4] 彭适凡、王子初：《中国音乐文物大系Ⅱ·江西卷》，大象出版社，2009年，第52页。

1·1·12之2）"饰斜角兽纹"[1]。《殷周青铜器通论》一书亦持此说[2]。但两书对斜角兽纹并无详细界定。

4."斜角双头兽纹"说

《先秦乐钟之研究》认为楚公豪钟（2号，日本泉屋博古馆藏）的篆带（图1·1·12之2）饰"斜角双头兽纹"[3]。

5."双首顾龙纹"说

《中国音乐文物大系·湖北卷》一书将楚公豪钟（2号钟，日本泉屋博古馆藏）的篆带纹饰（图1·1·12之2）称为"双首顾龙纹"[4]。

6."双三角顾龙纹"说

《西周青铜器年代综合研究》一书将楚公豪钟（2号钟，日本泉屋博古馆藏）的篆带纹饰（图1·1·12之2）称为"双三角顾龙纹"[5]。

7."斜角回首龙纹"说

《楚公编钟及有关问题》一文将楚公豪钟（2号钟，日本泉屋博古馆藏）的篆带纹饰（图1·1·12之2）称为"斜角回首龙纹"[6]。

在以上7种关于"斜角龙纹"的不同称谓中，前4种的名称中带有"夔纹"或"兽纹"，这种定名并不妥当，具体原因笔者在本章第一节"（一）西周甬钟篆带两头龙纹定名考""1.两头龙纹及其异名考辨"中已经阐明，此不赘述。

第五种"双首顾龙纹"的定名存在错误。笔者仔细观察江西鹰潭甬钟（图1·1·12之1）和楚公豪钟（2号，日本泉屋博古馆藏）（图1·1·12之2）的篆带纹饰后发现，这种纹饰由两条独立的龙构成，每条龙只有一个龙头，并非"双首"。故此，"双首顾龙纹"的定名属于名实不符，显然是不能成立的。

第六种"双三角顾龙纹"的定名存在错误。众所周知，三角形肯定有3个角，

[1] 容庚：《商周彝器通考》（重印版），上海人民出版社，2008年，第372页。

[2] 容庚、张维持：《殷周青铜器通论》，文物出版社，1984年，第74页，图版壹伍贰：291。

[3] 朱文玮、吕琪昌：《先秦乐钟之研究》，台湾南天书局，1994年，第75、76页。

[4] 王子初：《中国音乐文物大系·湖北卷》，大象出版社，1996年，第36页。

[5] 彭裕商：《西周青铜器年代综合研究》，巴蜀书社，2003年，第493页。

[6] 高西省：《楚公编钟及有关问题》，《文物》2015年第1期，第43页。

"双三角"就是6个角。我们仔细观察楚公豪钟（2号钟，日本泉屋博古馆藏）篆带所饰龙纹（图1·1·12之2）就会发现，每条龙的龙尾向龙头的一侧回折，仅有龙尾与龙身可以构成一个为锐角的斜角，还缺2个角才能构成一个三角形。那么"双三角"从何而来？故此，"双三角顾龙纹"的定名不能成立。

第七种"斜角回首龙纹"的命名不存在错误，但不够简洁。"回首龙纹"为张光直先生提出[1]，"斜角回首龙纹"这一名称在"回首龙纹"的基础上增加"斜角"一词，以体现这种龙纹的典型形态特征，故有"斜角回首龙纹"一说。笔者以为，对于一种纹饰的定名，既要体现其科学性、唯一性，又要兼顾简洁性。故此，对于一种纹饰的命名，应该选用一至两个体现其典型形态特征的词汇加以限定即可，而对于一般特征的限定词则不需要加在名称上面，避免命名拖沓冗长。对于楚公豪钟（2号钟，日本泉屋博古馆藏）篆带所饰龙纹（图1·1·12之2）而言，"斜角"是其典型的形态特征，"回首"是其一般形态特征，所以删除"回首"一词，将其称为"斜角龙纹"，笔者认为更为妥当。

另外，《中国音乐文物大系·河南卷》一书将河南洛阳西工编钟篆带（图1·1·12之3、4）所饰"斜角龙纹"称为"三角云纹"[2]，显然是错误的。云纹和龙纹是两种完全不同的纹饰，该书作者不可能不知道这种常识。此失误应为编者在撰写该条目时，没有观察清楚该钟篆带纹饰的细部所致。

---

[1] 张光直：《商周青铜器与铭文的综合研究》，《中研院历史语言研究所专刊》（六十二），1973年。

[2] 赵世纲：《中国音乐文物大系·河南卷》，大象出版社，1996年，第80页。

# 第二节

## 西周甬钟篆带
## 窈曲纹定名考

作为一种青铜器纹饰，窈曲纹一名首见于《商周彝器通考》。该书云："窈曲纹 《吕氏春秋》云：'周鼎有窈曲，状甚长，上下皆曲'。"[1]由此可见，窈曲纹的命名源自《吕氏春秋·适威》。笔者在阅读几部《吕氏春秋》的点校本时发现，《商周彝器通考》对于《吕氏春秋·适威》"窈曲纹"一段的点校存在不妥之处，故窈曲纹这一命名似乎尚存在问题，需要进一步探讨。同时，在不同的青铜器纹饰研究文献中，对于西周甬钟篆带所饰窈曲纹也有多种不同的称谓，需要做全面的梳理与考辨。

### （一）窈曲纹名实考

关于名与实的问题，春秋战国时期的墨子已对其有深入探讨。《墨子·经说上》云："所以谓，名也。所谓，实也。"[2]《中国小学史》一书认为："'所以

---

[1] 容庚：《商周彝器通考》（重印版），上海人民出版社，2008 年，第 108 页。
[2] ［清］孙诒让撰、孙启治点校：《墨子间诂》（新编诸子集成），中华书局，2001 年，第三五〇页。

谓'，即现代人所说的'能指'；'所谓'，即现代人所说的'所指'。"[1]其中的"能指"和"所指"，是"现代语言学之父"瑞士语言学家索绪尔提出的两个重要概念。[2]北宋王安石更是看重名实之辨，他认为："盖儒者所争，尤在于名实。名实已明，则天下之理得矣。"[3]可见，名与实是一个纵贯古今、横跨中西的一个大问题。对于窃曲纹的研究，名与实的探讨是笔者首先面临的一个大问题。

1.文献学视角的探讨

窃曲纹是古代青铜器上常见的一种纹饰，诸多的青铜器研究著作中均对其有专门的阐述，如《商周彝器通考》《殷周青铜器通论》《西周青铜器分期断代研究》《西周青铜器年代综合研究》《中国青铜器综论》等。

窃曲纹一名首见于《商周彝器通考》一书，该书云："窃曲纹　《吕氏春秋》云：'周鼎有窃曲，状甚长，上下皆曲'。其状（一）拳曲若两环，其一中有目形。（二）两曲线相钩而成一环……"[4]该书根据窃曲纹的不同形态特征，将其细分为15种。

《殷周青铜器通论》一书指出："容庚编纂《商周彝器通考》一书，始有专章论述花纹，列举纹样七七种，略加诠释，但也是一些材料的罗列，没有很好的分析，只供研究者有所取材而已。我们现在再次考察，觉得该章的分类未免繁琐，所以有进一步加以整理的必要。"[5]故此，《殷周青铜器通论》一书在《商周彝器通考》一书的基础上做了大幅度地修改与删减，例如窃曲纹，该书指出："窃曲纹为西周后期的主要纹样。《吕氏春秋·适威》篇说：'周鼎有窃曲，状甚长，上下皆曲，以见极之败也'。其主要的形状是（1）两端一上一下如S状，中有目形，地文填以雷纹。（2）状长，两端皆曲，中有三目形。（3）如（1）状，两端上下钩曲，中有目形。"[6]笔者通过对比《商周彝器通考》《殷周青铜器通论》两书发

［1］胡奇光：《中国小学史》，上海人民出版社，2005年，第26页。

［2］［瑞士］费尔迪南·德·索绪尔著、高名凯译：《普通语言学教程》，商务印书馆，1980年，第102页。

［3］王安石：《答司马谏议书》，《临川先生文集》（卷七十三），复旦大学出版社，2016年，第1305页。

［4］容庚：《商周彝器通考》（重印版），上海人民出版社，2008年，第108页。

［5］容庚、张维持：《殷周青铜器通论》，文物出版社，1984年，第102页。

［6］同［5］，第115页。

现，《殷周青铜器通论》仅保留了《商周彝器通考》一书中的六、八、十这3种窃曲纹，将原来的15种窃曲纹缩减至3种，删减掉80%，可见其删减幅度之大。

《西周青铜器分期断代研究》一书认为："窃曲纹是西周中晚期青铜器上的主要纹饰之一。但是何谓窃曲纹，其状如何？仅以《吕氏春秋》'周鼎有窃曲，状甚长，上下皆曲'，似不易确认。"[1]可见，王世民等诸位先生对于窃曲纹的名实问题已有关注。"由于窃曲纹已为很多人所惯用，本文仍按其旧，分别梳理，以见其形式、变化和年代。"[2]该书按照"目"纹的有无，将窃曲纹分为两型（有目窃曲纹和无目窃曲纹），每型以下各分5式，共计10种窃曲纹。

《西周青铜器年代综合研究》一书指出："窃曲纹是流行于西周中晚期青铜器上的主要纹饰。《吕氏春秋·适威》云：'周鼎有窃曲，状甚长，上下皆曲，以见极之败也。'后来研究铜器的学者就把一些以抽象曲线为主而构成的纹饰称为窃曲纹了。其实，学者已经指出，所谓窃曲纹，实际上是由动物纹样演变出来的。但目前多数学者既已习惯称这类纹饰为窃曲纹，为了不造成混乱，我们也沿用这一旧名。"[3]按照窃曲纹的不同来源，该书将窃曲纹分为A型（饕餮窃曲纹）和B型（龙纹窃曲纹），其中A型分为3个亚型10种窃曲纹，B型分为2个亚型8种窃曲纹。

《中国青铜器综论》一书指出："被青铜器研究者们通称为'窃曲纹'的纹饰形式较复杂，但均有共同特征，即每一种图案的主要母题皆是卷曲的细长条纹，这种纹饰在青铜器上往往连接成带状，饰于器物的口沿下、盖缘及钟的篆部做主纹饰使用。《吕氏春秋·适威》：'周鼎有窃曲，状甚长，上下皆曲，以见极之败也。'所述形状与此种纹饰大体相合，故旧以窃曲名之。"[4]该书将窃曲纹分为五类：S形窃曲纹、◡形窃曲纹、S和◡结合形窃曲纹、L形窃曲纹、分解形窃曲纹。其中，该书仅对前两类窃曲纹做了分型分式。将S形窃曲纹分为A、B两型，A型分为4个亚型，B型分为2个亚型，Aa亚型分为2式，Ba亚型分为4式，其他亚型

[1] 王世民、陈公柔、张长寿：《西周青铜器分期断代研究》，文物出版社，1999年，第182页。
[2] 同[1]，第185页。
[3] a. 彭裕商：《西周青铜器年代综合研究》，巴蜀书社，2003年，第547、548页。b. 彭裕商：《西周青铜器窃曲纹研究》，《考古学报》2002年第4期，第421页。
[4] 朱凤瀚：《中国青铜器综论》（上），上海古籍出版社，2009年，第578页。

不分式。将◡形窃曲纹分为A、B、C三型，其中A型分为两个亚型，Aa亚型分为2式，其他型和亚型均不分式。

　　笔者通过全面梳理有关窃曲纹的研究文献，发现一个共同的问题，那就是窃曲纹的命名均源自《吕氏春秋·适威》中的一句，即："周鼎有窃曲，状甚长，上下皆曲，以见极之败也。"出于多年养成的学术习惯，笔者马上去阅读《吕氏春秋》的原始文献及相关研究成果，首先想搞明白"窃曲"一词究竟为何意，否则就无法对窃曲纹做进一步的研究。阅读后的结果出乎笔者意料。这是因为，笔者发现文史界几部研究《吕氏春秋》的代表性著作对于这一句的点校均与以上5部青铜器研究著作的点校不同。如《吕氏春秋集释》对这一句的点校为："'周鼎有窃，曲状甚长，上下皆曲，以见极之败也。'未闻。旧校云：'"窃"一作"穷"。'孙锵鸣曰：'窃，未详何物。"有"必是"著"之误。'"[1]《吕氏春秋注疏》对这一句的点校为："周鼎著窃，曲状甚长，上下皆曲，以见极之败也。"[2]《吕氏春秋新校释》对这一句的点校为："周鼎有窃，曲状甚长，上下皆曲，以见极之败也。"[3]从以上3部著作对《吕氏春秋·适威》点校来看，"窃曲"竟然不是一个词语，"窃"是前一句的句尾，"曲"是后一句的句头，"窃曲"一词竟然根本不存在。那么，文博考古界使用了数十年的窃曲纹竟然是历史上并不存在的一种青铜器纹饰，而是由于不同研究领域的学者对于古代文献不同的点校而导致的讹误，这一发现令笔者愕然而不知所措。笔者继续查阅有关文章，发现在2011年已有学者发现这一"乌龙"问题，即《对<吕氏春秋>所载青铜器纹饰名称的几点看法》。该文指出："时至清代，学者们尚不认同'窃曲'是一种青铜器纹饰，如孙锵鸣注：'窃未详何物，有必是著之误。'可见当时非但没有'窃曲'一词，就连断句也将窃和曲分开。"[4]由此可以判定，窃曲纹这一命名应该是不能成立的。那么，是否可以按照以上3部著作的点校，将窃曲纹改称为"窃纹"呢？

[1] 许维遹撰、梁运华整理：《吕氏春秋集释》（新编诸子集成），中华书局，2009年，第五三二页。

[2] 王利器：《吕氏春秋注疏》（第三册），巴蜀书社，2002年，第二三七三页。

[3] [战国]吕不韦著，陈奇猷校释：《吕氏春秋新校释》，上海古籍出版社，2002年，第一二九一页。

[4] 韩鼎：《对<吕氏春秋>所载青铜器纹饰名称的几点看法》，《考古与文物》2011年第3期，第43页。

《吕氏春秋新校释》认为："案：'窃'乃'离'之重文。窃、离同音。《说文》云：'离，虫也，象形，读与傻同。'查甲骨文有🐛🐛🐛等形字（见《甲骨文编》附录上一二〇），审此三形，正是《吕氏》此文所谓'曲状甚长，上下皆曲'。"[1] 由此可知，"窃"是古代"虫"的一种。《说文》所言之"虫"基本与今日之"动物"之意等同，如《大戴礼·易本名》就有羽虫360种，毛虫360种，甲虫360种，鳞虫360种，倮虫360种的记载。这与今日所言之"虫"含义大相径庭。故"窃"到底是哪种"虫"不得而知。至于甲骨文"🐛🐛🐛等形字"，从字形上来看也谈不上是"曲状甚长，上下皆曲"，比之更符合这8字特征的甲骨文还能找出一些。故此，"窃"为何种样态依然未知。《吕氏春秋新校释》经过进一步考证，认为《考古》1988年第10期图版伍的图像"与甲骨文'离'字相似，疑即是离（窃）"[2]，该书并附上了这幅离（窃）的图片（图1·2·1）。经笔者查询《考古》1988年第10期图版伍图片的出处可知，该图像刻画于一件"豆盘底部表面"[3]（图1·2·2）。该豆盘出土于山西省侯马市牛村古城晋国祭祀建筑遗址，时代为公元前450年至公元前420年左右[4]。从原图上看得非常清楚，该刻纹为非常写实的一条蛇。如果《吕氏春秋新校释》的考释可以成立，那么窃纹就是蛇纹。在当代青铜器纹饰研究中，蛇纹在《商周彝器通考》一书中被称为蟠虺纹[5]，在《商周青铜器文饰》一书中被归入交龙纹[6]，在《中国青铜器综论》一书中正式将其称为蛇纹[7]，均没有将其归入窃曲纹。显然，这种所谓的"窃纹"与当代文博考古界所谓的窃曲纹完全是两种不同的纹饰。即使《吕氏春秋新校释》的考释成立，"窃纹"与当代文博考古界所谓的窃曲纹也无法对接或者替换，二者属于名实不符。

[1] [战国] 吕不韦著，陈奇猷校释：《吕氏春秋新校释》，上海古籍出版社，2002年，第一三〇〇、一三〇一页。

[2] 同 [1]，第一三〇二页。

[3] 山西省考古研究所侯马工作站：《山西侯马牛村古城晋国祭祀建筑遗址》，《考古》1988年第10期，第904页。

[4] 同 [3]，第907页。

[5] 容庚：《商周彝器通考》（重印版），上海人民出版社，2008年，第123页。

[6] 马承源：《商周青铜器纹饰综述》：《商周青铜器文饰》，文物出版社，1984年，第7、8页。

[7] 朱凤瀚：《中国青铜器综论》（上），上海古籍出版社，2009年，第558页。

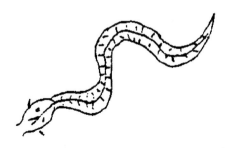

图1·2·1 《吕氏春秋新校释》所附"窃"图[1]

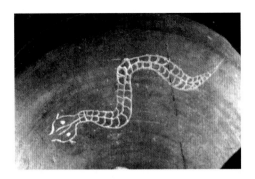

图1·2·2 山西侯马牛村古城晋国祭祀建筑遗址
所出豆盘之底部刻纹[2]

在有的著作中，窃曲纹又被称为穷曲纹。《中国青铜器发展史》一书认为："窃曲纹，《吕氏春秋》：'周鼎有窃曲（一作穷曲），状其长，上下皆曲，以见极之败也。'形状长，两端上下钩曲，有的中间有目形；有的两端上下如S状，中间再填以目纹。"[3]《中国青铜器》一书指出："兽目交连纹为两兽的某一部分相互连接，所接触之处有一目相连结。……这类纹饰旧称穷曲纹或窃曲纹。"[4]《商周青铜器文饰》一书认为："⌣形和⌢形的变形兽体纹，习惯上称为窃曲

[1]［战国］吕不韦著，陈奇猷校释：《吕氏春秋新校释》，上海古籍出版社，2002 年，第一三〇二页附图。

[2]山西省考古研究所侯马工作站：《山西侯马牛村古城晋国祭祀建筑遗址》，《考古》1988 年第10 期，图版伍：3。

[3]杜廼松：《中国青铜器发展史》，紫禁城出版社，1995 年，第 160 页。

[4]马承源：《中国青铜器》（修订版），上海古籍出版社，2003 年，第 329 页。

纹，或穷曲纹，流行于西周中晚期，春秋早期仍沿用。"[1]《中国古代青铜器艺术》一书将逨钟的旋、舞部和篆带所饰的纹样就称为"穷曲纹"[2]。

那么，穷曲纹这一称谓是否妥当呢？《吕氏春秋新校释》对其也有考证，该书指出："旧校云：'窃一作穷'，是以'穷曲'为读。曲、奇双声，穷曲即穷奇。穷奇在书传中有三说……第一义为国名，显与《吕氏》此文不合。第二、第三义如虎、如牛，皆不长不曲，与《吕氏》此文言其状'甚长，上下皆曲'亦不合。明'穷'字必是误文。别本作'窃'者，乃因后人不明'窃'字之义，而以形近之'穷'字改之，未可从也。"[3]由此可知，穷曲纹这一命名也不能成立。且"第二、第三义如虎、如牛"，其与当代窃曲纹的纹样特征也无法对应起来，所谓名实不符。

通过以上考证可知，从文献学的视角而言，"窃曲"是一个并不存在的词语，故"窃曲纹"这一命名不能成立。另外，"窃纹"或者"穷曲纹"这两种命名与当代所谓"窃曲纹"的实际纹样特征并不吻合，属于名实不符，故这两种命名也不妥当。同时，按照《吕氏春秋新校释》"'穷'字必是误文"的观点，"穷曲"也是一个并不存在的词语，"穷曲纹"这一命名自然无法成立。

2.语言学视角的再探讨

从文献学的视角来看，当代文博考古界所谓的"窃曲纹"之实（"所指"），并没有一个与之相称的名称。那么，我们究竟该如何命名这种纹饰呢？

《中国青铜器综论》一书指出："最近一些学者对部分纹饰开始采用一些新的名称（例如上面所举出的上海博物馆《商周青铜器文饰》一书），其中有的较之传统名称确实贴切一些，对此我们必须给予注意。但是许多名称沿用已久，有的尽管未必妥当，因已约定俗成，在使用中一般不会造成误解，且现今仍被多数著作所使用。此外，无论予以何种名称，也都是我们根据自己的认识提出的，至于在商周时

[1] 马承源：《商周青铜器纹饰综述》：《商周青铜器文饰》，文物出版社，1984年，第25页。

[2] 吕章申：《中国古代青铜器艺术》，中国社会科学出版社，2011年，第58页。逨钟在该书中被称为"逨钟"。

[3]［战国］吕不韦著，陈奇猷校释：《吕氏春秋新校释》，上海古籍出版社，2002年，第一三〇一页。

代古人如何称谓之，因没有文献记载，已不得而知。所以在今天对青铜器纹饰给予定名主要是要考虑如何便利于分类、归纳。对其内在含义的认识及正名的工作，因为关系到正确认识当时人们的意识形态与艺术观念，仍必须继续深入探讨，但这是长期的研究方向，其中有的难以在短时间得出定论，不妨仍暂时沿用旧说。"[1]按照该书阐述的定名方针，对于"窃曲纹"的定名问题，因为"约定俗成"，"不妨仍暂时沿用旧说"这一理由是否合理呢？笔者在初次阅读该书的时候，觉得这一理由非常牵强，并不能令笔者信服。更何况通过前文的详细论证，"窃曲"是一个并不存在的词语，怎么还能称为"窃曲纹"呢？但是，在笔者阅读了语言学领域关于名实关系的研究文献后，对于"约定俗成"有了新的认识。

《墨子·经说上》云："所以谓，名也。所谓，实也。"[2]战国末期的《荀子·正名篇》对"名实"问题做了深入的阐述，其中最重要的一点，就是提出了"约定俗成"的命名原则。《荀子·正名篇》云："名无固宜，约之以命。约定俗成谓之宜，异于约则谓之不宜。名无固实，约之以命实，约定俗成谓之实名。名有固善，径易而不拂，谓之善名。"[3]

《中国语言学史》一书对《荀子·正名篇》的这一段史料作如是解读："荀子在《正名篇》中所叙述的第一个语言学原理是：语言是社会的产物。荀子说：'事物的命名，无所谓合理不合理，只要人们共同约定就行了。约定俗成就是合理的，不合于约定的名称就是不合理的。名称并非天然地要跟某一实物相当，只要人们约定某一名称跟某一实物相当就行了。约定俗成以后，也就是名实相符了。但是，名称也有好坏之分，如果说出名称来，人们很容易知道它的意义，那就是好的名称；如果意义含糊，妨碍人们的了解，那就是坏的名称了。'这样强调语言的社会性，在今天看来还是完全正确的。……荀子在二千多年以前能有这种卓越的见解，这是值得我们珍视的。"[4]

---

[1] 朱凤瀚：《中国青铜器综论》（上），上海古籍出版社，2009年，第539页。
[2] [清]孙诒让撰、孙启治点校：《墨子间诂》（新编诸子集成），中华书局，2001年，第三五〇页。
[3] [清]王先谦撰、沈啸寰、王星贤点校：《荀子集解》（新编诸子集成），中华书局，1988年，第四二〇页。
[4] 王力：《中国语言学史》，山西人民出版社，1981年，第5页。

《中国小学史》一书对《墨子·经说上》以及《荀子·正名篇》提出的"约定俗成"命名原则作如是解读:"'所以谓',即现代人所说的'能指';'所谓',即现代人所说的'所指'。……'约定俗成'有两层意思:在创制语词之时,名与实之间没有绝对的联系,带有任意性;一旦制定语词用以标指特定事物,成了习惯之后,那对使用的人就有强制性了。在荀子看来,名与实的结合,既不是天生的,也不是按照个人意愿的,而是社会上约定俗成的。……如果说语言学是用语言内部结构的观点去理解语言的科学,那么,荀子提出'约定俗成'等原则,便是我国语言学的第一块理论基石。"[1]

从以上《中国语言学史》和《中国小学史》两部著作对荀子"约定俗成"命名原则的解读来看,名实之辨首先是一个语言学领域的学术问题。"在创制语词之时,名与实之间没有绝对的联系,带有任意性"[2],"事物的命名,无所谓合理不合理,只要人们共同约定就行了"[3]。初看这条"不讲理"的原则,着实令人大跌眼镜,难以理解。但我们务必要明白的是,《中国语言学史》《中国小学史》这两部著作对荀子"约定俗成"命名原则的解读是有特定语境的,是在语言学的学术范畴内谈的一个学术问题,不是一般意义上的"任意性"或"共同约定"。所以,我们来看看十九世纪末至二十世纪初的语言学家索绪尔从语言学的视角对这一问题的全面解读。

索绪尔认为语言学研究的基本原则之一就是"符号的任意性"。索绪尔指出:"能指和所指的联系是任意的,或者,因为我们所说的符号是指能指和所指相联结所产生的整体,我们可以更简单地说:语言符号是任意的。"[4]"事实上,一个社会所接受的任何表达手段,原则上都是以集体习惯,或者同样可以说,以约定俗成为基础的。"[5]这与《荀子·正名篇》提出的"约定俗成"命名原则有着

---

[1]胡奇光:《中国小学史》,上海人民出版社,2005年,第36页。

[2]同[1]。

[3]王力:《中国语言学史》,山西人民出版社,1981年,第5页。

[4][瑞士]费尔迪南·德·索绪尔著、高名凯译:《普通语言学教程》,商务印书馆,1980年,第102页。

[5]同[4],第103页。

异曲同工之妙。对于"任意性"的问题，索绪尔指出："任意性这个词还要加上一个注解……我们的意思是说，它是不可论证的，即对现实中跟它没有任何自然联系的所指来说是任意的。"[1]对于窃曲纹而言，笔者上述的考辨已经证实，"窃曲"是一个并不存在的词语，故其也就没有任何"所指"，也就更不是我国"周鼎"上的一种纹饰，但它却成为当今文博考古界基本已达成共识的一种青铜器纹饰的"能指"。这充分体现了"能指"与"所指"的"不可论证"和"任意性"，也即《荀子·正名篇》所言的"名无固宜"，"名无固实"[2]。但自从容庚在《商周彝器通考》一书中首次将"窃曲纹"（即：名或"能指"）与容庚所认为的15种纹饰（即：实或"所指"）联系在一起之后[3]，得到了学术界的广泛认同，如《殷周青铜器通论》[4]《西周青铜器分期断代研究》[5]《西周青铜器年代综合研究》[6]《中国青铜器综论》[7]《中国青铜器发展史》[8]等著作均采纳此说。在当今的青铜器研究领域，如果说起窃曲纹，学者们对其大都是清楚而明白的。由此，窃曲纹就成为一种集体性的"约定俗成"。"约定俗成以后，也就是名实相符了。"[9]探讨至此，窃曲纹的名实问题也就可以画上句号了。不仅如此，按照《荀子·正名篇》所云："名有固善，径易而不拂，谓之善名。"[10]即"名称也有好坏之分，如果说出名称来，人们很容易知道它的意义，那就是好的名称。"[11]。以此观之，窃曲纹不仅是"名实相符"，还属于"善名"之列。

[1][瑞士]费尔迪南·德·索绪尔著、高名凯译：《普通语言学教程》，商务印书馆，1980年，第104页。

[2][清]王先谦撰，沈啸寰、王星贤点校：《荀子集解》（新编诸子集成），中华书局，1988年，第四二○页。

[3]容庚：《商周彝器通考》（重印版），上海人民出版社，2008年，第108页。

[4]容庚、张维持：《殷周青铜器通论》，文物出版社，1984年，第115页。

[5]王世民、陈公柔、张长寿：《西周青铜器分期断代研究》，文物出版社，1999年，第182页。

[6]彭裕商：《西周青铜器年代综合研究》，巴蜀书社，2003年，第547、548页。

[7]朱凤瀚：《中国青铜器综论》（上），上海古籍出版社，2009年，第578页。

[8]杜廼松：《中国青铜器发展史》，紫禁城出版社，1995年，第160页。

[9]王力：《中国语言学史》，山西人民出版社，1981年，第5页。

[10]同[2]。

[11]同[9]。

## （二）西周甬钟篆带窃曲纹定名考

目前所知，篆带饰窃曲纹的西周甬钟实物主要有7例，分别为虢叔旅钟（图1·2·3之1）、逆钟（4件）（图1·2·3之2）、陕西眉县杨家村乙组编钟（4件，Ⅰ、Ⅱ、Ⅲ、Ⅳ号，又称逨钟）[1]（图1·2·3之3、4）、克钟（图1·2·3之5）、南宫乎钟（图1·2·3之6）、应侯视工钟（保利艺术博物馆藏，小钟）（图1·2·3之7）和虢季编钟（8件）（图1·2·3之8）。

以上7例西周甬钟篆带所饰窃曲纹，在不同的研究文献中各有不同的称谓。据笔者初步统计，至少有8种称谓，分别为：云纹、横向S形云纹、S状云纹、云雷纹、兽体卷曲纹·卷体式、变形兽纹、夔纹和波曲纹。考辨如下：

1. "云纹"说

《西周士父钟的再发现》一文认为虢叔旅钟（图1·2·3之1）篆带饰"云纹"[2]。

《中国音乐文物大系·陕西卷》一书认为陕西眉县杨家村乙组甬钟（逨钟，4件）（图1·2·3之3、4）的"篆间饰云纹"[3]。那么，这种称谓是否妥当呢？

学界共知，云纹是指一类纹饰的总称，而不是专指某一种具体的纹饰。显然，"云纹"这种称谓过于笼统，无法对其做进一步的类型学分析，缺乏实际意义。另外，《殷周青铜器通论》一书将云纹的基本形态分为四型：圆形、C形、T形和S形，此外还有斜角相对和两云相钩的形态[4]。《中国青铜器综论》一书将云纹分为六型：A型圆螺旋形云纹、B型C形云纹、C型T形云纹、D型S形云纹、E型斜角云纹、F型勾连云纹[5]。通过梳理有关云纹的研究文献可以发现，这2例西周甬钟

[1] 说明：陕西眉县杨家村乙组编钟的钟体均铸有铭文，故学界根据其作器者，多将其称为逨钟或逨钟，本书采用逨钟说，详细考证参见本书"第三章第二节 AⅠ式的例2：逨钟（6件）"。考虑到本章涉及逨钟的诸多文献绝大部分使用其旧名"眉县杨家村乙组编钟"，为了叙述和逻辑的流畅性，本章仍使用旧名，并在括号中标注新名，即：陕西眉县杨家村乙组编钟（逨钟）。另有2件逨钟，分别藏于美国克利夫兰艺术博物馆和首阳斋。

[2] 高至喜：《西周士父钟的再发现》，《文物》1991年第5期，第87页。

[3] 方建军：《中国音乐文物大系·陕西卷》，大象出版社，1996年，第63页。

[4] 容庚、张维持：《殷周青铜器通论》，文物出版社，1984年，第104页。

[5] 朱凤瀚：《中国青铜器综论》（上），上海古籍出版社，2009年，第594页。

**图1·2·3之1～4  西周甬钟篆带窃曲纹**

1.虢叔旅钟（故宫博物院藏）背面的篆带纹饰[1]  2.逆钟（1号）背面的篆带纹饰[2]  3.陕西眉县杨家村乙组Ⅰ号钟（逨钟）背面的篆带纹饰（王清雷摄）  4.陕西眉县杨家村乙组Ⅳ号钟（逨钟）背面的篆带纹饰（王清雷摄）

[1] 袁荃猷：《中国音乐文物大系·北京卷》，大象出版社，1996年，第39页，图1·5·3a。"1.虢叔旅钟（故宫博物院藏）背面的篆带纹饰"由王清雷裁剪自"图1·5·3a"。

[2] 黄崇文：《中国音乐文物大系·天津卷》，大象出版社，1996年，第201页，图1·1·5a。"2.逆钟（1号）背面的篆带纹饰"由王清雷裁剪自"图1·1·5a"。

5                                    6

7                                    8

图1·2·3之5~8　西周甬钟篆带窃曲纹

5.克钟（59.3.151号）背面的篆带纹饰（王清雷摄）　6.南宫乎钟背面的篆带纹饰[1]　7.应侯视工钟（保利艺术博物馆藏，小钟）背面的篆带纹饰线图[2]　8.虢季编钟（M2001:45号）背面右侧篆带拓片[3]

---

[1] 方建军：《中国音乐文物大系·陕西卷》，大象出版社，1996年，第70页，图1·5·24a。"6.南宫乎钟背面的篆带纹饰"由王清雷裁剪自图1·5·24a。

[2] 朱凤瀚：《应侯见工钟（两件）》，《保利藏金（续）》，岭南美术出版社，2001年，第157页左图。该文将此钟称为"应侯见工钟"。"7.应侯视工钟（保利艺术博物馆藏，小钟）背面的篆带纹饰线图"由王清雷裁剪自"第157页左图"。

[3] 河南省文物考古研究所、三门峡市文物工作队：《三门峡虢国墓》（第一卷）上册，文物出版社，1999年，第73页，图六五之2。"8.虢季编钟（M2001:45号）背面右侧篆带拓片"由王清雷裁剪自"图六五之2"。

篆带所饰纹样并不属于云纹的范畴，故此"云纹"的称谓并不妥当。

2."横向S形云纹"说

《西周青铜器分期断代研究》认为克钟（图1·2·3之5）、南宫乎钟（图1·2·3之6）的篆带纹饰均为"横向S形云纹"[1]。在《应侯见工钟（两件）》一文中，朱凤瀚先生认为保利艺术博物馆所藏的2件应侯视工钟的篆带（图1·2·3之7，图1·2·4）均饰"窃曲纹。"[2]在《应侯见工钟的组合与年代》一文中，王世民先生认为保利艺术博物馆收藏的两件应侯视工钟[3]"形制、纹饰和铭文相同……篆间均饰横向的两组'S'形云纹。"[4]但从《应侯见工钟（两件）》一文公布的这两件甬钟的线图[5]来看，二者的篆带纹饰并不相同，其中小钟的篆带纹饰（图1·2·3之7）与克钟、南宫乎钟的篆带纹饰属于同一种纹饰。王世民和朱凤瀚先生对于窃曲纹都有专门的研究，但对于这种纹饰的命名却大相径庭。那么究竟谁的命名合理呢？

图1·2·4　应侯视工钟（保利艺术博物馆藏，大钟）背面的
篆带纹饰线图[6]

［1］王世民、陈公柔、张长寿：《西周青铜器分期断代研究》，文物出版社，1999年，第176、181页。

［2］朱凤瀚：《应侯见工钟（两件）》，《保利藏金（续）》，岭南美术出版社，2001年，第158页。

［3］本书称为应侯视工钟，参见裘锡圭：《甲骨文中的见与视》，《甲骨文发现一百周年学术研讨会论文集》，（台北）文史哲出版社，1998年。

［4］王世民：《应侯见工钟的组合与年代》，《保利藏金（续）》，岭南美术出版社，2001年，第256页。

［5］同［3］，第157页线图。

［6］同［3］，第157页右图。该文将此钟称为"应侯见工钟"。"图1·2·4"由王清雷裁剪自"第157页右图"。

《殷周青铜器通论》一书将云纹的基本形态分为四型，还有斜角相对和两云相钩的形态，其中一型为S形云纹[1]（图1·2·5）。《中国青铜器综论》将云纹分为六型，其中的D型为S形云纹[2]，与《殷周青铜器通论》所论述的S形云纹形态相同。

图1·2·5　《殷周青铜器通论》所载S形云纹图例[3]

但在窃曲纹中，也有S形的形态。如《西周青铜器年代综合研究》按照窃曲纹的不同来源，该书将窃曲纹分为A型（饕餮窃曲纹）和B型（龙纹窃曲纹），其中A型分为3个亚型10种窃曲纹，B型分为2个亚型8种窃曲纹。其中，Bb亚型窃曲纹"来源于鼻向上卷的龙纹，整体呈横S形"[4]，分为三式（图1·2·6）。《中国青铜器综论》一书将窃曲纹分为五类，第一类就是S形窃曲纹。该书将这类窃曲纹分为两型，其中A型为"单纯S形窃曲纹"；B型为"中目S形窃曲纹，即在S形纹饰中间填以目纹。"[5]这两型S形窃曲纹的纹样形态与《西周青铜器年代综合研究》一书所论的Bb亚型窃曲纹相同（图1·2·6）。

正是由于S形云纹与S形窃曲纹的并存，才导致文博考古界的一些学者对于横向S形纹与S形窃曲纹的混淆。同时，从未有学者在任何著作与文章中明确指出二者的区别，这也是导致二者混淆的重要因素。笔者近几年一直在深入研习编钟的纹

［1］容庚、张维持：《殷周青铜器通论》，文物出版社，1984年，第104页。
［2］朱凤瀚：《中国青铜器综论》（上），上海古籍出版社，2009年，第594页。
［3］同［1］，图三四。
［4］彭裕商：《西周青铜器年代综合研究》，巴蜀书社，2003年，第568页。
［5］同［2］，第579页。

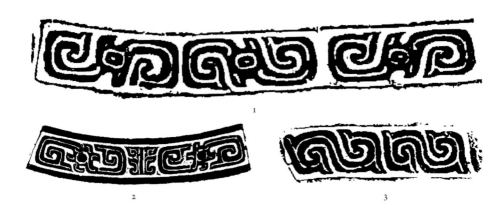

图1·2·6　《西周青铜器年代综合研究》所载Bb亚型窃曲纹图例

1.BbⅠ式窃曲纹（殷句壶盖沿纹饰拓片[1]）　2.BbⅡ式窃曲纹（邢姜簋口下纹饰拓片[2]）　3.BbⅢ式窃曲纹（莫伯罍口下纹饰拓片[3]）

饰，阅读了大量有关青铜器纹饰研究的著作与文章，饱受某些青铜器纹饰命名不统一与论述模糊的困扰，其中就包括横向S形云纹与S形窃曲纹的问题。笔者在刚刚接触这两种纹饰的时候，也是满头雾水，分不清楚。故此，笔者数年前错误地认为，没有目纹的横S形纹饰属于云纹，有目纹的横S纹形饰属于窃曲纹。2020年，笔者在撰写《西周甬钟篆带云纹研究》[4]一书时，才厘清了这一问题。其实，一旦弄明白了，二者还是很容易区分的，即所谓"会者不难，难者不会"。S形云纹与S形窃曲纹最关键的区别在于纹饰制作工艺手法的不同。横向S形云纹多为阴线制成，少数为阳线构成。S形窃曲纹绝大多数为阳刻平雕加阴线刻；少数仅为阳刻平雕，不加阴线。《中国青铜器综论》指出："被青铜器研究者们通称为'窃曲纹'的纹饰形式较复杂，但均有共同特征，即每一种图案的主要母题皆是卷曲的细长条纹。"[5]阴线或者阳线仅是一条线，只有一个维度（即长度），无法构成窃曲纹

---

[1]　彭裕商：《西周青铜器年代综合研究》，巴蜀书社，2003年，第571页，图十九之3。

[2]　同[1]，图十九之6。

[3]　同[1]，图十九之8。

[4]　王清雷：《西周甬钟篆带云纹研究》，文物出版社，2021年。

[5]　朱凤瀚：《中国青铜器综论》（上），上海古籍出版社，2009年，第578页。

图案的"细长条纹";阳刻平雕要求所雕纹样与器物表面保持一定的深度,故形成的线条就不再是一条仅有一个维度的线,而是有三个维度(即长、宽和高)的宽条或者窄条,这样才会构成窃曲纹图案的"细长条纹"。

现在,我们从纹饰制作工艺手法的视角,再来判定克钟、南宫乎钟和应侯视工钟(2件,保利艺术博物馆藏)的篆带纹饰种类就比较简单了。克钟、南宫乎钟和保利艺术博物馆所藏应侯视工钟中的小钟篆带纹饰(图1·2·3之5~7),其工艺手法均为阳刻平雕,其中克钟、南宫乎钟还有阴线刻,故可以判定其为"横S形窃曲纹",故《西周青铜器分期断代研究》一书将其称为"横向S形云纹"[1]是不妥当的。保利艺术博物馆所藏应侯视工钟中的大钟篆带纹饰(图1·2·4),其工艺手法为阴线单勾,故应称之为"横向S形云纹"。故《应侯见工钟(两件)》一文将保利艺术博物馆所藏的2件应侯视工钟的篆带纹饰(图1·2·3之7,图1·2·4)均称为"窃曲纹"[2],是对错各半。《应侯见工钟的组合与年代》一文认为保利艺术博物馆所藏的2件应侯视工钟的篆带(图1·2·3之7,图1·2·4)"均饰横向的两组'S'形云纹"[3],也是对错各半。

3. "S状云纹"说

《中国音乐文物大系·天津卷》一书认为逆钟(4件)的篆带纹饰(图1·2·3之2)为"S状云纹"[4]。这种称谓是否合理呢?

笔者在以上"横向S形云纹"说的辨析中已经指出,从纹饰制作工艺手法的视角来判断这种纹饰的归属,简单易行。逆钟的篆带纹饰工艺手法为阳刻平雕加阴线刻,属于窃曲纹的工艺手法,故其应为"横S形窃曲纹",而非"S状云纹"。

4. "云雷纹"说

《先秦乐钟之研究》一书将逆钟(4件)(图1·2·3之2)、陕西眉县杨家村乙组编钟(逨钟,4件)(图1·2·3之3、4)和克钟(图1·2·3之5)这3例编钟的篆带纹饰均

[1] 王世民、陈公柔、张长寿:《西周青铜器分期断代研究》,文物出版社,1999年,第176、181页。
[2] 朱凤瀚:《应侯见工钟(两件)》,《保利藏金(续)》,岭南美术出版社,2001年,第158页。
[3] 王世民:《应侯见工钟的组合与年代》,《保利藏金(续)》,岭南美术出版社,2001年,第256页。
[4] 黄崇文:《中国音乐文物大系·天津卷》,大象出版社,1996年,第201页。

称为"云雷纹"[1]。那么，这种称谓是否合理呢？

云雷纹包括两种含义：其一，是指云纹和雷纹这两类纹饰的总称，而不是特指某一种具体的纹饰。如果这种纹饰属于云雷纹的范畴，那么将其称为"云雷纹"显然过于笼统，无法对其做进一步的类型学研究，缺乏实际意义，故此"云雷纹"的称谓并不妥当；其二，是指一种既含有云纹又杂有雷纹的组合纹样。有些云纹和雷纹"由于方、圆的区别并不明显，或方、圆兼用，故有的著作即称之为'云雷纹'。"[2]笔者仔细观察这3例编钟的篆带纹饰，其并不具备这种纹样特征，属于名实不符。故从这一层含义而言，将其称为"云雷纹"也不合理。

5. "兽体卷曲纹·卷体式"说

在《商周青铜器文饰》一书中，克钟的篆带纹饰（图1·2·3之5）被称为"兽体卷曲纹·卷体式"[3]。这种称谓是否合理呢？

首先需要说明的是，这种纹饰称谓与前四种从性质上而言是不同的。前四种纹饰称谓都是不同文献对于窃曲纹的错误认识，而"兽体卷曲纹·卷体式"是《商周青铜器文饰》一书对于窃曲纹中一种纹样的不同称谓。《西周青铜器年代综合研究》一书指出："马承源先生因为认识到所谓窃曲纹实际上是动物纹样的变形，所以他不用窃曲纹这个名称，而根据形状的不同，分别将其归入变形兽面纹、兽目交连纹、兽体卷曲纹等几个大类之中，大类下或又分若干样式，如兽体卷曲纹中又有卷体式、分体变形式、攀连式等等。但大类中也包括一些其他纹饰，如变形兽面纹类，除分解式而外，其他的各式基本上都不是大家常说的窃曲纹。"[4]由此可知，《商周青铜器文饰》一书不是仅仅将窃曲纹换了一个新的名称，也不是将窃曲纹分解为两类或者三类纹饰，各定新名；而是改其名、易其实，从根本上将文博考古界基本达成共识的一大类纹饰——窃曲纹彻底消解。从学术角度而言，该书的这种做法并不可取。笔者在前面已经对窃曲纹的名实问题做了深入探讨。仅从文献学

[1] 朱文玮、吕琪昌：《先秦乐钟之研究》，台湾南天书局，1994年，第75页。
[2] 朱凤瀚：《中国青铜器综论》（上），上海古籍出版社，2009年，第593、594页。
[3] 上海博物馆青铜器研究组：《商周青铜器文饰》，文物出版社，1984年，第272页，图776。
[4] 彭裕商：《西周青铜器年代综合研究》，巴蜀书社，2003年，第548页。

角度而言，"窃曲"是一个并不存在的词语，故窃曲纹这一命名不能成立。但窃曲纹是一类纹饰的名称，就不仅仅是一个简单的文献点校问题，而是属于语言学的问题。从语言学的视角而言，窃曲纹"名实相符"，不存在学理问题。不仅如此，窃曲纹还属于"善名"之列。《荀子·正名篇》所云："名有固善，径易而不拂，谓之善名。"[1] 王力对此的解释为："名称也有好坏之分，如果说出名称来，人们很容易知道它的意义，那就是好的名称。"[2] 以克钟的篆带纹饰为例，按照《中国青铜器综论》的命名体系，应该称之为"S形窃曲纹"；按照《商周青铜器文饰》的命名体系，应该称之为"兽体卷曲纹·卷体式"。下面，我们仅从语言学的视角对二者做一简单对比分析。先看"兽体卷曲纹·卷体式"。假如是一个对于青铜器纹饰研究一窍不通的人，他无法从这一命名中获取任何具象的纹饰形态信息。据目前资料统计，全世界仅哺乳动物就有五千多个物种，那么纹饰命名中的"兽体"到底指的是哪种兽？如果连哪种兽都不知道，那么"兽体卷曲纹·卷体式"究竟是指何种纹样便无从知晓。再看"S形窃曲纹"。假如是一个对于青铜器纹饰研究一窍不通的人，他肯定不知道什么是窃曲纹，但他从"S形"这两个字可以明确获取这种纹饰的主体形态特征，那就是呈"S形"。"如果说出名称来，人们很容易知道它的意义，那就是好的名称"[3]，即《荀子·正名篇》所谓的"善名"。两相比较，"S形窃曲纹"这一命名简单明了得多，显然属于"善名"之列。故此，《商周青铜器文饰》一书将克钟的篆带纹饰（图1·2·3之5）称为"兽体卷曲纹·卷体式"[4]，并不妥当。

6."变形兽纹"说

《中国音乐文物大系·上海卷》一书认为虢叔旅钟的篆带纹饰（图1·2·3之1）

[1]［清］王先谦撰，沈啸寰、王星贤点校：《荀子集解》（新编诸子集成），中华书局，1988年，第四二〇页。

[2] 王力：《中国语言学史》，山西人民出版社，1981年，第5页。

[3] 同［2］。

[4] 上海博物馆青铜器研究组：《商周青铜器文饰》，文物出版社，1984年，第272页，图776。

为"变形兽纹"[1]，认为克钟的篆带纹饰（图1·2·3之5）亦为"变形兽纹"[2]。《首阳斋藏逨钟及其相关问题》一文认为杨家村乙组甬钟（逨钟）"四件钟所饰的纹饰相同"，篆带（图1·2·3之3、4）均饰"变形兽纹"[3]。那么，这种称谓是否妥当呢？

　　笔者通过全面梳理青铜器纹饰的研究文献，发现以上2部文献所言的"变形兽纹"说均来自《商周青铜器文饰》一书。该书指出："西周中晚期兽体变形的纹饰有横置的◡形和⌒形两种基本结构。……西周中期以后的变形兽体纹以这种条纹组成，不论是◡形和⌒形或两者的交叉，其中间往往饰有一个兽目。"[4]虢叔旅钟的篆带纹饰就是此处所言的"饰有一个兽目"的"◡形""变形兽体纹"，克钟和杨家村乙组甬钟（逨钟，4件）的篆带纹饰正是此处所言的"⌒形""变形兽体纹"，在以上2部文献中被省略一字后成为"变形兽纹"。"继续阅读《商周青铜器文饰》一书就会发现，"◡形和⌒形的变形兽体纹，习惯上称为窃曲纹，或穷曲纹。"[5]由此可知，以上2部文献的"变形兽纹"说，其实就是《商周青铜器文饰》一书对于窃曲纹的不同称谓。笔者在以上"兽体卷曲纹·卷体式"说的辨析中，已对《商周青铜器文饰》一书关于窃曲纹的名实消解问题做了深入剖析，"变形兽纹"与"兽体卷曲纹·卷体式"属于同一类问题。笔者认为窃曲纹不仅"名实相符"，且属于"善名"之列。所以，《中国音乐文物大系·上海卷》和《首阳斋藏逨钟及其相关问题》这两部文献用"变形兽纹"一名取代"窃曲纹"一名，并不妥当。

　　7."夔纹"说

　　《中国音乐文物大系·北京卷》一书认为虢叔旅钟的篆带纹饰（图1·2·3之1）为

[1]　马承源：《中国音乐文物大系·上海卷》，大象出版社，1996年，第45页。

[2]　同[1]，第41页。

[3]　马今洪：《首阳斋藏逨钟及其相关问题》，《中国古代青铜器国际研讨会论文集》，上海出版社、香港中文大学文物馆，2010年，第181页。

[4]　马承源：《商周青铜器纹饰综述》，《商周青铜器文饰》，文物出版社，1984年，第25页。

[5]　同[4]。

"夔纹"[1]。这种称谓是否妥当呢？

《中国青铜器综论》一书对于夔纹有详细的论述，该书认为："旧通常所谓夔纹是指一种有一足、二足或根本省略了足的龙形侧面图像。其皆张口，体躯伸直或弯曲，额顶有角（或称冠），尾部上卷或下卷。"[2]笔者仔细观察虢叔旅钟的篆带纹饰（图1·2·3之1），发现其并不是"一种有一足、二足或根本省略了足的龙形侧面图像"；该纹饰没有龙首，也不可能具备"其皆张口……额顶有角（或称冠）"的形态特征。故此，《中国音乐文物大系·北京卷》将虢叔旅钟的篆带纹饰称为"夔纹"是不妥当的。

8. "波曲纹"说

《美国收藏的逨钟及相关问题》一文认为美国克利夫兰艺术博物馆所藏逨钟[3]的篆带（图1·2·7）"饰波曲纹"[4]。这种称谓是否妥当呢？

图1·2·7 克利夫兰博物馆藏逨钟背面左侧上方篆带纹饰[5]

《商周青铜器文饰》一书对波曲纹是这样界定的："波曲纹以前称为环带纹，

---

[1] 袁荃猷：《中国音乐文物大系·北京卷》，大象出版社，1996年，第39页。
[2] 朱凤瀚：《中国青铜器综论》（上），上海古籍出版社，2009年，第547页。
[3] 逨钟在本书中称为逨钟，详细考证参见本书"第三章第二节 A Ⅰ 式的例2：逨钟（6件）"。
[4] 方建军：《美国收藏的逨钟及相关问题》，《天津音乐学院学报（天籁）》2007年第2期，第3页。
[5] https://www.clevelandart.org/art/1989.3

意思是带纹和环纹的结合。”[1]其特点为：“波曲纹的中段常有兽目，有的甚至接近兽头的形状。……波曲纹的空间多饰有鳞瓣纹或其它简单的条纹。”[2]并附例图20幅加以说明。这里仅选取其中的6幅波曲纹例图（图1·2·8），以便让读者直观地知晓其具体的纹样形态。

图1·2·8　《商周青铜器文饰》的波带纹部分例图

1.伯康簋颈部饰波曲纹[3]　2.小克鼎腹部饰波曲纹[4]　3.几父壶颈部饰波曲纹[5]　4.叔硕父甗腹壁饰波曲纹[6]　5.虢季子白盘腹部饰波曲纹[7]　6.禾簋禁壁饰波曲纹[8]

[1] 马承源：《商周青铜器纹饰综述》，《商周青铜器文饰》，文物出版社，1984年，第25页。
[2] 同[1]，第26页。
[3] 上海博物馆青铜器研究组：《商周青铜器文饰》，文物出版社，1984年，第286页，图825。
[4] 同[3]，图827。
[5] 同[3]，第287页，图829。
[6] 同[3]，第287页，图830。
[7] 同[3]，第290页，图835。
[8] 同[3]，第293页，图843。

图1·2·9  《商周彝器通考》的环带纹例图

1.颂壶饰环带纹（一）[1] 2.环带纹簠饰环带纹（二）[2] 3.环带纹壶饰环带纹（三）[3] 4.孟辛父鬲饰环带纹（四）[4] 5.窗攸鬲饰环带纹（五）[5]  6.口侯壶饰环带纹（六）[6] 7.殷句壶饰环带纹（七）[7]

---

[1] 容庚：《商周彝器通考》（重印版），上海人民出版社，2008年，第106页，图一八二。
[2] 同[1]，图一八三。
[3] 同[1]，第107页，图一八四。
[4] 同[1]，第107页，图一八五。
[5] 同[1]，第107页，图一八六。
[6] 同[1]，第107页，图一八七。
[7] 同[1]，第107页，图一八八。

1　　　　　　　　　　　　　　2

3

4　　　　　　　　　　　　　　5

图1·2·10　《中国青铜器综论》的波带纹部分例图

1.黄县归城小刘庄出土启卣饰Ⅰ式波带纹[1]　2.史颂簋饰Ⅱ式波带纹[2]　3.大克鼎饰Ⅲ式波带纹[3]
4.三门峡上村岭M1706:105号鼎饰Ⅳ式波带纹[4]　5.辉县琉璃阁M55鼎饰Ⅴ式波带纹[5]

[1] 朱凤瀚：《中国青铜器综论》(上)，上海古籍出版社，2009年，第588页，图五·二八之1。
[2] 同[1]，图五·二八之4。
[3] 同[1]，图五·二八之6。
[4] 同[1]，图五·二八之8。
[5] 同[1]，图五·二八之11。

　　这种波曲纹，在《商周彝器通考》一书中被称为"环带纹"，分为七种形态：
其一，"一波纹之带，上下填以窃曲纹三"（图1·2·9之1）；其二，"上下填以窃曲
纹及环纹若合字"（图1·2·9之2）；其三，"前纹中填以雷纹"（图1·2·9之3）；其
四，"波纹之带上下填以两环"（图1·2·9之4）；其五，"上下环略异，后填以雷
纹"（图1·2·9之5）；其六，"环形上为窃曲，下为兽首"（图1·2·9之6）；其七，
"上下环带两重"（图1·2·9之7）[1]。

　　这种波曲纹，在《殷周青铜器通论》一书中被称为"波纹"。该书将《商周彝
器通考》中的7种环带纹精简为2种，即：其二（图1·2·9之2）和其七（图1·2·9之7）
这两种纹样形态，并改称"波纹"[2]，而不称"环带纹"。

　　这种波曲纹，在《中国青铜器综论》一书中被称为"波带纹"。该书指出：波
带纹"或称'波曲纹''波线纹''环带纹''山纹''幛纹'。……其状如一条
宽阔的（或几条窄而并列的）带子，呈现波状起伏现象，波峰间的空隙常填有近似
于眉、口的纹样。"[3]该书将波带纹分为五式：Ⅰ、Ⅱ、Ⅲ、Ⅳ、Ⅴ式，另外还
有一种变形波带纹，并附有13幅例图（图1·2·10）。

　　通过全面梳理"波曲纹"及其异名"环带纹""波纹""波带纹"的青铜器纹
饰研究文献和例图，我们不难发现，美国克利夫兰艺术博物馆所藏逨钟的篆带纹样
（图1·2·7）与以上"波曲纹"及其异名的纹样相去甚远。这件逨钟的篆带纹样形态
呈横S形，没有任何装饰，既不是"带纹和环纹的结合"[4]，也不是"呈现波状起
伏现象，波峰间的空隙常填有近似于眉、口的纹样。"[5]故此，《美国收藏的逨
钟及相关问题》一文将美国克利夫兰艺术博物馆所藏逨钟的篆带纹饰（图1·2·7）称
为"波曲纹"[6]，是不妥当的。事实上，这种纹饰应称之为横S形窃曲纹。

[1] 容庚：《商周彝器通考》（重印版），上海人民出版社，2008年，第106页。

[2] 容庚、张维持：《殷周青铜器通论》，文物出版社，1984年，第108页。

[3] 朱凤瀚：《中国青铜器综论》（上），上海古籍出版社，2009年，第581页。

[4] 马承源：《商周青铜器纹饰综述》，《商周青铜器文饰》，文物出版社，1984年，第25页。

[5] 同[3]。

[6] 方建军：《美国收藏的逨钟及相关问题》，《天津音乐学院学报（天籁）》2007年第2期，第3页。

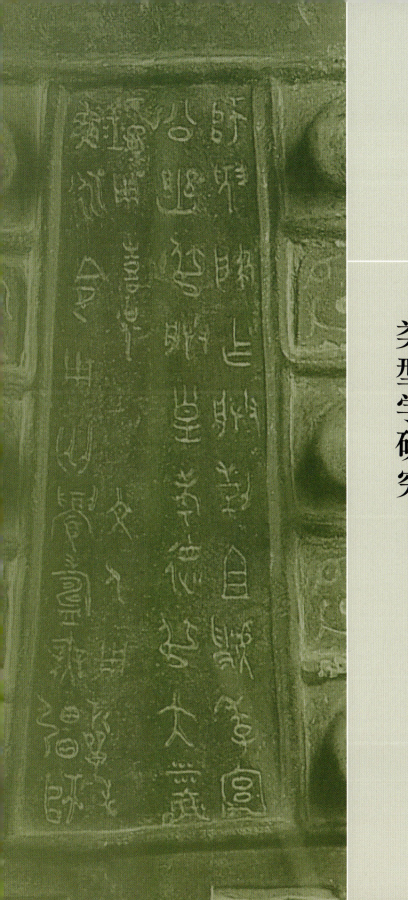

第二章

西周甬钟篆带龙纹的类型学研究

　　从目前笔者搜集与整理的资料来看，西周甬钟篆带所饰龙纹有两种：两头龙纹和斜角龙纹。本章拟对西周甬钟篆带所饰的这两种龙纹的分型分式做详细探讨，在此基础上再对其做型式演变、时代、地域与族属的分析与研究。

　　关于分型分式的标记，本书一律采用目前文博考古界普遍使用的类型学语言范式，即邹衡先生首创的用汉字标示"类"，大写英文字母标示"型"，小写英文字母标示"亚型"，大写罗马数字标示"式"[1]。

[1] 陈畅：《三位中国考古学家类型学研究之比较》，《四川文物》2005年第6期，第90页。

# 第一节

## 西周甬钟篆带龙纹
## 的分型分式

笔者根据西周甬钟篆带龙纹不同的形态特征、工艺手法，采取灵活的分式原则，有的根据其不同的纹样形态特征进行分式，有的根据其不同的工艺手法进行分式。对于西周甬钟篆带龙纹型与式的划分依据标准与原则，笔者详述如下：

根据篆带龙纹主体纹样的不同，笔者将西周甬钟篆带龙纹分为两型：A型（对角两头龙纹）、B型（斜角龙纹）。根据龙纹的龙舌是否穿过龙颈，笔者将A型（对角两头龙纹）分为两个亚型：Aa亚型（龙舌没有穿过龙颈）、Ab亚型（龙舌穿过龙颈）。根据龙纹上唇形态的不同，笔者将Aa亚型分为AaⅠ式（上唇上卷呈斜角形）、AaⅡ式（上唇上卷呈象鼻形）。根据龙纹龙身形态的不同，笔者将Ab亚型分为AbⅠ式（龙身被龙角穿过）、AbⅡ式（龙身完整）和AbⅢ式（龙身饰目纹）。根据纹饰工艺手法的不同，笔者将B型（斜角龙纹）分为三式：BⅠ式（阴线刻纹饰）、BⅡ式（阳线纹饰）、BⅢ式（阳刻平雕加阴线刻纹饰）。

为使读者可以直观地了解西周甬钟篆带龙纹整体的型式划分，笔者绘制了西周甬钟篆带龙纹型式图（图2·1·1）。

需要说明的是，本章探讨的西周甬钟篆带所饰对角两头龙纹，其工艺手法均为阳刻平雕加阴线刻。但也有例外情况，如楚公豪钟（Z98:3009号）篆带所饰对角两

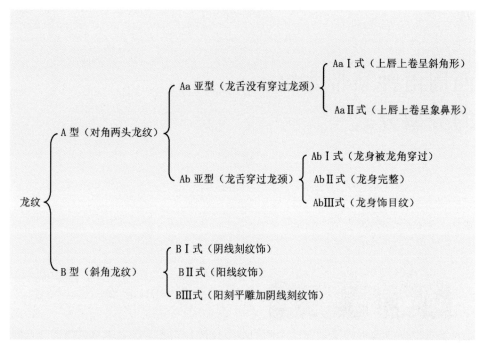

图2·1·1　西周甬钟篆带龙纹型式图（王清雷绘）

头龙纹的工艺手法为阴线单勾（图2·1·2之1、2），对于此种特例，本章暂不探讨。

## （一）　A型（对角两头龙纹）

根据龙纹龙舌是否穿过龙颈，笔者将A型（对角两头龙纹）分为两个亚型：Aa亚型（龙舌没有穿过龙颈）、Ab亚型（龙舌穿过龙颈）。

Aa亚型

根据篆带所饰对角两头龙纹上唇形态的不同，笔者将Aa亚型（龙舌没有穿过龙颈）分为AaⅠ式（上唇上卷呈斜角形）、AaⅡ式（上唇上卷呈象鼻形）。

AaⅠ式

AaⅠ式对角两头龙纹的上唇上卷，呈斜角形，该斜角均为锐角。篆带饰有

AaⅠ式对角两头龙纹的西周甬钟主要有6例：三式兴钟（4件，76FZH1:8、30、16、33号）、猷钟（宗周钟）、士父钟、陕西扶风齐家村甬钟甲、柞钟和鲁遼钟，详论如下：

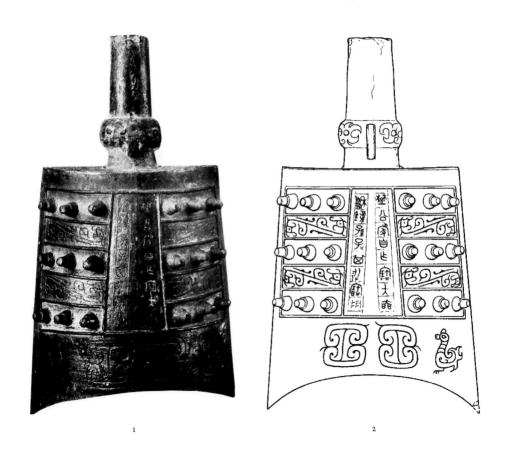

1            2

图2·1·2　楚公豪钟（Z98:3009号）

1.楚公豪钟（Z98:3009号）背面[1]　2.楚公豪钟（Z98:3009号）背面线图[2]

[1] 高西省：《楚公编钟及有关问题》，《文物》2015年第1期，第45页，图四。

[2] 同[1]，第46页，图五。

例1：三式兴钟（4件，76FZH1:8、30、16、33号）

1976年12月，出土于陕西扶风庄白一号窖藏，系白家生产队在平整土地时发现。窖藏出土青铜器属于殷遗民子姓微氏家族[1]。窖藏内器物放置有序，没被盗掘，出土编甬钟共计21件：有铭兴钟14件，无铭兴钟7件[2]。其中，篆带饰AaⅠ式对角两头龙纹的为三式兴钟（6件，76FZH1:8、30、16、33、62、65号）中的4件（76FZH1:8、30、16、33号），属于有铭兴钟。

关于三式兴钟（4件，76FZH1:8、30、16、33号）的断代，目前学界主要有7种观点，分述如下：

第一，"西周中期"说。《中国音乐文物大系·陕西卷》一书认为三式兴钟（4件，76FZH1:8、30、16、33号）的时代为西周中期[3]。

第二，"懿、孝、夷王"说。《西周微家族窖藏铜器群初步研究》通过对14件有铭兴钟铭文的分析，同时结合形制纹饰，认为甲、乙、戊、丁组兴钟的时代，为西周中期孝、夷之世，丙组兴钟的时代为西周中期懿、孝之世[4]。其中，笔者所言的三式兴钟（4件，76FZH1:8、30、16、33号）分属于该文的丙组和丁组兴钟。故此，按照该文的断代，三式兴钟（4件，76FZH1:8、30、16、33号）应为"懿、孝、夷王"时期。

第三，"孝夷以至厉王前半"说。李学勤先生在1979年发表的《西周中期青铜器的重要标尺——周原庄白、强家两处青铜器窖藏的综合研究》一文认为，14件有铭兴钟的时代为西周中期孝夷时期[5]。对于当初这种观点，李学勤先生于2006年在《庄白兴器的再考察》一文中做了修订。李先生说："当时我写有小文《西周中期青铜器的重要标尺》，就有关问题试做探讨。现在看来，文中有些地方已需补充

[1] 李学勤：《西周中期青铜器的重要标尺——周原庄白、强家两处青铜器窖藏的综合研究》，《中国历史博物馆馆刊》1979年第1期，第30页。
[2] a.陕西周原考古队：《陕西扶风庄白一号西周青铜器窖藏发掘简报》，《文物》1978年第3期，第1、6、7页。b.方建军：《中国音乐文物大系·陕西卷》，大象出版社，1996年，第37～51页。
[3] 方建军：《中国音乐文物大系·陕西卷》，大象出版社，1996年，第41页。
[4] 黄盛璋：《西周微家族窖藏铜器群初步研究》，《西周微氏家族青铜器群研究》，文物出版社，1992年，第151、152页。
[5] 同[1]，第35页。

修正。"[1]《庄白兴器的再考察》一文通过对微氏家族第七世兴的青铜器的系统研究，认为"兴的年代是在孝夷以至厉王前半，他的器铭与一些肯定属这个时期的器物联系，在分期研究上是特别有意义的。"[2]按照这种观点，14件有铭兴钟属于"孝夷以至厉王前半"之器，三式兴钟（4件，76FZH1:8、30、16、33号）也包括其中。

第四，"孝夷"说。此观点主要出自两部文献，分述如下：

（1）《微氏家族铜器断代》认为："兴钟的时代为孝夷之间。"[3]这里的兴钟指的是14件有铭兴钟。

（2）《中国青铜器综论》一书亦认为14件有铭兴钟的时代为西周中期孝夷时期[4]。三式兴钟（4件，76FZH1:8、30、16、33号）自然包括其中。

第五，"共王"说。《微氏家族铜器群年代初探》认为兴钟"应皆作于共王时"[5]。按照此说，三式兴钟（4件，76FZH1:8、30、16、33号）自然包括其中。

第六，"孝王"说。《铜器的形制、纹饰与铭文》将三式兴钟（4件，76FZH1:8、30、16、33号）断为"孝王"之世[6]。

第七，"厉王"说。此观点主要出自两部文献，分述如下：

（1）《西周青铜器年代综合研究》认为兴钟为西周晚期厉王时遗物[7]。该书认为："兴钟大致可分三式。一式钟和二式钟器形纹饰都分别接近晋侯苏编钟的两种形式。三式钟篆间饰顾首龙纹，同厉王时的默钟、师丞钟等。其铭文措辞也有晚期特征，如一式钟的'昭各喜侃乐前文人'，类同的说法基本上见于厉世器，如师

[1] a.李学勤：《庄白兴器的再考察》，《华学》（第八辑），紫禁城出版社，2006年，第21页。b.李
　　学勤：《庄白兴器的再考察》，《文物中的古文明》，商务印书馆，2008年，第258页。
[2] a.同[1]a，第25页。b.同[1]b，第263页。
[3] 刘士莪、尹盛平：《微氏家族铜器断代》，《西周微氏家族青铜器群研究》，文物出版社，1992年，
　　第93页。
[4] 朱凤瀚：《中国青铜器综论》（上），上海古籍出版社，2009年，第355页。
[5] 伍士谦：《微氏家族铜器群年代初探》，《西周微氏家族青铜器群研究》，文物出版社，1992年，
　　第212页。
[6] 刘士莪、尹盛平：《铜器的形制、纹饰与铭文》，《西周微氏家族青铜器群研究》，文物出版社，
　　1992年，第9页，庄白一号窖藏出土铜器登记表。
[7] 彭裕商：《西周青铜器年代综合研究》，巴蜀书社，2003年，第406页。

丞钟、井人佞钟、兮仲钟、梁其钟、昊生钟等，二式钟的尹氏是晚期器常见的，其字体风格也近厉王时的獣钟、獣簋、师丞钟等。由以上各方面来看，除兴盨而外，其他兴器应大致是厉王时的遗物。"[1]

（2）《应侯钟的音列结构及有关问题》一文认为："陕西扶风庄白一号青铜器窖藏出土兴钟14件，时代属西周厉王时期。"[2]

按照以上两部文献的观点，三式兴钟（4件，76FZH1:8、30、16、33号）自然也属于厉王之器。

那么，对于三式兴钟（4件，76FZH1:8、30、16、33号）的7种不同断代观点，哪一种合理呢？

笔者亲自考察过三式兴钟（4件，76FZH1:8、30、16、33号）的调音情况。通过对其调音形态的细致分析，笔者发现其调音模式具有鲜明的时代特征，可以将该式兴钟的时代断为西周中期的某一王世。故此，第一种至第四种断代观点有些笼统，可以将其排除。第七种为"厉王"说，已不属于西周中期，可以将其排除。第五种"共王"说、第六种"孝王"说，均已精确断代至西周中期的某一王世，那么这两种断代哪一种更为妥当呢？

下面，我们来看三式兴钟（4件，76FZH1:8、30、16、33号）的具体调音情况。

三式兴钟76FZH1:8号：该钟钟腔内壁有调音槽4条（图2·1·3之6），分别位于两个正鼓部和两个铣角。其中，两个正鼓部的调音槽是从距离于口内唇约3厘米处开始锉磨，一直延伸至舞底；整条调音槽的形态为：中间最深、最宽，然后向两端延伸，渐浅、渐窄，直至消失，整体形态呈标准的梭形。

三式兴钟76FZH1:30号：该钟钟腔内壁没有任何调音痕迹（图2·1·3之10）。

三式兴钟76FZH1:16号：该钟钟腔内壁没有任何调音痕迹（图2·1·3之17）。

三式兴钟76FZH1:33号：该钟钟腔内壁上有调音槽3条（图2·1·3之23），分别位于正面的两个侧鼓部和背面的一个侧鼓部，而两个正鼓部、两个铣角以及背面的一

[1] 彭裕商：《西周青铜器年代综合研究》，巴蜀书社，2003年，第406页。

[2] 方建军：《应侯钟的音列结构及有关问题》，《音乐研究》2011年第6期，第46页。

个侧鼓部均没有调音槽。

从以上三式兴钟（4件，76FZH1:8、30、16、33号）的调音情况可以得出以下几点认识：

第一，在这4件三式兴钟当中，有2件钟有调音，2件钟没有调音。从三式兴钟（4件，76FZH1:8、30、16、33号）的音列分析表（表2）来看，76FZH1:30号和76FZH1:16号两钟之所以没有进行调音，是因为这两件钟的音高基本已经达到预设标准，如果再进行调音锉磨就会导致音高偏低。由此可知，这两件兴钟在钟模的设计阶段存在偏差，钟壁的厚度没有留出后期校音锉磨的富余量。当代复制编钟的研究表明，编钟的校音环节不仅可以校正编钟的音高，还可以调整编钟的音色，是编钟铸造环节一个非常重要的工序。同时，在有调音的2件钟当中，调音槽的数量、位置和形态又各不相同。由此可知，这4件三式兴钟的铸造与调音还没有形成统一的规范，尚处于"铸调双音"[1]的初期探索阶段。

第二，从三式兴钟（4件，76FZH1:8、30、16、33号）的音列分析表（表2）来看，76FZH1:8号钟的阶名"羽"偏高很多，多达151音分。当代复制编钟的研究表明，编钟正鼓部和铣角的调音槽对于编钟的音高影响最大[2]。76FZH1:8号钟的4个调音槽恰恰位于两个铣角和两个正鼓部，说明当时的调音师已经在铸钟实践中掌握了这一调音原则。但是，经调音后其音高依然没有达到预设标准，且偏差明显，其原因究竟何在？从该钟正鼓部调音槽的锉磨细节，令笔者洞悉其问题所在。该钟两个正鼓部的调音槽并不是从于口内唇处开始，而是从距离于口内唇约3厘米处开始锉磨；同时，调音槽的形态为梭形，这种形状意味着越靠近于口，调音槽就越浅、越窄。当代复制编钟的校音表明，于口处的调音锉磨对于降低编钟的音高最明显，这从诸多西周晚期编钟的调音锉磨也可以得到印证，如士父钟（图2·1·3之40）、柞钟（图2·1·3之72、73）等。这两套西周晚期编钟的调音槽形态均呈半梭形，即：调音从于口开始，开始处最宽、最深，随着调音槽往钟腔内延

---

[1] 冯光生：《周代编钟的双音技术及应用》，《中国音乐学》2002年第1期，第43页。

[2] 王清雷、陈伟岸、曹葳蕤：《当代编钟铸造的实地考察与思考》，《人民音乐》2020年第7期，第84页。

伸，调音槽渐浅、渐窄，直至消失。由此可知，在这4件三式兴钟的铸造时期，调音师只是掌握了调音的宏观原则，对于编钟的具体调音技术和手段尚处于初期的摸索阶段。

《庄白兴器的再考察》一文指出："兴的年代是在孝夷以至厉王前半，他的器铭与一些肯定属这个时期的器物联系，在分期研究上是特别有意义的。"[1]从14件有铭兴钟的调音情况来看，有些兴钟为西周中期孝王之器，有些兴钟为西周中期夷王之器，少数几件兴钟为西周晚期厉王前段。从以上对三式兴钟（4件，76FZH1:8、30、16、33号）的调音分析可知，这4件兴钟应为"铸调双音"[2]初期探索阶段的产物。故此，笔者认为将其断为西周中期孝王之世比较妥当。所以，在以上对三式兴钟（4件，76FZH1:8、30、16、33号）的7种不同断代观点中，笔者赞同第六种"孝王"说。

4件三式兴钟（76FZH1:8、30、16、33号）均保存完好（图2·1·3之1、7、12、18）。旋、斡俱全，近方形斡（图2·1·3之3）。其钲、篆、枚区以粗单阳线弦纹界隔。篆带饰对角两头龙纹（图2·1·3之5、11、14、20），龙纹的上唇上卷，呈斜角形，该斜角均为锐角，其中上卷的上唇里面还装饰有一个小三角形；其工艺手法为阳刻平雕加阴线刻。正鼓部饰一对鸟体龙纹（图2·1·3之4、9、15、21），二者呈镜面对称关系，线条有些拘谨。钲部有铸铭（图2·1·3之2、8、13、19）。枚呈二节圆柱形，共36个。4件三式兴钟（76FZH1:8、30、16、33号）的不同之处分述如下：

三式兴钟76FZH1:8号（图2·1·3之1）：该钟侧鼓部没有侧鼓音的标记纹饰。钟腔内壁调音的详细情况为（图2·1·3之6）：于口内有三棱状内唇。除正面正鼓部的内唇有很小的弧形锉磨缺口外，其余内唇均经均匀锉磨，从而使内唇的横截面由三角形变为梯形。钟腔内壁共有调音槽4条，分别位于两个正鼓部和两个铣角，而四个侧鼓部均没有调音锉磨。其中，两个正鼓部的调音槽是从距于口内唇约3厘米处开始锉磨，一直延伸至舞底；整条调音槽的形态为：调音槽的中间最深、最宽，

［1］a.李学勤：《庄白兴器的再考察》，《华学》（第八辑），紫禁城出版社，2006年，第25页。b.李学勤：《庄白兴器的再考察》，《文物中的古文明》，商务印书馆，2008年，第263页。

［2］冯光生：《周代编钟的双音技术及应用》，《中国音乐学》2002年第1期，第43页。

然后向两端延伸，渐浅、渐窄，直至消失，呈标准的梭形。该钟通高68.4厘米，重38.8千克[1]。

表1　三式兴钟（4件）测音数据表[2]　　　　　　　　　　　　　　　　单位：音分

| 标本号 | 76FZH1:8 | 76FZH1:30 | 76FZH1:16 | 76FZH1:33 |
|---|---|---|---|---|
| 正鼓音 | a-49 | $^{\#}$a±0 | d$^2$+42 | g$^2$+17 |
| 侧鼓音 | c$^1$-15 | $^{\#}$c$^1$+43 | f$^2$+38 | $^{\#}$a$^2$+44 |

表2　三式兴钟（4件）音列分析表[3]　　　　　　　　　　　　　　　　单位：音分

| 标本号 | | 76FZH1:8 | 76FZH1:30 | 76FZH1:16 | 76FZH1:33 |
|---|---|---|---|---|---|
| 正鼓音 | 音高 | g+151 | $^{b}$b±0 | d$^2$+42 | g$^2$+17 |
| | 阶名 | 羽↑ | 宫 | 角 | 羽 |
| 侧鼓音 | 音高 | $^{b}$b+185 | d$^1$-57 | f$^2$+38 | $^{b}$b$^2$+44 |
| | 阶名 | - | - | 徵 | 宫 |

三式兴钟76FZH1:30号（图2·1·3之7）：该钟侧鼓部没有侧鼓音的标记纹饰。于口内有三棱状内唇。钟腔内壁没有任何调音痕迹（图2·1·3之10）。该钟通高65.5厘米，重36.5千克[4]。

三式兴钟76FZH1:16号（图2·1·3之12）：该钟侧鼓部饰一只很大的鸟体龙纹（图2·1·3之16），显得较为笨拙，作为侧鼓音的演奏标记。于口内有三棱状内唇。钟腔

---

[1] 方建军：《中国音乐文物大系·陕西卷》，大象出版社，1996年，第178页，表9。

[2] 同[1]，第42页。表中76FZH1:8正鼓音的原始数据为a$^1$-49音分，此数据有误，正确的数据应为a-49音分，笔者已在本表中予以订正，特此说明。

[3] 说明：为了便于做音列与调式的分析，笔者将有些编钟的测音数据做了等音转换。之所以可以做等音转换，是因为这些测音数据是用当代的软件测算出来，软件的音高标准是按照十二平均律来设计，故此可以做等音转换。

[4] 同[1]。

内壁没有任何调音痕迹（图2·1·3之17）。该钟通高41.6厘米，重13.8千克[1]。

三式兴钟76FZH1:33号（图2·1·3之18）的侧鼓部饰一只较大的鸟体龙纹（图2·1·3之22），作为侧鼓音的演奏标记。钟腔内壁调音的详细情况为（图2·1·3之23）：于口内有三棱状内唇，上面有2个很小的弧形锉磨缺口，其余保存完好。钟腔内壁共有调音槽3条，分别位于正面的两个侧鼓部和背面的一个侧鼓部，而两个正鼓部、两个铣角以及背面的一个侧鼓部均没有调音槽。其中，正面一个侧鼓部的调音槽较深、较长，另一个侧鼓部的调音槽较浅、较短。背面一个侧鼓部的调音槽较浅、较短。两个铣角仅在近于口处有轻微的调音锉磨痕迹，没有形成调音槽。该钟通高39.2厘米，重12.5千克[2]。

这里需要指出2处谬误，分述如下：

第一，《中国音乐文物大系·陕西卷》中关于三式兴钟76FZH1:8号的正鼓音测音数据[3]有误。在该书的测音数据表中，76FZH1:8号钟的正鼓音为a¹-49音分，侧鼓音为c¹-15音分，这样的话正鼓音就比侧鼓音高了大六度。根据周代编钟的双音发音规律，应该是正鼓音低，侧鼓音高，这是由编钟的钟腔结构及其发音原理决定的。目前，还没有发现一例西周编钟有悖于这一双音规律，更不可能出现正鼓音比侧鼓音高大六度的现象。显然，三式兴钟76FZH1:8号的正鼓音测音数据有误。从三式兴钟的所有测音数据（表1）以及该钟的侧鼓音为c¹-15音分来看，其正鼓音应为a-49音分，正鼓音和侧鼓音正好可以构成典型的小三度关系，原来的a¹-49音分应为编者校对工作的疏漏所致。

第二，《也谈兴钟的堵与肆》一文对于三式兴钟的宫调分析欠妥。《也谈兴钟的堵与肆》一文认为，三式兴钟的正鼓音和侧鼓音可以构成"#G羽四声音列"[4]，笔者认为不妥。因为如果三式兴钟的音列为"#G羽"调，按照首钟76FZH1:8号钟的音高#g+51音分为标准，则会导致许多钟的音高偏差很大；尤其是

[1] 方建军：《中国音乐文物大系·陕西卷》，大象出版社，1996年，第178页，表9。
[2] 同[1]。
[3] 同[1]，第42页。
[4] 王清雷：《也谈兴钟的堵与肆》，《音乐研究》2007年第1期，第88页。

76FZH1:30号钟作为该音列中的宫音，其音高为b-100音分，已经比宫音低了正好半个音，显然有些牵强[1]。《先秦大型组合编钟研究》一文存在同样的问题[2]。故此，笔者认为三式兴钟的音列应该为"G羽"调（表2），以ᵇB为宫，这样调整之后，除了76FZH1:8号这一件钟的音高偏高（调音技术不成熟所致）之外，其他钟的音高都是比较准的；同时，76FZH1:30号钟作为该音列中的宫音，其音高为ᵇb±0音分，也是合理的。所以，笔者赞同《两周编钟音列研究》一文对三式兴钟的宫调分析[3]。

例2：𫚉钟

又称宗周钟，现藏于台北故宫博物院。属于清宫旧藏，器主为周厉王姬胡。关于其时代，《西周铜器断代》[4]《西周青铜器铭文分代史徵》[5]《西周纪年》[6]《西周青铜器年代综合研究》[7]《中国青铜器综论》[8]等诸多文献将该钟断为西周晚期厉王之器，并被学界视为这一时期的断代标准器。笔者赞同此说。

该钟保存完好（图2·1·3之24）。旋、斡俱全，近方形斡（图2·1·3之28）。其钲、篆、枚区以粗单阳线弦纹界隔。篆带饰对角两头龙纹（图2·1·3之27），龙纹的上唇上卷，呈斜角形，该斜角均为锐角，其中上卷的上唇里面还装饰有一个小三角形；其工艺手法为阳刻平雕加阴线刻。正鼓部饰一对鸟体龙纹（图2·1·3之29），二者呈镜面对称关系；所饰鸟体龙纹的线条生硬刻板，局部线条已经简化，体现出新时代的纹样特征。背面的侧鼓部没有侧鼓音的标记纹饰。李纯一先生认为："依照发展期编甬钟的通例，只发单音（即正侧鼓同音）的首、次二钟侧鼓没有小鸟纹之类的第二基音标志；有此标志的是从发双音的第三钟开始。"[9]据此推测，该钟

［1］王清雷：《也谈兴钟的堵与肆》，《音乐研究》2007年第1期，第88页，表7。
［2］王友华：《先秦大型组合编钟研究》，中国艺术研究院博士学位论文，2009年，第107页，表4-9。
［3］孔义龙：《两周编钟音列研究》，中国艺术研究院博士学位论文，2005年，第15页，图表1-9。
［4］陈梦家：《西周铜器断代》，中华书局，2004年，第311页。
［5］唐兰：《西周青铜器铭文分代史徵》，中华书局，1986年，第503页。
［6］刘启益：《西周纪年》，广东教育出版社，2002年，第375页。
［7］彭裕商：《西周青铜器年代综合研究》，巴蜀书社，2003年，第390、391页。
［8］朱凤瀚：《中国青铜器综论》（上），上海古籍出版社，2009年，第363页。
［9］李纯一：《中国上古出土乐器综论》，文物出版社，1996年，第188页。

应为该组编钟的第1件或第2件。背面的钲部、左侧鼓部及正面的右侧鼓部均有铸铭（图2·1·3之25、26）。枚呈二节圆柱形，共36个。钟腔内壁是否有调音不明。该钟通高65.6厘米，重34千克[1]。

　　例3：士父钟

　　士父钟著录4件，现存3件。其中，2件藏于故宫博物院，为清宫旧藏；1件藏于湖南省博物馆，于1956年由湖南省文物管理委员会从株洲收集。关于其来源，高至喜、熊传薪先生认为："从其器形、铭文风格看，士父钟原来应铸自陕西周原或其附近地区。"[2]

　　关于士父钟的时代，《两周金文辞大系图录考释》[3]《西周青铜器铭文分代史徵》[4]《西周士父钟的再发现》[5]《中国音乐文物大系II·湖南卷》[6]《中国音乐文物大系·北京卷》[7]等文献均认为其为西周晚期厉王之器。从其中2件士父钟的调音槽数量、位置以及形态来看（图2·1·3之40、45），其已经进入"铸调双音"[8]的成熟阶段；同时结合其正鼓部的纹饰，笔者亦认为其时代为西周晚期厉王之世。高至喜先生认为，士父钟是西周晚期厉王之世甬钟的断代标准器[9]。

　　3件士父钟（图2·1·3之30、34、41）保存完好，旋、斡俱全，近方形斡（图2·1·3之39）。其钲、篆、枚区以粗单阳线弦纹界隔。篆带饰对角两头龙纹（图2·1·3之33、37、44），龙纹的上唇上卷，呈斜角形，该斜角均为锐角，其中上卷的上唇里面装饰有一个小三角形；其工艺手法为阳刻平雕加阴线刻。正鼓部饰一对鸟体龙纹（图2·1·3之32、38、43），二者呈镜面对称关系。背面的钲部（图2·1·3之31、35、42）及左侧鼓部均有铸铭（图2·1·3之32、36、43）。枚呈二节圆柱形，共36个。3件

［1］https://www.ximalaya.com/shishang/36246443/279384219

［2］高至喜、熊传薪：《中国音乐文物大系II·湖南卷》，大象出版社，2006年，第78页。

［3］郭沫若：《两周金文辞大系图录考释》（下），上海书店出版社，1999年，第128页。

［4］唐兰：《西周青铜器铭文分代史徵》，中华书局，1986年，第517页。

［5］高至喜：《西周士父钟的再发现》，《文物》1991年第5期，第87页。

［6］同［2］。

［7］袁荃猷：《中国音乐文物大系·北京卷》，大象出版社，1996年，第41页。

［8］冯光生：《周代编钟的双音技术及应用》，《中国音乐学》2002年第1期，第43页。

［9］同［5］。

士父钟的不同之处分述如下：

故宫博物院藏士父钟（大）（图2·1·3之30）：该钟侧鼓部没有侧鼓音的标记纹饰，推测应为该组钟的第1件或第2件。钟腔内壁的调音情况不明。该钟通高49.2厘米[1]。

故宫博物院藏士父钟（小）（图2·1·3之34）：该钟侧鼓部饰一只鸟体龙纹（图2·1·3之38），作为侧鼓音的演奏标记；与正鼓部的鸟体龙纹相比，其大小比例比较适中。钟腔内壁调音的详细情况为（图2·1·3之40）：于口没有内唇。钟腔内壁共有8条调音槽，分别位于两个正鼓部、四个侧鼓部和两个铣角。其中，两个正鼓部、两个铣角的调音槽较宽、较深，四个侧鼓部的调音槽较窄、较浅。调音槽的具体调音为：均从于口开始锉磨调音，于口处最深、最宽，随着调音槽向钟腔内延伸而渐浅、渐窄，直至消失，呈半梭形，形态规范；调音槽很长，几乎到达舞底。该钟通高45.0厘米[2]。

湖南省博物馆藏士父钟（25047号）（图2·1·3之41）：该钟侧鼓部饰一只鸟体龙纹（图2·1·3之46），作为侧鼓音的演奏标记；与正鼓部的鸟体龙纹相比，其大小比例适中。钟腔内壁调音的详细情况为（图2·1·3之45）：钟腔内壁共有调音槽10余条，这些调音槽深浅、宽窄不一，此外还有多处没有形成调音槽的锉磨痕迹。其中，两个铣角的调音槽最宽、最深；其次是两个正鼓部和四个侧鼓部的调音槽；调音槽形态大多呈半梭形。除了这8个位置的调音槽以外，在正面正鼓部调音槽的两侧又有2条浅而窄的调音槽；在正面右侧鼓部的调音槽之内，留存有多次锉磨的痕迹，从而使调音槽的形态多样化，同时在该调音槽的右侧还有锉磨的痕迹，但没有形成凹槽，这些都是调音师对编钟音高进行多次微调的结果。该钟的测音数据为：正鼓音d¹+51、侧鼓音f¹+49音分[3]，二者的音程关系为小三度，音分值为298

---

[1] 袁荃猷：《中国音乐文物大系·北京卷》，大象出版社，1996年，第282页，表28。

[2] 同[1]。

[3] 高至喜、熊传薪：《中国音乐文物大系II·湖南卷》，大象出版社，2006年，第79页。说明：在此书中，该钟的正鼓音音高为'd¹-49音分；在本书中，为了便于做音程关系的计算，笔者将其做等音转换，记为d¹+51音分；同时，这些测音数据是用当代的软件测算出来，其音高标准是按照十二平均律设计，故此可以做等音转换。

音分，仅比现代十二平均律的小三度（300音分）少一个小微音差，即2音分，比五度相生律的小三度（294音分）高4音分。以今天复制编钟的考核验收标准来看，这件士父钟业已达到优秀的标准。毋庸置疑，在这件士父钟的校音环节，多次的微调是十分成功的。由此可知，西周晚期编钟调音师的调音技术已经达到了相当高的水平，当时的乐师对于编钟的音高业已有了严格的要求。该钟通高48.8厘米，重18.7千克[1]。

这里需要指出一处谬误。《中国音乐文物大系 II·湖南卷》对于士父钟（25047号）调音槽的数量描述有误。该书指出，士父钟（25047号）"腔内有调音凹槽，近铣角处各二条，两侧中间各三条。"[2]按照这句的表述，"近铣角处各二条"描述的是靠近铣角的两个侧鼓部的调音槽，两个铣角共计4条调音槽；"两侧中间各三条"指的是正鼓部的调音槽，每一面3条，两面共计6条调音槽，合计10条调音槽。但从士父钟（25047号）钟腔内壁的调音来看（图2·1·3之45），除了四个侧鼓部、两个正鼓部的调音槽之外，该钟的两个铣角亦有调音槽。故此，士父钟（25047号）钟腔内壁大大小小的调音槽共计12条，而不是10条。

例4：陕西扶风齐家村甬钟甲

1966年，出土于陕西省扶风县齐家村。出土甬钟共计2件，此为甲钟（宝2752，A51号）。

关于扶风齐家村甬钟甲的时代，《中国音乐文物大系·陕西卷》一书将其断为"西周晚期"[3]。从宏观断代而言，"西周晚期"说没有问题。但从该钟的调音锉磨情况以及正鼓部、侧鼓部所饰纹样来看，其断代可以精确至西周晚期的某一王世。根据《中国音乐文物大系·陕西卷》一书的描述，扶风齐家村甬钟甲的钟腔"内壁有隧8条，前、后壁正、侧鼓各3，两铣各1"[4]。也就是说，该钟钟腔内壁有8条调音槽，分别位于两个正鼓部、四个侧鼓部和两个铣角，其与故宫博物院藏士父钟（小）钟腔内壁的调音槽数量和位置（图2·1·3之40）完全相同。扶风齐家村

[1] 高至喜、熊传薪：《中国音乐文物大系 II·湖南卷》，大象出版社，2006年，第79页。
[2] 同[1]。
[3] 方建军：《中国音乐文物大系·陕西卷》，大象出版社，1996年，第75页。
[4] 同[3]。

甬钟甲的正鼓部饰一对鸟体龙纹（图2·1·3之49），二者呈镜面对称关系；侧鼓部饰一只鸟体龙纹（图2·1·3之49），作为侧鼓音的演奏标记，这与故宫博物院藏士父钟（小）正鼓部和侧鼓部所饰鸟体龙纹的形态（图2·1·3之38）高度雷同。故此，扶风齐家村甬钟甲与故宫博物院藏士父钟（小）应为同一时代的产物。高至喜先生认为，士父钟是西周晚期厉王之世的断代标准器[1]。以此为参照，笔者认为应将扶风齐家村甬钟甲的时代断为西周晚期厉王之世。

扶风齐家村甬钟甲（宝2752，A51号）保存完好（图2·1·3之47），旋、斡俱全，近方形斡。枚、篆、钲区以粗单阳线弦纹界隔。篆带饰对角两头龙纹（图2·1·3之48），龙纹的上唇上卷，呈斜角形，该斜角均为锐角，其中上卷的上唇里面装饰的小三角形被简化；其工艺手法为阳刻平雕加阴线刻。正鼓部饰一对鸟体龙纹（图2·1·3之49），二者呈镜面对称关系。该钟侧鼓部饰一只鸟体龙纹（图2·1·3之49），作为侧鼓音的演奏标记，其形态考究，大小比例适中。钟体没有铭文。枚呈二节圆柱形，共36个。钟腔内壁共有调音槽8条，分别位于两个正鼓部、四个侧鼓部和两个铣角。该钟通高38.5厘米，重6.7千克[2]。

这里需要指出一处谬误。《中国音乐文物大系·陕西卷》认为扶风齐家村甬钟甲的"右侧鼓饰小鸟纹"[3]，笔者认为值得商榷。《商周彝器通考》[4]《西周铜器断代》[5]《中国青铜器综论》[6]《殷周青铜容器上鸟纹的断代研究》[7]等诸多文献对鸟纹有着深入而全面的研究。从中可知，凡是鸟纹均有一个典型的形态特征，即均有勾喙或尖喙。从扶风齐家村甬钟甲的侧鼓部纹饰来看（图2·1·3之49），该纹样为龙首鸟体，向上弯曲且较长的龙上唇和向后弯曲其较短的龙舌清晰可见，根本没有鸟纹独特的尖喙或者勾喙，故该纹样并非"小鸟纹"，而是鸟体龙纹。故

[1] 高至喜：《西周士父钟的再发现》，《文物》1991年第5期，第87页。
[2] 方建军：《中国音乐文物大系·陕西卷》，大象出版社，1996年，第75页。
[3] 同[2]。
[4] 容庚：《商周彝器通考》（重印版），上海人民出版社，2008年，第98页。
[5] 陈梦家：《西周铜器断代》（三），《考古学报》1956年第1期，第91～93页。
[6] 朱凤瀚：《中国青铜器综论》（上），上海古籍出版社，2009年，第559～567页。
[7] 陈公柔、张长寿：《殷周青铜容器上鸟纹的断代研究》，《考古学报》1984年第3期，第265～286页。

此，《中国音乐文物大系·陕西卷》一书将扶风齐家村甬钟甲的侧鼓部纹饰称为"小鸟纹"[1]，是不妥当的。

　　例5：柞钟

　　1960年10月，在陕西省扶风齐家村东南约100米的田地中，陕西省文物管理委员会工作人员雒忠如同志在该地区清理周墓时发现一处西周青铜器窖藏。该窖藏出土青铜器共计39件，其中编甬钟2组16件，每组8件。《扶风齐家村出土西周青铜器简介》一文指出："编钟八，七钟铸器人为柞；一钟无铭文。又编钟八，铸器人为中义。"[2]故此，该文将铸器人为"柞"的7件编钟分别称为"柞钟甲""柞钟乙"……"柞钟庚"，同组出土但没有铭文的那一件甬钟按照顺序被称为"编钟辛"[3]，而不是称为"柞钟辛"。由此可知，实际上的"柞钟"仅有7件。该文又指出："其未铸铭文的原因，一时尚不能臆断，但它的铸造手法和柞钟一样，当是柞钟一编的器物。"[4]由此，该文得出："根据编钟的铭文，八件是柞的一编（一件无铭文），八件是中义的一编。"如此一来，柞钟就成了8件，而不是7件。《中国音乐文物大系·陕西卷》沿用柞钟8件之说，并对第7件钟（60·0·190号）（图2·1·4之1）没有铸铭的原因给予解读："根据60·0·180和60·0·181两钟铭文之间尚缺'用乍大林钟'五字看，此钟当系漏铸铭文。"[5]也就是说，第7件钟（60·0·190号，无铭）和其他7件柞钟为同时铸造，本就是同一组编钟，只不过漏铸了铭文而已。笔者在本书前期的资料搜集与梳理阶段，也认同这种观点。但是，笔者在本例证（例5：柞钟）的撰写过程中，将8件柞钟的详细调音情况与其测音数据相结合，同时反复比对各钟的纹饰做综合分析时，发现第7件钟（60·0·190号，无铭）并非柞钟之属，且非同一时代之器。为了不影响本例证论述的流畅性，笔者将这一问题放在本例证的最后进行探讨。下面先来讨论柞钟（7件）的断代问题。

［1］方建军：《中国音乐文物大系·陕西卷》，大象出版社，1996年，第75页。

［2］段绍嘉：《扶风齐家村出土西周青铜器简介》，《扶风齐家村青铜器群》，文物出版社，1963年，第7页。

［3］同［2］，第9页。

［4］同［2］，第10页。

［5］同［1］，第55页。

关于柞钟（7件）的时代，目前学界主要有7种观点，分述如下：

第一，"西周晚期"说。《中国音乐文物大系·陕西卷》一书将柞钟的时代断为"西周晚期"[1]。

第二，"夷厉"说。《扶风齐家村器群铭文汇释》一文通过对柞钟铭文内容的分析，指出"柞不对扬王休，而却'对扬仲大师休'，这明明是知有恩人的仲大师，而不知有王了。看来应该是夷王、厉王时代的现象。由器制、花纹、铭体、文字以占之，亦相适应"[2]。

第三，"夷王"说。《西周铜器断代》一书通过对柞钟铭文的分析，并结合该钟的纹饰，认为该钟应为西周中期夷王时器[3]。

第四，"厉王"说。《西周青铜器分期断代研究》一书认为柞钟为"西周晚期前段厉王前后器"[4]。

第五，"宣王"说。《西周青铜器年代综合研究》一书指出，柞钟"年代应大致在厉宣之际，考虑到其记年为三年，故暂定宣世。"[5]

第六，"幽王"说。《金文通释》[6]《试说宣王早年历日》[7]《西周纪年》[8]这三部文献均将柞钟的时代断为西周晚期幽王之世。

第七，"宣幽"说。《试论西周青铜器演变的非均衡性问题》一文在全面梳理前人研究成果的基础上，认为柞钟的时代应为西周晚期宣幽之世[9]。

那么，对于以上柞钟的7种不同断代观点，哪一种合理呢？笔者通过对柞钟调音情况的细致分析，再结合该钟正鼓部和侧鼓部纹样的形态特征，认为柞钟应为西

[1] 方建军：《中国音乐文物大系·陕西卷》，大象出版社，1996年，第55页。

[2] 郭沫若：《扶风齐家村器群铭文汇释》，《扶风齐家村青铜器群》，文物出版社，1963年，第5页。

[3] 陈梦家：《西周铜器断代》，中华书局，2004年，第303、304页。

[4] 王世民、陈公柔、张长寿：《西周青铜器分期断代研究》，文物出版社，1999年，第173页。

[5] 彭裕商：《西周青铜器年代综合研究》，巴蜀书社，2003年，第444页。

[6] 白川静：《金文通释》卷三（下），白鹤美术馆，1971年，第898页。

[7] 李学勤：《试说宣王早年历日》，《夏商周年代学札记》，辽宁大学出版社，1999年，第222页。

[8] 刘启益：《西周纪年》，广东教育出版社，2002年，第414页。

[9] 张懋镕：《试论西周青铜器演变的非均衡性问题》，《考古学报》2008年第3期，第351页，续附表第149号柞钟。

周晚期厉王之器，详论如下：

第一，柞钟的调音。7件柞钟的钟腔内壁均有调音锉磨。各钟调音槽的具体形态为：从于口开始锉磨，于口处最深、最宽，随着调音槽向钟腔内延伸而渐浅、渐窄，直至消失，呈半梭形，形态规范。各钟不同的调音情况分述如下：

柞钟60·0·175号（图2·1·3之55）：钟腔内壁共有调音槽2条，分别位于两个正鼓部，而四个侧鼓部和两个铣角均无调音锉磨。整条调音槽很浅，长度约达钟腔的五分之三。

柞钟60·0·176号（图2·1·3之56）：钟腔内壁共有调音槽3条，分别位于一个正鼓部和两个铣角。一面正鼓部的调音槽很浅，不是很明显，长度约达钟腔的五分之三；另一面的正鼓部略有锉磨，如果不仔细观察的话几乎看不出来。两个铣角的调音槽很浅，长度约达钟腔的五分之三。

柞钟60·0·178号（图2·1·3之63）：钟腔内壁共有调音槽7条，分别位于两个正鼓部、四个侧鼓部和一个铣角。两个正鼓部、四个侧鼓部的调音槽均较深，长度距离舞底约4～5厘米。比之正鼓部，侧鼓部的调音槽更宽一些。两铣中仅有一个铣角有调音槽，另一个铣角略有锉磨，如果不仔细观察的话，几乎看不出来。

柞钟60·0·177号（图2·1·3之64）：钟腔内壁共有调音槽6条，分别位于四个侧鼓部和两个铣角，而正鼓部没有调音槽。四个侧鼓部的调音槽均较深、较宽，有的长达舞底，有的距离舞底约4～5厘米。

柞钟60·0·179号（图2·1·3之72）：钟腔内壁共有调音槽8条，分别位于两个正鼓部、四个侧鼓部和两个铣角。两个正鼓部的调音槽较短，仅达钟腔的二分之一。在四个侧鼓部的调音槽中，有两个侧鼓部的调音槽长达舞底，其余两个侧鼓部的调音槽距离舞底约3～4厘米。两铣角的调音槽均长达舞底。相比而言，两个正鼓部的调音槽最深、最宽。

柞钟60·0·180号（图2·1·3之73）：钟腔内壁共有调音槽8条，分别位于两个正鼓部、四个侧鼓部和两个铣角。两个正鼓部的调音槽较浅，其中一面的调音槽较长，另一面的调音槽较短。四个侧鼓部的调音槽较宽、较深，均长达舞底。两个铣角的调音槽最深、最宽，均长达舞底。

柞钟60·0·181号（图2·1·3之77）：钟腔内壁共有调音槽6条，分别位于两个正鼓部和四个侧鼓部。两个正鼓部的调音槽较浅、较短，距离舞底约2～3厘米。四个侧鼓部的调音槽稍宽，长达舞底。两个铣角仅在于口处稍有锉磨，没有形成调音槽，其中一个铣角的锉磨痕迹稍微明显一些，另一个铣角的锉磨痕迹不明显。

从以上7件柞钟的具体调音情况来看，可以得出以下几点认识：

其一，7件柞钟钟腔内壁的调音槽均呈半梭形，形态规范，可见柞钟的铸造已经进入"铸调双音"[1]的成熟阶段。

其二，当代复制编钟的研究表明，决定编钟音高的不是最后的校音阶段，而是制作钟模的环节，即"钟模调型定音"，这是"堪称一门须十年，甚至几十年磨炼、积累的'绝活'。因为后面校音的工序只能将其音高降低，而无法升高，所以，如果某件编钟开始的'蜡模调型定音'低于预定音高，那么无论其在后续工艺中如何精益求精，在器型纹饰方面做得多么完美无缺，都注定是废钟。如果调型定音过高，则会增加耗材和后续校音的时间，且会影响编钟的校音质量。"[2]7件柞钟的钟腔内壁均有调音槽，有的柞钟（如60·0·175、176号）（图2·1·3之55、56）锉磨很少就已达到了设计音高的标准，这说明当时的钟师已经掌握了"钟模调型定音"的关键技术，这是"铸调双音"[3]成熟的重要标志。

其三，将每一件柞钟的调音情况与其测音数据（表3）以及整体音列（表4）相结合做整体分析，笔者发现当时调音师的校音水平已经达到了令人惊叹的地步。如60·0·175～179号这5件柞钟的正鼓音音列为羽—宫—角—羽—角。按照现代十二平均律的音高标准，这5件柞钟正鼓音相邻两音的音程音分值误差仅为2～5音分，按照当代复制编钟的验收标准，业已达到优秀等级。《乐律全书》载："古之为钟律者，以耳齐其声。"[4]在当时"以耳齐其声"的编钟校音背景下，柞钟的音准能够达到如此高度，令笔者充分领略到当时调音师精益求精的工匠精神。

---

[1] 冯光生：《周代编钟的双音技术及应用》，《中国音乐学》2002年第1期，第43页。
[2] 王清雷、陈伟岸、曹葳蕤：《当代编钟铸造的实地考察与思考》，《人民音乐》2020年第7期，第83页。
[3] 同[1]。
[4] 朱载堉：《乐律全书》卷二十一，《四库全书》经部，乐类。

表3　柞钟（8件）测音数据表[1]　　　　　　　　　　　　　　　　　单位：音分

| 标本号 | 60·0·175 | 60·0·176 | 60·0·178 | 60·0·177 | 60·0·179 | 60·0·180 | 60·0·190 | 60·0·181 |
|---|---|---|---|---|---|---|---|---|
| 正鼓音 | $a$-26 | $c^1$-30 | $e^1$-25 | $a^1$-23 | $e^2$-21 | $a^2$+34 | $e^3$+64 | $^{\#}a^3$-26 |
| 侧鼓音 | 同正鼓音 | 同正鼓音 | $g^1$+2 | $c^2$-15 | $g^2$+24 | $c^3$+22 | $g^3$-16 | $^{\#}c^4$-6 |

表4　柞钟（8件）音列分析表[2]　　　　　　　　　　　　　　　　　单位：音分

| 序号 | | 1 | 2 | 3 | 4 | 5 | 6 | 7 | 8 |
|---|---|---|---|---|---|---|---|---|---|
| 标本号 | | 60·0·175 | 60·0·176 | 60·0·178 | 60·0·177 | 60·0·179 | 60·0·180 | 60·0·190 | 60·0·181 |
| 正鼓音 | 音高 | $a$-26 | $c^1$-30 | $e^1$-25 | $a^1$-23 | $e^2$-21 | $a^2$+34 | $e^3$+64 | $a^3$+74 |
| | 阶名 | 羽 | 宫 | 角 | 羽 | 角 | 羽 | 角 | 羽 |
| 侧鼓音 | 音高 | - | - | $g^1$+2 | $c^2$-15 | $g^2$+24 | $c^3$+22 | $g^3$-16 | $c^4$+94 |
| | 阶名 | - | - | 徵 | 宫 | 徵 | 宫 | 徵 | 宫 |

从柞钟"铸调双音"[3]的成熟性来看，其绝对不可能是西周中期的产物。柞钟的铸造时代，肯定是在西周晚期。故此，在柞钟（7件）不同的7种断代观点中，可以将第二种（"夷厉"说）、第三种（"夷王"说）排除掉了。

第二，柞钟的正鼓部和侧鼓部纹饰。7件柞钟的正鼓部均饰一对鸟体龙纹（图2·1·3之52、59、62、67、76）；除60·0·175、176号这两件柞钟外，其余5件柞钟的侧鼓部均饰一只鸟体龙纹（图2·1·3之69），这与故宫博物院藏士父钟（小）正鼓部和侧鼓部所饰鸟体龙纹的形态（图2·1·3之38）几乎相同。高至喜先生认为，士父钟是

---

[1] 方建军：《中国音乐文物大系·陕西卷》，大象出版社，1996年，第56页。
[2] 说明：为了便于做音列与调式的分析，笔者将181号钟的测音数据做了等音转换。之所以可以做等音转换，是因为这些测音数据是用当代的软件测算出来，软件的音高标准是按照十二平均律来设计，故此可以做等音转换。
[3] 冯光生：《周代编钟的双音技术及应用》，《中国音乐学》2002年第1期，第43页。

西周晚期厉王之世的断代标准器[1]。以此为参照，笔者认为应将柞钟（7件）断为西周晚期厉王之器。

综上所论，在柞钟（7件）不同的7种断代观点中，第四种"厉王"说[2]最为合理。

7件柞钟（60·0·175～181号）均保存完好，旋、斡俱全，近方形斡（图2·1·3之53）。其钲、篆、枚区以粗单阳线弦纹界隔。篆带饰对角两头龙纹（图2·1·3之68），龙纹的上唇上卷，呈斜角形，该斜角均为锐角；其工艺手法为阳刻平雕加阴线刻。正鼓部饰一对鸟体龙纹（图2·1·3之52、59、62、67、76），二者呈镜面对称关系；纹样的整体与局部均设计得当，纹饰线条清晰流畅，毫无迟滞之感，铸造工艺相当考究。在7件柞钟当中，前两件柞钟（60·0·175、176号）的侧鼓部没有侧鼓音的标记纹饰；从第3件柞钟开始，其侧鼓部才有侧鼓音的标记纹饰鸟体龙纹。李纯一先生认为："依照发展期编甬钟的通例，只发单音（即正侧鼓同音）的首、次二钟侧鼓没有小鸟纹之类的第二基音标志；有此标志的是从发双音的第三钟开始。"[3]柞钟（7件）的侧鼓音标记符合这种通例，只不过标记纹饰不是"小鸟纹"，而是鸟体龙纹而已。钟体均有铸铭，有的铸铭位于背面的钲部及左侧鼓部，有的铸铭位于钲部。枚呈二节圆柱形，共36个。7件柞钟的钟腔内壁均有调音，各钟的调音情况在前面已做详细介绍与分析，此不重复赘述。下面，笔者按照7件柞钟的音高（表4）从低到高的顺序，将各钟的不同之处分述如下：

第1件为柞钟60·0·175号（图2·1·3之50）。该钟侧鼓部没有侧鼓音的标记纹饰，说明该钟仅用正鼓音，而不用侧鼓音。铸铭位于背面的钲部（图2·1·3之51）及左侧鼓部（图2·1·3之52）。该钟通高52.0厘米，重26.7千克[4]。

第2件为柞钟60·0·176号（图2·1·3之57）。该钟侧鼓部没有侧鼓音的标记纹饰，说明该钟仅用正鼓音，亦不用侧鼓音。铸铭位于背面的钲部（图2·1·3之58）及左侧

[1] 高至喜：《西周士父钟的再发现》，《文物》1991年第5期，第87页。
[2] 王世民、陈公柔、张长寿：《西周青铜器分期断代研究》，文物出版社，1999年，第173页。
[3] 李纯一：《中国上古出土乐器综论》，文物出版社，1996年，第188页。
[4] 方建军：《中国音乐文物大系·陕西卷》，大象出版社，1996年，第179页，表15。

鼓部（图2·1·3之59）。该钟通高50.0厘米，重22.1千克[1]。

　　第3件为柞钟60·0·178号（图2·1·3之60）。该钟侧鼓部饰一只鸟体龙纹（图2·1·3之62），作为侧鼓音的演奏标记，说明该钟的正鼓音和侧鼓音均被使用。特别是，该鸟体龙纹的龙角之上增饰一个目纹，这是一个具有新时代的纹样特征。此外，7件柞钟舞部所饰的窃曲纹（图2·1·3之54），同样也增饰目纹。铸铭位于背面的钲部（图2·1·3之61）及左侧鼓部（图2·1·3之62）。该钟通高46.7厘米，重26.3千克[2]。

　　第4件为柞钟60·0·177号（图2·1·3之65）。该钟侧鼓部饰一只鸟体龙纹（图2·1·3之67、69），作为侧鼓音的演奏标记，说明该钟的正鼓音和侧鼓音均被使用。该鸟体龙纹的龙角之上亦增饰一个目纹（图2·1·3之69）。铸铭位于背面的钲部（图2·1·3之66）及左侧鼓部（图2·1·3之67）。该钟通高49.0厘米，重28.0千克[3]。

　　第5件为柞钟60·0·179号（图2·1·3之70）。该钟侧鼓部饰一只鸟体龙纹，作为侧鼓音的演奏标记，说明该钟的正鼓音和侧鼓音均被使用。该鸟体龙纹的龙角之上亦增饰一个目纹。铸铭位于背面的钲部（图2·1·3之71）。该钟通高34.0厘米，重10.0千克[4]。

　　第6件为柞钟60·0·180号（图2·1·3之74）。该钟侧鼓部饰一只鸟体龙纹（图2·1·3之76），作为侧鼓音的演奏标记，说明该钟的正鼓音和侧鼓音均被使用。该鸟体龙纹的龙角之上亦增饰一个目纹。铸铭位于背面的钲部（图2·1·3之75）。该钟通高29.0厘米，重6.6千克[5]。

　　第7件为柞钟60·0·181号（图2·1·3之78）。该钟侧鼓部饰一只鸟体龙纹，作为侧鼓音的演奏标记，说明该钟的正鼓音和侧鼓音均被使用。该鸟体龙纹的龙角之上亦增饰一个目纹。铸铭位于背面的钲部（图2·1·3之79）。该钟通高21.0厘米，重3.3千克[6]。

[1]方建军：《中国音乐文物大系·陕西卷》，大象出版社，1996年，第179页，表15。
[2]同[1]。
[3]同[1]。
[4]同[1]。
[5]同[1]。
[6]同[1]。

这里需要指出5处谬误，分述如下：

第一，《中国音乐文物大系·陕西卷》一书对于柞钟60·0·175号的调音槽数量与位置描述有误。该书指出，柞钟60·0·175号"内壁有隧1条，位于前壁正鼓部"[1]。实际上，该钟钟腔内壁有调音槽2条，分别位于两个正鼓部（图2·1·3之55）。

第二，《中国音乐文物大系·陕西卷》一书对于柞钟60·0·177号的调音槽数量与位置描述有误。该书指出，柞钟60·0·177号"内壁有隧8条，两铣各1，前、后壁正、侧鼓各3"[2]。实际上，该钟钟腔内壁有调音槽6条，分别位于四个侧鼓部和两个铣角（图2·1·3之64）。

第三，《中国音乐文物大系·陕西卷》一书对于柞钟60·0·178号的调音槽数量与位置描述有误。该书指出，柞钟60·0·178号"惟内壁有隧6条，两铣各1，前、后壁左、右侧鼓各1"[3]。实际上，该钟钟腔内壁有调音槽7条，分别位于两个正鼓部、四个侧鼓部和一个铣角（图2·1·3之63）。

第四，《中国音乐文物大系·陕西卷》一书对于无铭柞钟60·0·190号的调音槽数量与位置描述有误。该书指出，柞钟60·0·190号"惟内壁有隧4条，两铣及前、后壁正鼓各1"[4]。实际上，该钟钟腔内壁有调音槽2条，分别位于两个正鼓部（图2·1·4之4）。

第五，《中国音乐文物大系·陕西卷》一书对于柞钟60·0·178号的一个数据记录有误。在该书第179页表15中，柞钟60·0·178号的铣间数据为"20.0"厘米，而该钟的鼓间数据为"21.0"厘米[5]，这显然是错误的。因为，按照编钟横截面呈合瓦形的特点，其铣间数据必然大于鼓间数据，且差值较大；而按照表15记录的数据，却是鼓间数据大于铣间数据，且差值为1，那么钟腔几乎成了圆形，这显然与该钟腔体呈合瓦形的客观事实不符，故此其中一个数据肯定是错误的。通过比对其前后两钟的铣间、鼓间数据，确定是该钟的铣间数据有误，其正确数据应该是

[1] 方建军：《中国音乐文物大系·陕西卷》，大象出版社，1996年，第55页。
[2] 同[1]。
[3] 同[1]。
[4] 同[1]。
[5] 同[1]，第179页，表15。

"30.0"厘米。

最后，笔者探讨一下无铭柞钟60·0·190号（图2·1·4之1）的断代、来源及其与7件柞钟的关系问题。

笔者前文已述，将所谓的"8件柞钟"的详细调音情况与其测音数据相结合，同时反复比对各钟的纹饰做综合分析时，笔者发现无铭柞钟60·0·190号与其他7件柞钟并非同一时代之器。

先看无铭柞钟60·0·190号的调音情况（图2·1·4之4）。该钟钟腔内壁有调音槽2条，分别位于两个正鼓部。调音槽很窄且较深，均长达舞底。与其他7件柞钟成熟的调音技术相比，该钟调音槽的形态很不规范，显然并非同一时代的产物。该钟的正鼓音音高为$e^3$+64音分，侧鼓音音高为$g^3$-16音分[1]，正鼓音和侧鼓音的音程关系为小三度，其音分值为220音分，比十二平均律的小三度（300音分）低80音分，比五度相生律的小三度（294音分）低74音分，比纯律的小三度（316音分）低96音分，显然其距离设计音高的标准偏低太多，这也是该钟的侧鼓部并没有进行调音的原因。从当代复制编钟的经验来看[2]，该钟音高严重偏离的原因是在"钟模调型定音"环节出现了设计偏差。由此判断，无铭柞钟60·0·190号的铸造尚未进入"铸调双音"[3]的成熟阶段，其时代应早于西周晚期厉王之世的有铭柞钟。

再看无铭柞钟60·0·190号的纹饰。该钟舞部纹饰与7件柞钟舞部纹饰的形态不同，前者是S形与C形结合的窃曲纹（图2·1·4之2），没有目纹；后者饰S形窃曲纹（图2·1·3之54），且饰有目纹。张懋镕先生指出："我们如果仅仅注意到那些古老的因素，就有可能将此器的年代提前，如果注意到新的元素的出现，就有可能比较准确地把握它的年代，因为按照考古学的常识，判定某器物的年代是着眼于那些显示最晚年代特征的因素。"[4]从舞部纹饰来看，7件有铭柞钟舞部增饰的目纹无疑是"新的元素"，无铭柞钟60·0·190号舞部纹饰尚没有这种"新的元素"，故其时

[1] 方建军：《中国音乐文物大系·陕西卷》，大象出版社，1996年，第56页。
[2] 王清雷、陈伟岸、曹蕤蒸：《当代编钟铸造的实地考察与思考》，《人民音乐》2020年第7期，第83页。
[3] 冯光生：《周代编钟的双音技术及应用》，《中国音乐学》2002年第1期，第43页。
[4] 张懋镕：《西周青铜器断代两系说刍议》，《考古学报》2005年第1期，第5页。

代应早于西周晚期厉王之世的有铭柞钟。再看二者的正鼓部和侧鼓部纹饰。二者的正鼓部和侧鼓音纹饰均为鸟体龙纹，但是纹样的局部形态并不相同，尤其是无铭柞钟60·0·190号侧鼓部所饰鸟体龙纹（图2·1·4之3）出现线条紊乱现象，如龙纹的上唇与龙角纠结在一起。从该钟正鼓部所饰鸟体龙纹（图2·1·4之3）可知，二者应该是各自独立的纹样结构。将其与7件柞钟侧鼓部所饰鸟体龙纹（图2·1·3之69）进行比对，其线条紊乱的问题更是一目了然。

综上所论，无铭柞钟60·0·190号与7件有铭柞钟是一个同中有异的关系。从调音情况来看，二者均已进入"铸调双音"[1]的阶段，但后者已完全成熟；从舞部纹饰来看，虽然纹样形态不同，但均属于窃曲纹，且后者增饰"新的元素"目纹；从正鼓部和侧鼓部纹饰来看，均为同一种纹饰——鸟体龙纹，只不过纹样局部形态不同。二者的铸造时代应相去不远。关于7件有铭柞钟的时代，前文已做详细论证，其为西周晚期厉王之世。故此，笔者认为应将无铭柞钟60·0·190号的时代断为西周中期夷王之世，较为妥当。

既然无铭柞钟60·0·190号与7件柞钟分别为不同时代的产物，那么《扶风齐家村出土西周青铜器简介》一文认为"它的铸造手法和柞钟一样，当是柞钟一编的器物"[2]的观点，是需要修正的。《中国音乐文物大系·陕西卷》沿用柞钟8件之说，认为原配第7件柞钟60·0·190号没有铸铭"当系漏铸铭文"[3]的认识，也是不能成立的。

其实，关于无铭柞钟60·0·190号与其他7件柞钟并非同组的认识，陈梦家先生在《西周铜器断代》一书中已经指出："出土器无铭，或是原器已失，取同形制而无款识者代替。"[4]但是，陈梦家先生只说对了一半。编钟作为一种定音旋律乐器，仅"取同形制而无款识者代替"肯定是不行的；最重要的是，该钟的音高还必须符合所缺柞钟的音位及音高标准。从柞钟（8件）音列分析表（表4）来看，

[1] 冯光生：《周代编钟的双音技术及应用》，《中国音乐学》2002年第1期，第43页。
[2] 段绍嘉：《扶风齐家村出土西周青铜器简介》，《扶风齐家村青铜器群》，文物出版社，1963年，第10页。
[3] 方建军：《中国音乐文物大系·陕西卷》，大象出版社，1996年，第55页。
[4] 陈梦家：《西周铜器断代》，中华书局，2004年，第304页。

选择无铭柞钟60·0·190号作为所缺的第7件柞钟的代替品是比较合适的。从考古学的角度而言，无铭柞钟60·0·190号和7件有铭柞钟一起出土，拼合为一组；从这8件编钟的音列（表4）来看，无铭柞钟60·0·190号和7件有铭柞钟的音高恰可构成音列完整的一肆。也就是说，无铭柞钟60·0·190号虽然不是柞钟的原配，但是它和其他7件有铭柞钟组成完整的8件套编钟，共同为"柞"所用。故从编钟享用人"柞"的角度而言，将60·0·190号钟称为"无铭柞钟"是合理的，这也是本书一直将其称为"无铭柞钟"，而不是沿用《扶风齐家村出土西周青铜器简介》一文的称谓"编钟辛"[1]的理由。

但是，关于无铭柞钟60·0·190号的问题并没有完全解决。被60·0·190号钟所替代的第7件有铭柞钟真的如陈梦家先生所认为的丢了吗？是原配8件套柞钟（均有铸铭）在铸造完成之后用于礼乐演奏，之后在某一次礼乐活动中丢失了第7件的情况下而选择了60·0·190号钟作为代替品吗？其中是不是还隐藏着其他不为后人所知的秘密？张忠培先生曾说，考古学应该坚持"以物论史，透物见人，替死人说话，把死人说活"[2]的治学理念。下面，笔者就尝试代替当时的调音师来揭示这件早已湮没于历史尘埃中的柞钟铸造事故。

笔者在本例证（例5：柞钟）的撰写过程中，将8件柞钟（1件无铭柞钟和7件有铭柞钟）的详细调音情况与其测音数据、音列相结合做综合分析时，发现了一个令人迷惑的问题。从柞钟（8件）音列分析表（表4）可知，该组编钟的正鼓音和侧鼓音可以构成C宫A羽调四声音列，音域为3个八度又一个小三度。前5件编钟的正鼓音音列为羽—宫—角—羽—角。按照现代十二平均律的音高标准，这5件编钟正鼓音相邻两音的音程音分值误差仅为2～5音分，按照当代复制编钟的验收标准，均已达到优秀等级。当今复制编钟的研究表明，低音钟的校音特别困难，而该组最大两件钟60·0·175、176号的音准很好，第1件通高52.0厘米，重26.7千克；第2件通

[1] 段绍嘉:《扶风齐家村出土西周青铜器简介》,《扶风齐家村青铜器群》, 文物出版社, 1963年, 第9页。

[2] 赵宾福:《学术张忠培: 考古人生八十年》,《中国文物报》2014年10月21日第3版。

高50.0厘米，重22.1千克[1]。这两件钟的正鼓音（a-26、$c^1$-30音分）之间的音程关系为小三度，其音分值为296音分，比十二平均律的小三度（300音分）低4音分，比纯律的小三度（316音分）低20音分，比五度相生律的小三度（294音分）高2音分。考虑到当时是采用"以耳齐其声"的校音方式，这种高超的校音水平简直是匪夷所思！但是，从第6件钟（60·0·180号）开始，最后3件编钟的正鼓音都呈现出逐件偏高的现象，从而导致第5、6、7号这3件编钟正鼓音之间的音程关系误差大幅度提高。如：第5件钟与第6件钟正鼓音（$e^2$-21、$a^2$+34音分）之间的音程关系为纯四度，音分值为555音分，比十二平均律的纯四度（500音分）高55音分，与纯律、五度相生律的纯四度（498音分）高57音分；第6件钟与第7件钟正鼓音（$a^2$+34、$e^3$+64音分）之间的音程关系为纯五度，音分值为730音分，比十二平均律的纯五度（700音分）高30音分，与纯律、五度相生律的纯五度（702音分）高28音分。其中，最大音分值误差竟然高达57音分，这与第1件至第5件钟正鼓音相邻两音的音程音分值误差仅为2～5音分的校音技术相比差距甚大，简直是天壤之别。对此，笔者首先想到的原因可能是"钟模调型定音"环节设计出现了失误，从而导致预设音高没有留出足够的校音余地。事实是否如此呢？让我们来看看这几件编钟的调音情况。

先看第6件钟（60·0·180号）的调音情况（图2·1·3之73）。该钟钟腔内壁有调音槽8条，分别位于两个正鼓部、四个侧鼓部和两个铣角。其中，两个正鼓部的调音槽较浅，其中一面的调音槽较长，另一面的调音槽较短。显然，该钟还有降低音高的锉磨余地。再看第7件钟（60·0·190号）的调音情况（图2·1·4之4）。该钟钟腔内壁仅有调音槽2条，分别位于两个正鼓部，且调音槽较窄。同时，该钟的两个铣角均没有调音。显然，该钟具有降低音高的充足锉磨余地。最后看第8件钟（60·0·181号）的调音情况（图2·1·3之77）。该钟钟腔内壁有调音槽6条，分别位于两个正鼓部、四个侧鼓部。其中，两个正鼓部的调音槽较浅、较短。同时，两个铣角仅在于口处稍有锉磨，没有形成调音槽。显然，第8件钟同样具有降低音高的充足锉磨余地。由此来看，似乎最后3件编钟在"钟模调型定音"环节并没有出现设计失误。

---

[1] 方建军：《中国音乐文物大系·陕西卷》，大象出版社，1996年，第179页，表15。

那么，到底问题出在哪里呢？笔者又将目光转移到最后3件编钟的正鼓音与侧鼓音的音程关系上，这才终于发现了问题所在，那就是第7件钟（60·0·190号）侧鼓音的音高问题。从柞钟（8件）音列分析表（表4）可知，第7件钟的侧鼓音音高为$g^3$-16音分，其阶名为"徵"，其音高已经比低八度的"徵"（第5件钟的侧鼓音，$g^2$+24音分）低了40音分；该钟的正鼓音"角"（音高为$e^3$+64音分）与低八度的"角"（第5件钟的正鼓音，$e^2$-21音分）相比，其音高却是偏高85音分。要想使第7件钟的正鼓音音高达到设计的音高标准，调音师就得锉磨该钟的正鼓部，这样才能使音高偏高的正鼓音降下来，直至达到标准音高。如果柞钟的调音师这样做的话，那么其正鼓音音高应该可以达到优秀级别。但是，当时水平高超的调音师也知道，正鼓部的调音到达一定程度时也会对侧鼓部的音高有一定影响。随着正鼓音音高不断降低，那么已经偏低40音分的侧鼓音也会随之降低，具体会降低多少音分很难保证，但可以肯定的是，该钟的侧鼓音（"徵"）肯定就无法使用了。如此一来，本来钟师设计的最后一个八度是四声音列齐全，即：角—徵—羽—宫，如果这样调音的话，就会缺少一个阶名"徵"，从而导致整个音列的不完整，这肯定是不行的。也就是说，第7件钟（60·0·190号）的侧鼓音音高不能再降低了，正鼓部的调音到此为止。该钟的两个铣角和四个侧鼓部均没有调音，仅在两个正鼓部有调音槽，而且较窄而浅，恰好说明了这一点。如此一来，第7件钟（60·0·190号）侧鼓音"徵"保住了，但该钟正鼓音"角"比低八度的"角"（第5件钟的正鼓音）偏高85音分的矛盾又怎么解决呢？当时的调音师用他高度的智慧和高超的调音技术成功解决了这一难题，那就是通过调高第5件钟的侧鼓音、第6件和第8件钟的正鼓音和侧鼓音，将偏高85音分的误差一步一步稀释、中和，最终消解掉（表4）。具体操作步骤如下：

第一步，调音师调高第5件钟的侧鼓音。其正鼓音（$e^2$-21音分）和侧鼓音（$g^2$+24音分）的音程关系为小三度，其音分值为345音分，比十二平均律的小三度（300音分）高45音分，比五度相生律的小三度（294音分）高51音分，比纯律的小三度（316音分）高29音分。从主观听觉角度而言，这个偏大的小三度还是可以接受的。

第二步，调音师调高第6件钟的正鼓音。其正鼓音（$a^2$+34音分）和第5件钟的侧鼓音（$g^2$+24音分）的音程关系为大二度，其音分值为210音分，比十二平均律的大二度（200音分）高10音分，比纯律、五度相生律的大二度（204音分）高6音分。从主观听觉角度而言，大二度偏大一点感觉更准，所以这个大二度的音准已经达到优秀水平。

第三步，调音师调高第6件钟的侧鼓音。其正鼓音（$a^2$+34音分）和侧鼓音（$c^3$+22音分）的音程关系为小三度，其音分值为288音分，比十二平均律的小三度（300音分）低12音分，比五度相生律的小三度（294音分）低6音分，比纯律的小三度（316音分）低28音分。从主观听觉角度而言，小三度偏小一点感觉更准，按照十二平均律和五度相生律的标准，这个小三度的音准已经达到优秀水平。

第6件钟侧鼓音（$c^3$+22音分）与第7件钟正鼓音（$e^3$+64音分）的音程关系为大三度，其音分值为442音分，比十二平均律的大三度（400音分）高42音分，比五度相生律的大三度（408音分）高34音分，比纯律的大三度（386音分）高56音分。从主观听觉角度而言，大三度偏大一点感觉更准，所以这个大三度虽然偏高多了一点，但还是可以接受的。

第四步，调音师调高第8件钟的正鼓音。在对第8件钟调音的时候，调音师首先要保证该钟正鼓音与第7件钟正鼓音之间音程关系的准确性，而不是该钟正鼓音与第7件钟侧鼓音之间音程关系的准确性。这是因为西周时期编钟主要演奏旋律的骨干音，而不是演奏完整的旋律，正鼓音使用较多，侧鼓音使用的较少。该钟正鼓音（$a^3$+74音分）与第7件钟正鼓音（$e^3$+64音分）之间音程关系为纯四度，音分值为510音分，比十二平均律的纯四度（500音分）高10音分，比纯律、五度相生律的纯四度（498音分）高12音分。从高音区的主观听觉角度而言，音程偏大一点感觉更准，所以这个纯四度的音准已达到优秀水平。

第五步，调音师调高第8件钟的侧鼓音。其正鼓音（$a^3$+74音分）和侧鼓音（$c^4$+94音分）的音程关系为小三度，其音分值为320音分，比十二平均律的小三度（300音分）高20音分，比五度相生律的小三度（294音分）高26音分，比纯律的小三度（316音分）高4音分。从高音区的主观听觉角度而言，音程偏大一点感觉更准，所以这个小三度的音准已达到优秀水平。

韩宝强先生指出，从音乐声学的角度来看，音乐的主观音高和客观音高并非是统一的，而是在不同的音区呈现出不同程度的偏离，"以中音区（小字组）为中心，在低音区客观量要比正常值偏低才能与主观感觉量相符，而在高音区客观量要比正常值偏高才能与主观感觉量相符。在钢琴的调律方面可以明显看出这种关系。"[1]对于编钟的音高也是如此。也就是说，低音区编钟的音高要比标准音高偏低一点，而高音区编钟的音高要比标准音高偏高一点，这样我们实际听起来其音高才是准的。如果调音师严格按照标准音高对全部编钟进行调音，我们听起来反而是不准的，会感觉低音区编钟的音高偏高，而高音区编钟的音高偏低。这是"因为，音乐不是数学计算，音乐是听觉的艺术。每一件编钟或编磬的音高准不准，每套编钟或编磬可以构成何种音阶，都是在测音现场用人耳判断的，而不是拿着计算器在统计测音数据后的结果，切不可将理论律学与应用律学混为一谈，这一点需要引起大家的关注。"[2]从柞钟（8件）音列分析表（表4）来看，柞钟的调音师应该已从实践层面掌握了这种音乐声学的规律。这位调音师正是利用了这个规律才巧妙地化解了第7件钟（60·0·190号）音高大幅度偏离标准音高的难题。这也正是笔者将编钟的调音，视为一种以音乐声学、乐学和应用律学为内核的音乐科学技术的原因所在。

这个时候，笔者突然明白了一件事情：原配的第7件有铭柞钟，根本就不是在铸造完成之后，于某次礼乐活动中丢失的，而是在这套编钟的校音环节就被无铭柞钟60·0·190号替换掉了，第5、6、8号柞钟的音准都是围绕无铭柞钟60·0·190号的音准来调音锉磨就是强有力的证据。有的学者可能会反驳说，原配的第7件有铭柞钟在某次礼乐活动中丢失之后，使用无铭柞钟60·0·190号作为替代品，再围绕这件替代品的音准对第5、6、8号柞钟的音准进行二次调音也是可以的啊！这个推理似乎很有道理。但事实上，对于这组柞钟的调音而言，笔者可以肯定地说，那是不可能的事情，这是由编钟的调音特点决定的，即：每一件编钟在"钟模调型定音"环节都会有一个预设音高，这个预设音高都是高于标准音高的，在后期的校音环节通

[1] 韩宝强：《音的历程——现代音乐声学导论》，人民音乐出版社，2016年，第27页。
[2] 王清雷：《试论音乐考古田野工作——以两例考古新发现为例》，《中国音乐学》2020年第3期，第92页。

过调音锉磨使其音高一点一点降低，最后达到调音师所需要的标准音高。如果一旦锉磨过量，导致该钟的音高偏低过多，那就只能作废了。明白了编钟的调音特点之后，我们就可以判断原配的第7件有铭柞钟是何时被替换掉的了。假设原配8件有铭柞钟完整无缺的进入校音环节，按照柞钟调音师的高超技术与水平，以第1件至第5件柞钟相邻正鼓音之间的音程音分值误差2～5音分（表4）为参照，将第6、7、8件这三件柞钟的正鼓音音高误差均设为最大的误差值，即5音分，据此分别推测出第6、7、8件柞钟的正鼓音音高。具体为：第5件柞钟正鼓音音高为$e^2$-21音分，那么与其构成纯四度且偏高5音分的第6件柞钟正鼓音音高推定为$a^2$-16音分；与第6件柞钟正鼓音音高可以构成纯五度且偏高5音分的第7件柞钟正鼓音音高推定为$e^3$-11音分；与第7件柞钟正鼓音音高可以构成纯四度且偏高5音分的第8件柞钟正鼓音音高推定为$a^3$-6音分。以第6、7、8件柞钟的正鼓音推定音高为假设前提，如果原配第7件有铭柞钟在铸造完成之后，于某次礼乐活动中丢失了，调音师于是筛选出无铭柞钟60·0·190号予以替代，这时候再想围绕这件替代品的音准对第5、6、8号柞钟的音准进行二次调音，那就肯定行不通了。仅以正鼓音为例，第6件和第8件这两件柞钟的正鼓音音高分别推定为：$a^2$-16、$a^3$-6音分，要想与无铭柞钟60·0·190号的正鼓音（$e^3$+64音分）构成较为准确的音程关系，必须要调高第6件和第8件这两件柞钟的正鼓音音高方可。但是，它们之间的音程音分值误差分别已经偏低80、70音分，将其音高再调高是不可能实现的目标，因为编钟的调音只能调低，而不能调高。故此，柞钟（8件）原配第7件有铭柞钟并没有丢失，而是在整套编钟的校音环节就被无铭柞钟60·0·190号替换掉了。以此观之，《西周铜器断代》一书认为柞钟（8件）原配的第7件"原器已失，取同形制而无款识者代替"[1]的观点，是不能成立的。既然原配第7件有铭柞钟没有丢失，为何会被替换掉呢？笔者认为只有一种可能，那就是柞钟在铸造过程中出现了事故，即：第7件有铭柞钟在"钟模调型定音"环节出现重大失误，调音师在校音环节才发现其预设音高已经比标准音高偏低太多，而且还是在调音师完成第1件至第5件的调音之后，才发现第7件有铭柞钟的音高问题以致其无法用于演奏，只能作废。推测当时工期紧张，再重新铸造一件的话时间

---

[1] 陈梦家：《西周铜器断代》，中华书局，2004年，第304页。

已不允许。面对这一铸钟事故，调音师无可选择，只能从以前铸造的编钟里面挑选一件音高与纹饰（如篆带、正鼓部和侧鼓部纹饰）均与第7件有铭柞钟相近的编钟来作为代替品，这件西周中期夷王之世的60·0·190号钟很荣幸地被选中。60·0·190号钟被选中之后，由于在西周中期夷王之世，"铸调双音"[1]的技术还没有完全成熟，故此该钟的正鼓音与侧鼓音的音准差强人意，但现实已无可选择。好在柞钟的调音师以其高超的练耳水平与纯熟的音乐科学调音技术，圆满解决了这一铸钟事故。具体的解决方案与办法，笔者在前面已做详细阐释，这里不再赘述。

　　或许，有些学者会诘问：你在前面不是一直强调，柞钟的钟师已经掌握了"钟模调型定音"的关键技术，已经进入"铸调双音"[2]成熟阶段了吗？为何还会发生原配第7件有铭柞钟因为预设音高偏低太多而作废的铸钟事故呢？这难道不是自相矛盾的吗？许多学者可能不知道，编钟是高科技、高文化、高艺术的产物，其铸造工艺非常复杂，尤其是调音技术难度极高。其中的"一钟双音"，就是当时一项填补空白的世界音乐科技成就。故此，编钟的铸造进入成熟阶段，只是意味着编钟铸造的成功率大幅度提高，并不意味着没有废品，即使到了编钟艺术大繁荣、大发展的春秋时期，亦是如此。如《吕氏春秋·长见》载："晋平公铸为大钟，使工听之，皆以为调矣。师旷曰：'不调，请更铸之。'平公曰：'工皆以为调矣。'师旷曰：'后世有知音者，将知钟之不调也，臣窃为君耻之。'至于师涓，而果知钟之不调也。"[3]经师涓鉴定并给出"不调"的鉴定结果之后，这件晋平公新铸的"不调"大钟作为一件废品，也只能选择"更铸之"。"当代编钟的调音，是将现代的校音器、电脑测音软件和调音师的耳测相结合，编钟铸造的成功率与质量大大提升"[4]，但废品依然无法避免。当代编钟的复制况且如此，何况是在西周晚期厉王之世。故此，原配第7件有铭柞钟被废弃而由西周中期夷王之世所造的60·0·190号钟所代替的这次铸钟事故，也就再正常不过了。

---

[1] 冯光生：《周代编钟的双音技术及应用》，《中国音乐学》2002年第1期，第43页。

[2] 同[1]。

[3] 许维遹撰、梁运华整理：《吕氏春秋集释》（上），中华书局，2009年，第二五四页。

[4] 王清雷、陈伟岸、曹葳蕤：《当代编钟铸造的实地考察与思考》，《人民音乐》2020年第7期，第83页。

例6：鲁邍钟

鲁邍钟（24431号）由上海博物馆拣选，属于姬姓鲁国之器，也是目前所见鲁国唯一的一件编钟。

关于其时代，目前学界主要有4种不同观点，详述如下：

第一，"夷王"说。《西周铜器断代》一书认为鲁邍钟（24431号）应为西周中期夷王之器[1]。

第二，"西周晚期"说。此观点主要出自两部文献，分述如下：

（1）《中国音乐文物大系·上海卷》一书认为鲁邍钟的"器主鲁邍与西周晚期器鲁大宰邍父簋的器主邍父为同一人，年代亦应相当"[2]。

（2）《西周青铜器年代综合研究》一书认为鲁邍钟（24431号）"纹饰是流行于西周晚期的，铭文字体本器也晚，年代应属西周晚期"[3]

第三，"厉王"说。《夏商周青铜器研究》（西周篇）一书指出："从形制、纹饰、铭文内容和字体风格分析，此钟相当于周厉王时代。"[4]

第四，"春秋早期"说。《周代钟镈正鼓对称顾龙纹断代》一文将鲁邍钟（24431号）的时代断为春秋早期[5]。

对于以上鲁邍钟（24431号）的4种不同断代观点，哪一种合理呢？笔者通过对该钟调音的分析，再结合其正鼓部和侧鼓部纹样的形态特征，认为鲁邍钟（24431号）应为西周晚期厉王之器。详论如下：

先看鲁邍钟（24431号）的调音情况。根据《中国音乐文物大系·上海卷》一书的描述，鲁邍钟（24431号）的钟腔内壁共有8条调音槽[6]，分别位于两个正鼓部、四个侧鼓部和两个铣角，其与故宫博物院藏士父钟（小）钟腔内壁的调音槽数量和位置（图2·1·3之40）完全相同。再看鲁邍钟（24431号）的正鼓部和侧鼓部纹饰。鲁邍

[1] 陈梦家：《西周铜器断代》，中华书局，2004年，第304页。在该书中，此钟被称为"鲁原钟"。

[2] 马承源：《中国音乐文物大系·上海卷》，大象出版社，1996年，第46页。

[3] 彭裕商：《西周青铜器年代综合研究》，巴蜀书社，2003年，第501页。

[4] 陈佩芬：《夏商周青铜器研究》（西周篇下册），上海古籍出版社，2004年，第602页。

[5] 李纯一：《周代钟镈正鼓对称顾龙纹断代》，《中国音乐学》1998年第3期，第49页。

[6] 同[2]。

钟（24431号）的正鼓部饰一对鸟体龙纹（图2·1·3之82），背面的右侧鼓部饰一只鸟体龙纹（图2·1·3之83），这与故宫博物院藏士父钟（小）正鼓部和侧鼓部所饰鸟体龙纹的形态（图2·1·3之38）高度雷同。故此，鲁遣钟（24431号）与故宫博物院藏士父钟（小）应为同一时代的产物。高至喜先生认为，士父钟是西周晚期厉王之世的断代标准器[1]。以此为参照，笔者认为应将鲁遣钟（24431号）的时代断为西周晚期厉王之世。故此，以上关于鲁遣钟的第三种断代观点"厉王"说[2]，是合理的。

鲁遣钟（24431号）（图2·1·3之80）的甬上部残缺，个别枚稍残，余部保存完整。旋、斡俱全。枚、篆、钲区以粗单阳线弦纹界隔。篆带饰对角两头龙纹（图2·1·3之84），龙纹的上唇上卷，呈斜角形，该斜角均为锐角，其中上卷的上唇里面装饰的小三角形被简化；其工艺手法为阳刻平雕加阴线刻。正鼓部饰一对鸟体龙纹（图2·1·3之82），二者呈镜面对称关系。背面的右侧鼓部饰一只鸟体龙纹（图2·1·3之83），形态考究，大小比例适中，作为侧鼓音的演奏标记。背面钲部有铭文2行8字（图2·1·3之81），内容为"鲁遣乍龢钟，用享孝"。枚呈二节圆柱形，共36个。关于该钟的调音情况，《中国音乐文物大系·上海卷》载："两面正鼓及四侧鼓内均有凹槽各一，共6条，有修磨痕迹。两铣角内有调音锉磨槽。"[3]也就是说，该钟钟腔内壁共有8条调音槽，分别位于两个正鼓部、四个侧鼓部和两个铣角。鲁遣钟（24431号）残高30.3厘米，重7.3千克[4]。

AaⅡ式

AaⅡ式对角两头龙纹的上唇上卷呈象鼻形。篆带饰有AaⅡ式对角两头龙纹的西周甬钟主要有如下1例：

例：中义钟（4件，60·0·187、182、188、189号）

1960年10月，在陕西省扶风齐家村东南约100米的田地中，陕西省文物管理委员会工作人员雒忠如同志在该地区清理周墓时发现一处西周青铜器窖藏。该窖藏出土青铜器共计39件，其中编甬钟2组16件，每组8件。《扶风齐家村出土西周青铜器

---

[1] 高至喜：《西周士父钟的再发现》，《文物》1991年第5期，第87页。
[2] 陈佩芬：《夏商周青铜器研究》（西周篇下册），上海古籍出版社，2004年，第602页。
[3] 马承源：《中国音乐文物大系·上海卷》，大象出版社，1996年，第46页。
[4] 同[3]。

图2·1·3之1~4　篆带饰AaⅠ式对角两头龙纹的西周甬钟

1.三式兴钟76FZH1:8号背面（王清雷摄）　2.三式兴钟76FZH1:8号背面的钲部铭文（王清雷摄）

3.三式兴钟76FZH1:8号旋斡（王清雷摄）　4.三式兴钟76FZH1:8号背面的正鼓部纹饰（王清雷摄）

5

6

**图2·1·3之5、6  篆带饰Aa I 式对角两头龙纹的西周甬钟**

5.三式兴钟76FZH1:8号背面的篆带纹饰（王清雷摄） 6.三式兴钟76FZH1:8号于口（王清雷摄）

7

8

9

10

图2·1·3之7～10　篆带饰AaⅠ式对角两头龙纹的西周甬钟

7.三式兴钟76FZH1:30号背面（王清雷摄）　8.三式兴钟76FZH1:30号背面的钲部铭文（王清雷摄）
9.三式兴钟76FZH1:30号背面的正鼓部纹饰（王清雷摄）　10.三式兴钟76FZH1:30号于口（王清雷摄）

11

12

13

图2·1·3之11～13　篆带饰Aa I 式对角两头龙纹的西周甬钟

11.三式兴钟76FZH1:30号背面的篆带纹饰（王清雷摄）　12.三式兴钟76FZH1:16号背面（王清雷摄）　13.三式兴钟76FZH1:16号背面的钲部铭文（王清雷摄）

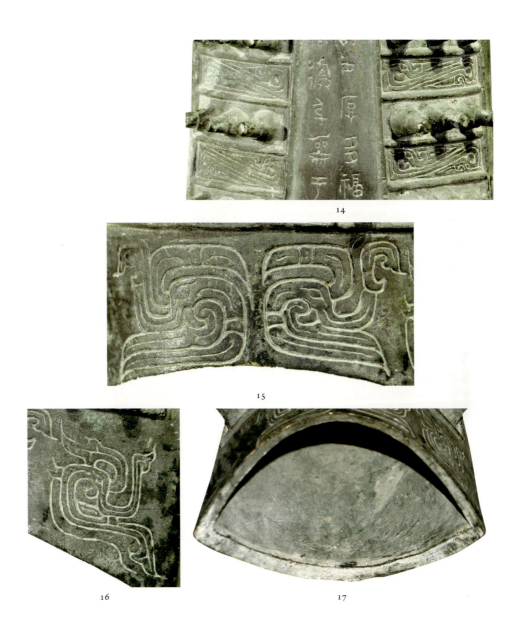

图2·1·3之14～17　篆带饰Aa Ⅰ式对角两头龙纹的西周甬钟

14.三式兴钟76FZH1:16号背面的篆带纹饰（王清雷摄）　15.三式兴钟76FZH1:16号背面的正鼓部纹饰
（王清雷摄）　16.三式兴钟76FZH1:16号背面的右侧鼓部纹饰（王清雷摄）　17.三式兴钟76FZH1:16
号于口（王清雷摄）

18　　　　　　　　　　　　　　　　　　19

20　　　　　　　　　　　　　　　　　　21

**图2·1·3之18～21　篆带饰AaⅠ式对角两头龙纹的西周甬钟**

18.三式兴钟76FZH1:33号背面（王清雷摄）　19.三式兴钟76FZH1:33号背面的钲部铭文（王清雷摄）
20.三式兴钟76FZH1:33号背面的篆带纹饰（王清雷摄）　21.三式兴钟76FZH1:33号背面的正鼓部纹
饰（王清雷摄）

22

23

24

25

**图2·1·3之22～25　篆带饰AaⅠ式对角两头龙纹的西周甬钟**

22.三式兴钟76FZH1:33号背面的右侧鼓部纹饰（王清雷摄）　23.三式兴钟76FZH1:33号于口（王清雷摄）　24.猷钟背面[1]　25.猷钟背面的钲部铭文[2]

[1] https://www.ximalaya.com/shishang/36246443/279384219
[2] 由王清雷裁剪自"24. 猷钟背面"。

26

27

图2·1·3之26、27　篆带饰AaⅠ式对角两头龙纹的西周甬钟

26.猷钟铭文拓片[1]　27.猷钟背面的篆带纹饰[2]

[1]　http://book.kongfz.com/item_pic.do?shopId=13138&itemId=216597514&imgId=3
[2]　由王清雷裁剪自"24.猷钟背面"。

28             29

30             31

图2·1·3之28～31　篆带饰AaⅠ式对角两头龙纹的西周甬钟

28.㝬钟旋斡[1]　29.㝬钟背面的正鼓部纹饰[2]　30.故宫博物院藏士父钟（大）背面[3]　31.故宫博物院藏士父钟（大）背面的钲部铭文拓片[4]

---

［1］由王清雷裁剪自"24.㝬钟背面"。

［2］同［1］。

［3］袁荃猷：《中国音乐文物大系·北京卷》，大象出版社，1996年，第40页，图1·5·4a。

［4］同［3］，图1·5·4b。

32

33

34

**图2·1·3之32～35　篆带饰AaⅠ式对角两头龙纹的西周甬钟**

32.故宫博物院藏士父钟（大）背面的左侧鼓部铭文和正鼓部纹饰拓片[1]　33.故宫博物院藏士父钟（大）背面的篆带纹饰[2]　34.故宫博物院藏士父钟（小）背面[3]　35.故宫博物院藏士父钟（小）背面的钲部铭文拓片[4]

35

[1] 袁荃猷：《中国音乐文物大系·北京卷》，大象出版社，1996年，第40页，图1·5·4c。

[2] 同[1]，图1·5·4a。"33.故宫博物院藏士父钟（大）背面的篆带纹饰"由王清雷剪裁自"图1·5·4a"。

[3] 同[1]，第41页，图1·5·4d。

[4] 同[1]，第41页，图1·5·4f。

36

37

38

39

图2·1·3之36～40　篆带饰AaⅠ式对角两头龙纹的
西周甬钟

36.故宫博物院藏士父钟（小）背面的左侧鼓部铭文
拓片[1]　37.故宫博物院藏士父钟（小）背面右侧
篆带纹饰[2]　38.故宫博物院藏士父钟（小）背面的
正鼓部和右侧鼓部纹饰[3]　39.故宫博物院藏士父
钟（小）甬、旋和斡[4]　40.故宫博物院藏士父钟
（小）于口[5]

40

[1]　袁荃猷：《中国音乐文物大系·北京卷》，大象出版社，1996年，第41页，图1·5·4g。"36.
　　故宫博物院藏士父钟（小）背面的左侧鼓部铭文拓片"由王清雷剪裁自"图1·5·4g"。

[2]　同[1]，图1·5·4d。"37.故宫博物院藏士父钟（小）背面右侧篆带纹饰"由王清雷剪裁自"图
　　1·5·4d"。

[3]　同[1]，图1·5·4d。"38.故宫博物院藏士父钟（小）背面的正鼓部和右侧鼓部纹饰"由王清
　　雷剪裁自"图1·5·4d"。

[4]　同[1]，图1·5·4d。"39.故宫博物院藏士父钟（小）甬、旋和斡"由王清雷剪裁自"图1·5·4d"。

[5]　同[1]，图1·5·4c。

41

42

43

图2·1·3之41～43　篆带饰Aa I 式对角两头龙纹的西周甬钟

41.湖南省博物馆藏士父钟（25047号）背面[1]　42.湖南省博物馆藏士父钟（25047号）背面的钲部
铭文拓片[2]　43.湖南省博物馆藏士父钟（25047号）背面的左侧鼓部铭文与正鼓部纹饰拓片[3]

[1]高至喜、熊传薪:《中国音乐文物大系 II·湖南卷》，大象出版社，2006年，第78页，图1·3·11a。
[2]同[1]，第79页，图1·3·11d。
[3]同[1]，第79页，图1·3·11c。

44                                                        45

46

47                                48                        49

**图2·1·3之44～49　篆带饰Aa I 式对角两头龙纹的西周甬钟**

44.湖南省博物馆藏士父钟（25047号）背面的篆带纹饰[1]　45.湖南省博物馆藏士父钟（25047号）
于口[2]　46.湖南省博物馆藏士父钟（25047号）背面的正鼓部和右侧鼓部纹饰[3]　47.陕西扶风齐家
村甬钟甲背面[4]　48.陕西扶风齐家村甬钟甲背面左侧篆带纹饰[5]　49.陕西扶风齐家村甬钟甲背面
的正鼓部和右侧鼓部纹饰拓片[6]

[1] 高至喜、熊传薪：《中国音乐文物大系II·湖南卷》，大象出版社，2006年，第78页，图1·3·11a。
　　"44.湖南省博物馆藏士父钟（25047号）背面的篆带纹饰"由王清雷剪裁自"图1·3·11a"。
[2] 同[1]，图1·3·11b。
[3] 同[1]，图1·3·11a。"46.湖南省博物馆藏士父钟（25047号）背面的正鼓部和右侧鼓部纹饰"
　　由王清雷剪裁自"图1·3·11a"。
[4] 方建军：《中国音乐文物大系·陕西卷》，大象出版社，1996年，第75页，图1·5·30a。
[5] 同[4]。"48.陕西扶风齐家村甬钟甲背面左侧篆带纹饰"由王清雷剪裁自"图1·5·30a"。
[6] 同[4]。"49.陕西扶风齐家村甬钟甲背面的正鼓部和右侧鼓部纹饰拓片"由王清雷裁剪自"图
　　1·5·30b"。

50

51

52

**图2·1·3之50～52　篆带饰AaⅠ式对角两头龙纹的西周甬钟**

50.柞钟60·0·175号背面（王清雷摄）　51.柞钟60·0·175号背面的钲部铭文（王清雷摄）　52.柞钟60·0·175号背面的正鼓部纹饰与左侧鼓部铭文（王清雷摄）

53

54

55

56

图2·1·3之53～56　篆带饰Aa I 式对角两头龙纹的西周甬钟

53.柞钟60·0·175号旋斡（王清雷摄）　54.柞钟60·0·175号舞部纹饰（王清雷摄）　55.柞钟60·0·175
号于口（王清雷摄）　56.柞钟60·0·176号于口（王清雷摄）

57

58

59

**图2·1·3之57～59　篆带饰Aa I 式对角两头龙纹的西周甬钟**

57.柞钟60·0·176号背面（王清雷摄）　58.柞钟60·0·176号背面的钲部铭文（王清雷摄）　59.柞钟60·0·176号背面的正鼓部纹饰与左侧鼓部铭文（王清雷摄）

60

61

62

图2·1·3之60～62　篆带饰AaⅠ式对角两头龙纹的西周甬钟

60.柞钟60·0·178号背面（王清雷摄）　61.柞钟60·0·178号背面的钲部铭文（王清雷摄）　62.柞钟60·0·178号背面的正鼓部纹饰与左侧鼓部铭文（王清雷摄）

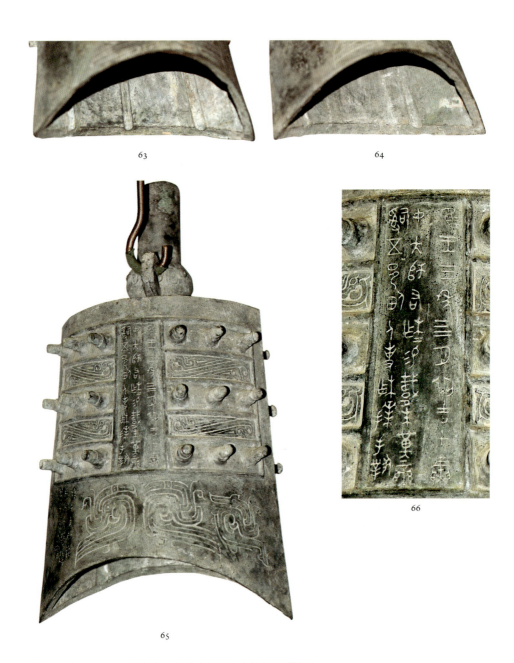

图2·1·3之63～66　篆带饰AaⅠ式对角两头龙纹的西周甬钟

63.柞钟60·0·178号于口（王清雷摄）　64.柞钟60·0·177号于口（王清雷摄）　65.柞钟60·0·177号背面（王清雷摄）　66.柞钟60·0·177号背面的钲部铭文（王清雷摄）

67

68

69

图2·1·3之67～69　篆带饰AaⅠ式对角两头龙纹的西周甬钟

67.柞钟60.0.177号背面的左侧鼓部铭文和正鼓部、右侧鼓部纹饰（王清雷摄）　68.柞钟60.0.177号
背面的右侧篆带纹饰（王清雷摄）　69.柞钟60.0.177号背面的右侧鼓部纹饰（王清雷摄）

图2·1·3之70～73　篆带饰AaⅠ式对角两头龙纹的西周甬钟

70.柞钟60·0·179号背面（王清雷摄）　71.柞钟60·0·179号背面的钲部铭文（王清雷摄）　72.柞钟
60·0·179号于口（王清雷摄）　73.柞钟60·0·180号于口（王清雷摄）

74

75

76

77

图2·1·3之74～77　篆带饰Aa I 式对角两头龙纹的西周甬钟

74.柞钟60·0·180号背面（王清雷摄）　75.柞钟60·0·180号背面的钲部铭文（王清雷摄）　76.柞钟
60·0·180号背面的正鼓部和右侧鼓部纹饰（王清雷摄）77.柞钟60·0·181号于口（王清雷摄）

79

78

81

80

图2·1·3之78～81　篆带饰AaⅠ式对角两头龙纹的西周甬钟

78.柞钟60·0·181号背面（王清雷摄）　79.柞钟60·0·181号背面的钲部铭文（王清雷摄）　80.鲁遴钟（24431号）背面[1]　81.鲁遴钟（24431号）背面的钲部铭文拓片[2]

[1] 马承源：《中国音乐文物大系·上海卷》，大象出版社，1996年，第46页，图1·2·10a。

[2] 同[1]，第47页，图1·2·10b。"81.鲁遴钟（24431号）背面的钲部铭文拓片"由王清雷剪裁
　　自"图1·2·10b"。

82

83

84

**图2·1·3之82~84　篆带饰Aa I 式对角两头龙纹的西周甬钟**

82.鲁遂钟（24431号）背面的正鼓部和右侧鼓部纹饰[1]　83.鲁遂钟（24431号）背面的右侧鼓部纹
饰拓片[2]　84.鲁遂钟（24431号）篆带纹饰拓片[3]

[1] 马承源：《中国音乐文物大系·上海卷》，大象出版社，1996年，第46页，图1·2·10a。"82.
　　鲁遂钟（24431号）背面的正鼓部和右侧鼓部纹饰"由王清雷剪裁自"图1·2·10a"。
[2] 同[1]，第47页，图1·2·10b。"83.鲁遂钟（24431号）背面的右侧鼓部纹饰拓片"由王清雷
　　剪裁自"图1·2·10b"。
[3] 上海博物馆青铜器研究组：《商周青铜器文饰》，文物出版社，1984年，第135页，图385。

图2·1·4　无铭柞钟60·0·190号

1.无铭柞钟60·0·190号背面（王清雷摄）　2.无铭柞钟60·0·190号舞部纹饰（王清雷摄）　3.无铭柞钟60·0·190号背面的正鼓部和右侧鼓部纹饰（王清雷摄）　4.无铭柞钟60·0·190号于口（王清雷摄）

简介》指出："编钟八，七钟铸器人为柞；一钟无铭文。又编钟八，铸器人为中义。"[1]故此，学界将"铸器人为中义"的8件编钟称为"中义钟"，属于姬姓中氏家族[2]。中义钟共计8件，其中4件中义钟（60·0·187、182、188、189号）篆带饰AaⅡ式对角两头龙纹。

关于中义钟（4件，60·0·187、182、188、189号）的断代，目前学界主要有3种观点，分述如下：

第一，"西周晚期"说。《中国音乐文物大系·陕西卷》一书将中义钟的时代断为"西周晚期"[3]。

第二，"厉王"说。《西周青铜器分期断代研究》一书认为中义钟的"年代与柞钟一致"。该书认为，柞钟为"西周晚期前段厉王前后器"[4]。故此，中义钟也为西周晚期厉王之器。

第三，"夷厉"说。关于中义钟的时代，《扶风齐家村器群铭文汇释》指出："钟之形制、花纹，乃至其铭文字体，均与柞钟同，确系一家之物。可能器铸于同一匠人，铭书为同一写手，时代自相去不远。"[5]对于柞钟的时代，《扶风齐家村器群铭文汇释》通过对柞钟铭文内容的分析，指出"柞不对扬王休，而却'对扬仲大师休'，这明明是知有恩人的仲大师，而不知有王了。看来应该是夷王、厉王时代的现象。由器制、花纹、铭体、文字以占之，亦相适应"[6]。故此，中义钟亦为夷王、厉王时代的产物。

对于以上中义钟（4件，60·0·187、182、188、189号）的3种不同断代观点，哪一种合理呢？

[1] 段绍嘉：《扶风齐家村出土西周青铜器简介》，《扶风齐家村青铜器群》，文物出版社，1963年，第7页。
[2] 韩巍：《西周金文世族研究》，北京大学博士学位论文，2007年，第46页。
[3] 方建军：《中国音乐文物大系·陕西卷》，大象出版社，1996年，第52页。
[4] 王世民、陈公柔、张长寿：《西周青铜器分期断代研究》，文物出版社，1999年，第179页。
[5] 郭沫若：《扶风齐家村器群铭文汇释》，《扶风齐家村青铜器群》，文物出版社，1963年，第5页。
[6] 同[5]。

　　张懋镕先生指出："西周青铜器断代是个系统工程，情况非常复杂。由于器物种类的不同，族属的不同，影响到形制、纹饰、铭文演进速度的不同。"[1] "我们如果仅仅注意到那些古老的因素，就有可能将此器的年代提前，如果注意到新的元素的出现，就有可能比较准确地把握它的年代，因为按照考古学的常识，判定某器物的年代是着眼于那些显示最晚年代特征的因素。"[2] 对于中义钟（4件，60·0·187、182、188、189号）的断代亦是如此。与西周晚期厉王之世的柞钟相比，中义钟（4件，60·0·187、182、188、189号）正鼓部鸟体龙纹（图2·1·5之9、14、23）的纹样出现了新的元素，那就是龙角上出现了目纹；而且龙角的形态也发生了变化，柞钟的龙角呈条带状（图2·1·3之52），而中义钟（4件，60·0·187、182、188、189号）的龙角则呈鸟首状（图2·1·5之9、14、23），其形态取自带有目纹的窃曲纹。二者的舞部纹饰完全不同，柞钟的舞部饰带有目纹的窃曲纹（图2·1·3之54），中义钟（4件，60·0·187、182、188、189号）的舞部饰两头龙纹（图2·1·5之3）或三头龙纹（图2·1·5之15、16、21、22）。显然，中义钟（4件，60·0·187、182、188、189号）的纹饰已经凸显出一个新时代的纹样特征和艺术审美，故其与柞钟并非同一时代的产物，但又相去不远。所以，笔者认为应将中义钟（60·0·187、182、188、189号）的时代断为西周晚期宣王之世。

　　在4件中义钟（60·0·187、182、188、189号）中，除中义钟60·0·182号（图2·1·5之5）背面左侧鼓部于口有小的磕碰缺口之外，其他3件均保存完整（图2·1·5之1、11、19）。旋、斡俱全，近方形斡。枚、篆、钲区以粗单阳线弦纹界隔。舞部饰龙纹。篆带饰对角两头龙纹（图2·1·5之7），龙纹的上唇上卷，呈象鼻形；其工艺手法为阳刻平雕加阴线刻。正鼓部饰一对鸟体龙纹（图2·1·5之9、14、23），二者呈镜面对称关系；因鸟体龙纹的龙角上饰有目纹，故龙角的整体形态像一个带有鸟喙的鸟首，其形态取自带有目纹的窃曲纹。钟体背面钲部均铸有铭文（图2·1·5之2、6、12、20）。枚呈二节圆柱形，共计36个。4件中义钟（60·0·187、182、188、189号）的不同之处分述如下：

[1] 张懋镕：《试论西周青铜器演变的非均衡性问题》，《考古学报》2008年第3期，第342页。

[2] 张懋镕：《西周青铜器断代两系说刍议》，《考古学报》2005年第1期，第5页。

中义钟60·0·187号（图2·1·5之1）：该钟舞部纹饰（图2·1·5之3）分为4个单元，每个单元饰一个两头龙纹，其中一个龙头没有任何装饰；另一个龙头上饰分叉燕尾形龙角，龙的龙舌较短，上卷呈勾喙形，上唇较长，上卷呈分叉燕尾形，其工艺手法为阳刻平雕加阴线刻。背面的右侧鼓部没有侧鼓音的标记纹饰（图2·1·5之1）。钟腔内壁调音的详细情况为（图2·1·5之4）：于口有三棱状内唇，除了两个正鼓部有因调音留下的弧形缺口外，余部保存完好。钟腔内壁共有调音槽2条，分别位于两个正鼓部。调音槽长达舞底，较宽而浅，宽约4.0厘米。该钟通高49.0厘米，重21.0千克[1]。

中义钟60·0·182号（图2·1·5之5）：该钟背面左侧鼓部于口有小的磕碰缺口。舞部纹饰（图2·1·5之8）分为4个单元，其中有2个单元饰两头龙纹，另2个单元饰三头龙纹；因为锈蚀，导致纹样局部线条不清；其工艺手法为阳刻平雕加阴线刻。背面的右侧鼓部没有侧鼓音的标记纹饰（图2·1·5之5）。钟腔内壁调音的详细情况为（图2·1·5之10）：于口有较高的三棱状内唇。钟腔内壁没有任何调音槽，仅在于口内唇上有调音。四个侧鼓部的内唇调音锉磨缺口非常明显，呈半弧形；两个正鼓部的内唇调音锉磨很少，没有形成弧形缺口；两个铣角的内唇稍有锉磨，几乎看不出来；其余部分的内唇保存完好。其中，背面两个侧鼓部的内唇调音缺口已至钟壁，内唇几乎锉磨殆尽；正面两个侧鼓部的内唇调音缺口稍微小一点，没有锉到钟壁，内唇尚留存少许。该钟通高46.0厘米，重19.0千克[2]。

中义钟60·0·188号（图2·1·5之11）：舞部纹饰（图2·1·5之15、16）分为4个单元，其中有1个单元饰两头龙纹，另3个单元饰三头龙纹。其中，三头龙纹构思十分巧妙（图2·1·5之16），3个龙头共用一个龙身，龙身的一边有1个龙头，另一边有2个龙头，这2个龙头的形态设计为：2个龙头一大一小，大的龙头上饰分叉燕尾形龙角，龙的龙舌较短，上卷呈勾喙形，上唇较长，上卷分叉，一个枝杈变为歧枝，另一个枝杈变为龙颈，连接一个小的龙头，该小龙头没有装饰龙角，龙舌较短，上卷呈勾喙形，上唇较长，上卷呈分叉燕尾形；其工艺手法为阳刻平雕加阴线刻。背面的右

［1］方建军：《中国音乐文物大系·陕西卷》，大象出版社，1996年，第179页，表14。
［2］同［1］。

侧鼓部饰一只鸟体龙纹（图2·1·5之14），作为侧鼓音的演奏标记；与正鼓部的鸟体龙纹相比，其大小比例适中，其形态与正鼓部所饰鸟体龙纹大体相同。钟腔内壁调音的详细情况为（图2·1·5之17）：于口无内唇。钟腔内壁共有调音槽4条，分别位于两个正鼓部、正面的左侧鼓部、背面的左侧鼓部。两个正鼓部的调音槽均较宽、较浅而长，宽约2.5厘米，几乎长达舞底。侧鼓部的调音槽均较浅、较短，长度约达钟腔的三分之二。该钟通高46.0厘米，重22.5千克[1]。

中义钟60·0·189号（图2·1·5之19）：舞部纹饰（图2·1·5之21、22）分为4个单元，其中有1个单元饰两头龙纹，另3个单元饰三头龙纹，其纹样形态与中义钟60·0·188号的舞部纹饰基本相同，其工艺手法为阳刻平雕加阴线刻。背面的右侧鼓部饰一只鸟体龙纹（图2·1·5之23），作为侧鼓音的演奏标记，大小比例适中，其形态与正鼓部所饰鸟体龙纹大体相同。钟腔内壁调音的详细情况为（图2·1·5之18）：于口无内唇。钟腔内壁共有调音槽2条，分别位于两个正鼓部。调音槽均较浅而短，不是很明显。该钟通高43.0厘米，重20.0千克[2]。

这里需要指出3处谬误，分述如下：

第一，《中国音乐文物大系·陕西卷》一书对于中义钟60·0·187号的舞部纹饰描述有误。该书指出，中义钟60·0·187号"舞饰阴云纹"[3]。经笔者亲自考察可知，该钟的舞部纹饰为两头龙纹（图2·1·5之3），并非为"阴云纹"。

第二，《中国音乐文物大系·陕西卷》一书对于中义钟60·0·182号的调音情况描述有误。该书指出，中义钟60·0·182号"内壁有隧4条，前、后壁左、右侧鼓各1"[4]。经笔者亲自考察可知，该钟的钟腔内壁没有任何调音槽，仅在于口内唇上有因调音留下的弧形缺口（图2·1·5之10）。

第三，《中国音乐文物大系·陕西卷》一书中的图1·5·15f有误[5]。该书图1·5·15f的图注是"中义钟（183）纹饰拓片"，这一张图片上面有3幅图像，分别

[1] 方建军：《中国音乐文物大系·陕西卷》，大象出版社，1996年，第179页，表14。
[2] 同[1]。
[3] 同[1]，第52页。
[4] 同[1]，第52页。
[5] 同[1]，第53页，图1·5·15f。

图2·1·5之1～4　篆带饰Aa Ⅱ式对角两头龙纹的西周甬钟

1.中义钟60·0·187号背面（王清雷摄）　2.中义钟60·0·187号背面的钲部铭文（王清雷摄）　3.中义钟
60·0·187号舞部纹饰（王清雷摄）　4.中义钟60·0·187号于口（王清雷摄）

6

图2·1·5之5～8　篆带饰AaⅡ式对角两头
龙纹的西周甬钟

5.中义钟60·0·182号背面（王清雷摄）　6.中
义钟60·0·182号背面的钲部铭文（王清雷
摄）　7.中义钟60·0·182号背面右侧篆带纹饰
（王清雷摄）　8.中义钟60·0·182号舞部纹饰
（王清雷摄）

5

7

8

9

10

11

12

图2·1·5之9～12　篆带饰AaⅡ式
对角两头龙纹的西周甬钟

9.中义钟60·0·182号背面的正鼓
部纹饰（王清雷摄）　10.中义钟
60·0·182号于口（王清雷摄）
11.中义钟60·0·188号背面（王清雷
摄）　12.中义钟60·0·188号背面的
钲部铭文（王清雷摄）

13

14

15                                          16

**图2·1·5之13～16    篆带饰AaⅡ式对角两头龙纹的西周甬钟**

13.中义钟60·0·188号背面的篆带纹饰（王清雷摄）  14.中义钟60·0·188号背面的正鼓部和右侧鼓部
纹饰（王清雷摄）  15.中义钟60·0·188号舞部纹饰（王清雷摄）  16.中义钟60·0·188号舞部局部纹
饰（王清雷摄）

图2·1·5之17～20  篆带饰AaⅡ式对角两头龙纹的西周甬钟

17.中义钟60·0·188号于口（王清雷摄）  18.中义钟60·0·189号于口（王清雷摄）  19.中义钟
60·0·189号背面（王清雷摄）  20.中义钟60·0·189号背面的钲部铭文（王清雷摄）

21　　　　　　　　　　　　　　　22

23

**图2·1·5之21～23　篆带饰AaⅡ式对角两头龙纹的西周甬钟**

21.中义钟60·0·189号舞部纹饰（王清雷摄）　22.中义钟60·0·189号舞部纹饰拓片[1]　23.中义钟
60·0·189号背面的正鼓部与右侧鼓部纹饰（王清雷摄）

---

[1] 方建军:《中国音乐文物大系·陕西卷》，大象出版社，1996年，第53页，图1·5·15f。"22.
中义钟60·0·189号舞部纹饰拓片"由王清雷裁剪自"图1·5·15f"。说明：该书图1·5·15f中
的拓片有错误，经笔者亲自核实编钟原件可知，该图中的舞部纹饰拓片是中义钟60·0·189
号的舞部，而不是图注写的"中义钟（183）纹饰拓片"，特此指出。

为舞部纹饰拓片、鼓部纹饰拓片和钲部铭文拓片。经笔者亲自考察中义钟（8件）的原件可知，该图片上的舞部纹饰拓片是中义钟60·0·189号的舞部纹饰（图2·1·5之21），而不是图注所写的"中义钟（183）纹饰拓片"。其修改方法有2种：其一是将图片中的舞部纹饰拓片去掉；其二，图片不动，将图注改为"中义钟（183、189号）纹饰拓片"。

Ab亚型

根据篆带所饰对角两头龙纹的龙身形态的不同，笔者将Ab亚型（龙舌穿过龙颈）分为Ab I 式（龙身被龙角穿过）、Ab II 式（龙身完整）和Ab III 式（龙身饰目纹）。

Ab I 式

Ab I 式对角两头龙纹的龙身被龙角穿过。篆带饰有Ab I 式对角两头龙纹的西周甬钟主要有如下1例：

例：井人安钟

在不同的文献中，井人安钟有不同的名称，如在《西周铜器断代》一书中被称为"井人钟"[1]，在《商周彝器通考》一书中被称为"邢人编钟"[2]，在《新出土的几件西周铜器》一文中被称为"安钟"[3]，在《中国音乐文物大系·上海卷》[4]《夏商周青铜器研究》（西周篇）[5]等书中被称为"邢人安钟"，在《中国音乐文物大系·陕西卷》[6]《国家图书馆藏陈介祺藏古拓本选编》（青铜卷）[7]《试论西周青铜器演变的非均衡性问题》[8]等文献中被称为"井人安钟"，在

［1］陈梦家：《西周铜器断代》，中华书局，2004年，第302页。

［2］容庚：《商周彝器通考》（重印版），上海人民出版社，2008年，第373页。

［3］周文：《新出土的几件西周铜器》，《文物》1972年第7期，第10页。

［4］马承源：《中国音乐文物大系·上海卷》，大象出版社，1996年，第44页。

［5］陈佩芬：《夏商周青铜器研究》（西周篇下册），上海古籍出版社，2004年，第602页。

［6］方建军：《中国音乐文物大系·陕西卷》，大象出版社，1996年，第68页。

［7］国家图书馆金石拓片组（编）：《国家图书馆藏陈介祺藏古拓本选编》（青铜卷），浙江古籍出版社，2008年，第9页。

［8］张懋镕：《试论西周青铜器演变的非均衡性问题》，《考古学报》2008年第3期，第351页，续附表第143号井人安钟。

《西周青铜器年代综合研究》一书中被称为"井人伕钟"[1]。

目前所知，井人安钟共计4件，来源与藏地各不相同，其一为吴大澂、潘祖荫旧藏，现藏于上海博物馆；其二为潘祖荫、端方旧藏，现藏于日本书道博物馆；其三为刘喜海、毕沅、张应昌、陈介祺旧藏，现藏于日本泉屋博古馆[2]；其四为考古发掘品，1966年冬出土于陕西省扶风县齐镇村西周铜器窖藏，现藏于周原博物馆[3]。《西周金文世族研究》认为，器主井人安为姬姓井氏的家臣[4]。

关于井人安钟的时代，目前学界主要有7种不同观点，分述如下：

第一，"西周后期"说。《商周彝器通考》一书将井人安钟的时代断为"西周后期"[5]。

第二，"西周晚期"说。《中国音乐文物大系·陕西卷》一书将井人安钟的时代断为"西周晚期"[6]。

第三，"夷王"说。《西周铜器断代》一书认为井人安钟应为西周中期夷王时器[7]。

第四，"厉王"说。此观点主要出自3部文献，分述如下：

（1）《夏商周青铜器研究》（西周篇）一书认为井人安钟应为西周晚期厉王时器[8]。

（2）《西周青铜器年代综合研究》一书认为井人安钟的时代"大致属厉王"[9]。

［1］彭裕商：《西周青铜器年代综合研究》，巴蜀书社，2003年，第430页。在此书中，该钟被称为"井人伕钟"。

［2］陈梦家：《西周铜器断代》，中华书局，2004年，第303页。在此书中，该钟被称为"井人钟"。

［3］a.周文：《新出土的几件西周铜器》，《文物》1972年第7期，第10页。b.方建军：《中国音乐文物大系·陕西卷》，大象出版社，1996年，第68页。

［4］韩巍：《西周金文世族研究》，北京大学博士学位论文，2007年，第150页。

［5］容庚：《商周彝器通考》（重印版），上海人民出版社，2008年，第374页。在此书中，该钟被称为"邢人编钟"。

［6］同［3］b。

［7］同［2］。

［8］陈佩芬：《夏商周青铜器研究》（西周篇下册），上海古籍出版社，2004年，第602页。在此书中，该钟被称为"邢人安钟"。

［9］同［1］，第431页。

（3）《西周青铜器铭文分代史徵》一书将井人安钟断为西周晚期厉王之器[1]。

第五，"夷厉"说。此观点主要出自2部文献，分述如下：

（1）《中国音乐文物大系·上海卷》一书认为井人安钟"的年代应在西周夷王或厉王时期"[2]。

（2）《试论西周青铜器演变的非均衡性问题》一文认为井人安钟的时代应为"夷厉"时期[3]。

第六，"宣王"说。《两周金文辞大系图录考释》[4]《西周纪年》[5]《西周金文世族研究》[6]这3部文献均将井人安钟断为西周晚期宣王之器。

第七，"共和"说。《金文通释》[7]将井人安钟断为西周晚期共和之器。

对于以上井人安钟的7种不同断代观点，哪一种合理呢？

"按照考古学的常识，判定某器物的年代是着眼于那些显示最晚年代特征的因素。"[8]那么，井人安钟"最晚年代特征的因素"体现在何处呢？从井人安钟的正鼓部（图2·1·6之4、11、15）和侧鼓部所饰鸟体龙纹（图2·1·6之10）来看，其与三式兴钟76FZH1:33号的正鼓部（图2·1·3之21）和侧鼓部纹饰（图2·1·3之22）高度雷同，二者的时代应相去不远。但与三式兴钟76FZH1:33号相比，井人安钟的篆带和旋部纹饰已经彰显出一个新时代的纹样特征。如：井人安钟篆带所饰对角两头龙纹的龙首上饰有长长的弧形龙角，并穿过龙身（图2·1·6之5），而三式兴钟76FZH1:33号篆带所饰对角两头龙纹（图2·1·3之20）则没有这种形态特征；井人安钟的旋上饰有带

[1] 唐兰：《西周青铜器铭文分代史徵》，中华书局，1986年，第517页。

[2] 马承源：《中国音乐文物大系·上海卷》，大象出版社，1996年，第44页。在此书中，该钟被称为"邢人安钟"。

[3] 张懋镕：《试论西周青铜器演变的非均衡性问题》，《考古学报》2008年第3期，第351页，续附表第143号井人安钟。

[4] 郭沫若：《两周金文辞大系图录考释》（上），上海书店出版社，1999年，第140～143页。

[5] 刘启益：《西周纪年》，广东教育出版社，2002年，第402页。

[6] 韩巍：《西周金文世族研究》，北京大学博士学位论文，2007年，第149、150页。

[7] 白川静：《金文通释》卷三（下），白鹤美术馆，1971年，第898页。

[8] 张懋镕：《西周青铜器断代两系说刍议》，《考古学报》2005年第1期，第5页。

乳丁纹的横S形窃曲纹（图2·1·6之6），其工艺手法为阳刻平雕加阴线刻，而三式兴钟76FZH1:33号旋上饰燕尾云纹（图2·1·3之18），其工艺为阴线双勾。故此，井人安钟的时代应晚于三式兴钟76FZH1:33号。关于三式兴钟76FZH1:33号的时代，笔者已在本书第二章第一节AaⅠ式"例1：三式兴钟（4件，76FZH1:8、30、16、33号）"中详细考证，认为其应为西周中期孝王之世。所以，井人安钟的时代应为西周中期夷王之世。

那么，井人安钟的时代有没有可能晚至西周晚期厉王之世呢？笔者认为应该不会。原因有二：

其一，从井人安钟的调音情况来看，上海博物馆藏井人安钟（8105号）的"钟腔内未见调音锉磨痕迹"[1]，该钟背面的右侧鼓部没有侧鼓音的标记纹饰；《中国音乐文物大系·陕西卷》一书对于周原博物馆藏井人安钟（宝6403号）的调音情况未做任何描述[2]，这意味着该钟钟腔内壁没有调音，而该钟背面的右侧鼓部已装饰有侧鼓音的标记纹饰鸟体龙纹（图2·1·6之11）。由此可知，井人安钟的铸造尚处于"铸调双音"[3]的探索阶段，故此不会晚至"铸调双音"成熟阶段的西周晚期厉王之世。

其二，从井人安钟的侧鼓部所饰鸟体龙纹（图2·1·6之10）来看，其与西周晚期厉王之世的士父钟、柞钟等甬钟的侧鼓部所饰鸟体龙纹大体相同。但是，士父钟（图2·1·3之38）、柞钟（图2·1·3之69）等甬钟侧鼓部所饰鸟体龙纹的龙角之上已饰有目纹，这是具有新时代的纹样特征，而井人安钟侧鼓部所饰鸟体龙纹的龙角之上尚没有目纹。故此，井人安钟的时代不会晚至西周晚期厉王之世。

综上所论，笔者认为井人安钟应为西周中期夷王之器。在目前有关井人安钟的7种不同断代观点中，笔者赞同第三种，即《西周铜器断代》一书提出的"夷王"说[4]。

---

[1] 马承源：《中国音乐文物大系·上海卷》，大象出版社，1996年，第44页。在此书中，该钟被称为"邢人安钟"。
[2] 方建军：《中国音乐文物大系·陕西卷》，大象出版社，1996年，第68页。
[3] 冯光生：《周代编钟的双音技术及应用》，《中国音乐》2002年第1期，第43页。
[4] 陈梦家：《西周铜器断代》，中华书局，2004年，第303页。在此书中，该钟被称为"井人钟"。

在目前所知的4件井人安钟中，日本书道博物馆藏井人安钟因没有图片资料可供参考，详细情况不明；其他3件井人安钟（图2·1·6之1、7、12）均保存完好。旋、斡俱全，斡近方形。枚、篆、钲区以粗单阴线弦纹为界。旋饰带乳丁的横S形窃曲纹（图2·1·6之6），其工艺手法为阳刻平雕加阴线刻。斡饰阴线重环纹。篆带饰对角两头龙纹（图2·1·6之5），龙纹的上唇微上卷，龙舌卷向下后方，穿过龙颈；龙首上饰有长而高的弧形龙角，并穿过龙身；在龙身中部的上下各饰有一个三角纹；两个龙头为头顶对头顶，为相背式。背面正鼓部饰一对鸟体龙纹（图2·1·6之4、11、15），二者呈镜面对称关系。背面的钲部及左侧鼓部均铸有铭文（图2·1·6之2、3、8、9、13、14）。

3件井人安钟的不同之处为：周原博物馆藏井人安钟（宝6403号）背面的右侧鼓部饰有一个鸟体龙纹（图2·1·6之10、11），作为侧鼓音的演奏标记，其他2件井人安钟背面的右侧鼓部没有纹饰，应该为这组编钟的前两件。上海博物馆藏井人安钟（8105号）和周原博物馆藏井人安钟（宝6403号）的钟腔内壁均未见调音锉磨的痕迹，日本泉屋博古馆藏井人安钟的调音情况不明。周原博物馆藏井人安钟（宝6403号）通高54.0厘米，重36.3千克[1]；上海博物馆藏井人安钟（8105号）通高70.0厘米，重38.0千克[2]。

这里需要指出1处谬误。根据《中国音乐文物大系·上海卷》的描述，上海博物馆藏井人安钟（8105号）"右鼓部有鸾鸟纹"[3]。但从该钟的图片可知（图2·1·6之1），其背面右侧鼓部素面无纹，并没有该书所言的"鸾鸟纹"，故此该书的描述有误。

AbⅡ式

AbⅡ式对角两头龙纹的龙身完整。篆带饰有AbⅡ式对角两头龙纹的西周甬钟主要有如下1例：

---

[1] 方建军：《中国音乐文物大系·陕西卷》，大象出版社，1996年，第68页。
[2] 马承源：《中国音乐文物大系·上海卷》，大象出版社，1996年，第44页。
[3] 同[2]。

1　　　　　　　　　2　　　　　　　　　3

4

**图2·1·6之1～4　篆带饰AbⅠ式对角两头龙纹的西周甬钟**

1.上海博物馆藏井人安钟（8105号）背面[1]　2.上海博物馆藏井人安钟（8105号）背面的钲部铭文拓片[2]　3.上海博物馆藏井人安钟（8105号）背面的左侧鼓部铭文拓片[3]　4.上海博物馆藏井人安钟（8105号）背面的正鼓部纹饰拓片[4]

[1] 马承源：《中国音乐文物大系·上海卷》，大象出版社，1996年，第44页，图1·2·8a。

[2] 同[1]，图1·2·8b。"2.上海博物馆藏井人安钟（8105号）背面的钲部铭文拓片"由王清雷裁剪自"图1·2·8b"。

[3] 同[1]，图1·2·8b。"3.上海博物馆藏井人安钟（8105号）背面的左侧鼓部铭文拓片"由王清雷裁剪自"图1·2·8b"。

[4] 陈佩芬：《夏商周青铜器研究》（西周篇下册），上海古籍出版社，2004年，第604页。

**图2·1·6之5～8　篆带饰AbⅠ式对角两头龙纹的西周甬钟**

5.上海博物馆藏井人安钟（8105号）背面的篆带纹饰拓片[1]　6.上海博物馆藏井人安钟（8105号）
旋上纹饰拓片[2]　7.周原博物馆藏井人安钟（宝6403号）背面[3]　8.周原博物馆藏井人安钟（宝
6403号）背面的钲部铭文拓片[4]

[1] 陈佩芬：《夏商周青铜器研究》（西周篇下册），上海古籍出版社，2004年，第604页。

[2] 同[1]。

[3] 方建军：《中国音乐文物大系·陕西卷》，大象出版社，1996年，第68页，图1·5·22a。

[4] 同[3]，图1·5·22b。"8.周原博物馆藏井人安钟（宝6403号）背面的钲部铭文拓片"由王清
　　雷裁剪自"图1·5·22b"。

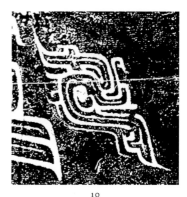

9                                                    10

11

图2·1·6之9～11　篆带饰Ab I 式对角两头龙纹的西周甬钟

9.周原博物馆藏井人安钟（宝6403号）背面的左侧鼓部铭文拓片[1]　10.周原博物馆藏井人安钟（宝6403号）背面的右侧鼓部纹饰拓片[2]　11.周原博物馆藏井人安钟（宝6403号）背面的正鼓部和右侧鼓部纹饰[3]

[1] 方建军：《中国音乐文物大系·陕西卷》，大象出版社，1996年，第68页，图1·5·22b。"9.周原博物馆藏井人安钟（宝6403号）背面的左侧鼓部铭文拓片"由王清雷裁剪自"图1·5·22b"。

[2] 同[1]，图1·5·22b。"10.周原博物馆藏井人安钟（宝6403号）背面的右侧鼓部纹饰拓片"由王清雷裁剪自"图1·5·22b"。

[3] 同[1]，图1·5·22a。"11.周原博物馆藏井人安钟（宝6403号）背面的正鼓部和右侧鼓部纹饰"由王清雷裁剪自"图1·5·22a"。

12 13 14 15

图2·1·6之12～15　篆带饰AbⅠ式对角两头龙纹的西周甬钟

12.日本泉屋博古馆藏井人安钟背面[1]　13.日本泉屋博古馆藏井人安钟背面的钲部铭文拓片[2]

14.日本泉屋博古馆藏井人安钟背面的左侧鼓部铭文拓片[3]　15.日本泉屋博古馆藏井人安钟背面的
正鼓部纹饰[4]

---

[1] 容庚:《颂斋吉金图录·颂斋吉金续录·海外吉金图录》,中华书局,2012年,第711页,图
　　一三二。

[2] 国家图书馆金石拓片组(编):《国家图书馆藏陈介祺藏古拓本选编》(青铜卷),浙江古籍出
　　版社,2008年,第9页。

[3] 同[1],第712页,左图。

[4] 同[1],图一三二。"15.日本泉屋博古馆藏井人安钟背面的正鼓部纹饰"由王清雷裁剪自"图
　　一三二"。

例：师㝊钟

1974年12月5日，出土于陕西省扶风县强家村西周铜器窖藏。甬钟系黄堆公社云塘大队强家生产队农民在平整土地时发现。[1]该钟又称为"师丞钟"[2]。师㝊的先祖为虢季，姬姓。师㝊这一支在王朝世袭为师[3]。

关于师㝊钟的断代，目前学界主要7种不同的观点，分述如下：

第一，"懿王"说。《陕西省扶风县强家村出土的西周铜器》一文指出："此钟的制作年代当在师望死后，即懿王之世"[4]。

第二，"懿孝"说。《西周青铜器分期断代研究》一书通过对师㝊钟铭文的研究，认为其为"西周中期后段懿孝时器"[5]。

第三，"夷王"说。此观点主要出自2部文献，分述如下：

（1）《西周纪年》一书认为师㝊钟应为西周中期夷王之器[6]。

（2）《单述诸器铭文习语的时代特点和断代意义》一文认为，师㝊钟"可能早到夷王前后"[7]。

（3）《商周青铜器铭文暨图像集成》一书将师㝊钟的时代断为西周中期夷王之世[8]。

第四，"夷厉"说。《中国上古出土乐器综论》认为师㝊钟为"西周中晚期之际夷厉之世的制品"[9]。

---

［1］吴镇烽、雒忠如：《陕西省扶风县强家村出土的西周铜器》，《文物》1975年第8期，第57页。

［2］a.李学勤：《西周中期青铜器的重要标尺——周原庄白、强家两处青铜器窖藏的综合研究》，《中国历史博物馆馆刊》1979年第1期，第31页。b.彭裕商：《西周青铜器年代综合研究》，巴蜀书社，2003年，第425页。

［3］同［2］a。

［4］同［1］，第58页。

［5］王世民、陈公柔、张长寿：《西周青铜器分期断代研究》，文物出版社，1999年，第173页。

［6］刘启益：《西周纪年》，广东教育出版社，2002年，第354页。

［7］韩巍：《单述诸器铭文习语的时代特点和断代意义》，《南开学报（哲学社会科学版）》2008年第6期，第31页。

［8］吴镇烽：《商周青铜器铭文暨图像集成》（第27卷），上海古籍出版社，2012年，第471～473页，第15350号。

［9］李纯一：《中国上古出土乐器综论》，文物出版社，1996年，第196页。

第五，"厉王"说。此观点主要出自3部文献，分述如下：

（1）《西周中期青铜器的重要标尺——周原庄白、强家两处青铜器窖藏的综合研究》一文认为师㝬钟为西周晚期厉王之世的标准器[1]。

（2）《西周青铜器年代综合研究》一书认为师㝬钟"年代当属厉世"[2]。

（3）《师㝬钟及相关铜器系联研究》一文认为，师㝬钟"属王世民等《西周青铜器分期断代研究》钟的Ⅳ型Ⅰ式，与陕西宝鸡西秦村青铜器窖藏出土的厉王时期的成钟形制纹饰接近，结合铭文字体来看，时代当为西周晚期厉王之世"[3]。

第六，"西周中期"说。《周原出土青铜器》一书将师㝬钟的时代断为"西周中期"[4]。

第七，"西周晚期"说。《中国音乐文物大系·陕西卷》一书认为师㝬钟的时代为"西周晚期"[5]。

对于以上师㝬钟的7种不同断代观点，哪一种合理呢？

"按照考古学的常识，判定某器物的年代是着眼于那些显示最晚年代特征的因素。"[6]那么，师㝬钟"最晚年代特征的因素"体现在哪些方面呢？先看师㝬钟的纹饰。该钟的舞部饰窃曲纹（图2·1·7之7），并已增饰目纹，其与西周晚期厉王之世的柞钟舞部所饰窃曲纹（图2·1·3之54）高度雷同。再看师㝬钟的调音情况与测音结果。该钟钟腔内壁有调音槽8条，分别位于两个正鼓部、四个侧鼓部和两个铣角，调音槽的形态成熟。该钟的测音结果为：正鼓音为 $^{\#}a^2$+11、侧鼓音为 $^{\#}c^3$-13音分[7]，其正鼓音和侧鼓音的音程关系为小三度，音分值为276音分，比十二平均律的小三度（300音分）低24音分，比五度相生律的小三度（294音分）低18音分，均

[1] 李学勤：《西周中期青铜器的重要标尺——周原庄白、强家两处青铜器窖藏的综合研究》，《中国历史博物馆馆刊》1979年第1期，第32页。在该文中，师㝬钟被称为"师丞钟。"

[2] 彭裕商：《西周青铜器年代综合研究》，巴蜀书社，2003年，第426页。在该书中，师㝬钟被称为"师丞钟"。

[3] 黄锦前：《师㝬钟及相关铜器系联研究》，《文博》2019年第1期，第57页。

[4] 曹玮：《周原出土青铜器》，巴蜀书社，2005年，第317～321页。

[5] 方建军：《中国音乐文物大系·陕西卷》，大象出版社，1996年，第58页。

[6] 张懋镕：《西周青铜器断代两系说刍议》，《考古学报》2005年第1期，第5页。

[7] 同[5]。

没有超过一个最大音差（24音分），从主观听觉角度而言，小三度偏小一点感觉更准，故此该钟的耳测音准效果甚佳。考虑到该钟通高76.5厘米，重达90.0千克的体量[1]，其音准尚能够达到如何的精度，其必然为"铸调双音"[2]成熟阶段的产物。综上所论，笔者认为师兑钟应为西周晚期厉王之器。

师兑钟（七五·44号）保存完好（图2·1·7之1）。钟体厚重。旋、斡俱全，近方形斡（图2·1·7之8）。舞部饰带有目纹的窃曲纹（图2·1·7之7），其工艺手法为阳刻平雕加阴线刻。枚、篆、钲区以粗单阳线弦纹界隔。篆带饰对角两头龙纹（图2·1·7之6），龙身完整；龙纹的上唇短小而上卷；龙舌较长，呈弧形下垂且穿过龙颈；在龙身上下两侧均装饰歧枝，两个龙头的龙嘴朝向龙嘴，为相对式。正鼓部饰一对工字形云纹（图2·1·7之4），二者呈镜面对称关系。侧鼓部饰一只鸾鸟纹（图2·1·7之5），作为侧鼓音的演奏标记，纹样线条细腻考究。二节圆柱形枚36个。背面的钲部（图2·1·7之2）和左侧鼓部（图2·1·7之3）均铸有铭文。钟腔内壁有调音槽8条，分别位于两个正鼓部、四个侧鼓部和两个铣角，调音槽的形态成熟。其中，两个正鼓部与四个侧鼓部的调音槽均较深，这6个调音槽的深度和宽度均差不多；两个铣角的调音槽较浅，锉磨量较少。

Ab Ⅲ 式

Ab Ⅲ式对角两头龙纹的龙身饰目纹。篆带饰有Ab Ⅲ式对角两头龙纹的西周甬钟主要有如下1例：

例：梁其钟

目前所见，梁其钟共计5件，其中上海博物馆藏3件，南京市博物馆藏1件，法国基美博物馆藏1件，属于姬姓华氏家族之器[3]。在上海博物馆收藏的3件梁其钟当中，"44043号钟、27591号钟收购，27222号钟拣选。1940年出土于陕西省扶风县法门寺任村，后流散各地。上海博物馆所收集的这3件为其中之一部分。"[4]南

[1] 吴镇烽、雒忠如：《陕西省扶风县强家村出土的西周铜器》，《文物》1975年第8期，第58页。
[2] 冯光生：《周代编钟的双音技术及应用》，《中国音乐学》2002年第1期，第43页。
[3] 韩巍：《西周金文世族研究》，北京大学博士学位论文，2007年，第156、157页。
[4] 马承源：《中国音乐文物大系·上海卷》，大象出版社，1996年，第24页。

图2·1·7之1　篆带饰Ab Ⅱ式对角两头龙纹的西周甬钟

1.师㝬钟背面（王清雷摄）

2　　　　　　　　　　　　　　　　3

4

**图2·1·7之2～4　篆带饰AbⅡ式对角两头龙纹的西周甬钟**

2.师𢝔钟背面的钲部铭文（王清雷摄）　3.师𢝔钟背面的左侧鼓部铭文（王清雷摄）　4.师𢝔钟背面的正鼓部纹饰（王清雷摄）

5                              6

7                              8

**图2·1·7之5~8　篆带饰AbⅡ式对角两头龙纹的西周甬钟**

5.师㝈钟背面的右侧鼓部纹饰（王清雷摄）　6.师㝈钟背面左侧篆带纹饰（王清雷摄）　7.师㝈钟舞
部纹饰（王清雷摄）　8.师㝈钟旋斡（王清雷摄）

京市博物馆收藏的1件梁其钟为传世品。

　　关于梁其钟的断代，目前学界主要有7种不同观点，分述如下：

　　第一，"西周中期"说。《中国音乐文物大系·上海卷》一书认为梁其钟的时代应为"西周中期"[1]。

第二，"西周晚期"说。《中国音乐文物大系·江苏卷》一书认为梁其钟的时代应为"西周晚期"[2]。

第三，"西周晚期前段"说。《西周青铜器分期断代研究》一书认为梁其钟为"西周晚期前段器"[3]。

第四，"夷王"说。《西周铜器断代》一书指出："此钟及克盨、虢叔旅钟、追簋，皆约略同时器。此组铜器，属于夷王的时代。"[4]

第五，"夷厉"说。《夏商周青铜器研究》（西周篇）一书认为："梁其钟的形制、铭文与传世的虢叔旅钟、邢人安钟、𪒠钟相似，为西周晚期较早之器，大致在夷王、厉王之际。"[5]

第六，"厉王"说。此观点主要出自2部文献，分述如下：

（1）《西周青铜器铭文分代史徵》一书将梁其钟断为西周晚期厉王之器[6]。

（2）《西周青铜器年代综合研究》一书认为："梁其钟篆间饰S形顾龙纹，器形、纹饰类同周厉王所做的𪒠钟、二式、三式兴钟、师丞钟，铭文用语多同一、二式兴钟，'用作朕皇考和钟'以后，措辞又基本同宗周钟，其年代应属厉王时期。"[7]

第七，"宣王晚期至幽王"说。《西周金文世族研究》一文认为梁其是善夫克的长子，"那么梁其应活动于宣王晚期至幽王时。"[8]梁其钟的时代应与之相当。

对于以上梁其钟的7种不同断代观点，哪一种合理呢？

"按照考古学的常识，判定某器物的年代是着眼于那些显示最晚年代特征的因

[1] 马承源：《中国音乐文物大系·上海卷》，大象出版社，1996年，第24页。

[2] 王子初：《中国音乐文物大系·江苏卷》，大象出版社，1996年，第174页。

[3] 王世民、陈公柔、张长寿：《西周青铜器分期断代研究》，文物出版社，1999年，第176页。

[4] 陈梦家：《西周铜器断代》，中华书局，2004年，第279页。

[5] 陈佩芬：《夏商周青铜器研究》（西周篇下册），上海古籍出版社，2004年，第609页。

[6] 唐兰：《西周青铜器铭文分代史徵》，中华书局，1986年，第516页。

[7] 彭裕商：《西周青铜器年代综合研究》，巴蜀书社，2003年，第433页。

[8] 韩巍：《西周金文世族研究》，北京大学博士学位论文，2007年，第158页。

素。"[1]那么，梁其钟具有哪些"最晚年代特征的因素"呢？

我们先看梁其钟的调音情况。在上海博物馆收藏的3件梁其钟当中，"除钟44043右鼓鸾鸟纹内面外，各钟两正鼓、两铣角、四侧鼓部内面均有凹槽，共8条。"[2]这种调音模式，应该是"铸调双音"[3]成熟阶段的产物，故此梁其钟的铸造已经进入西周晚期。

我们再看梁其钟的纹饰。梁其钟的正鼓部饰鸟体龙纹（图2·1·8之5、10）。其与西周晚期厉王之世的断代标准器——士父钟[4]相比，二者的正鼓部纹饰虽然同为鸟体龙纹，但梁其钟正鼓部所饰鸟体龙纹已经出现了新的时代特征，那就是龙角上出现了目纹。不仅如此，梁其钟正鼓部所饰鸟体龙纹的龙角形态也发生了变化。士父钟正鼓部所饰鸟体龙纹的龙角呈条带状（图2·1·3之32、38），而梁其钟正鼓部所饰鸟体龙纹的龙角则呈鸟首状（图2·1·8之5、10），其形态取自带有目纹的窃曲纹。故此，梁其钟的时代应该晚于士父钟所属的厉王之世。笔者全面梳理西周晚期的西周甬钟资料，发现梁其钟正鼓部所饰鸟体龙纹（图2·1·8之5、10）与西周晚期宣王之世的中义钟正鼓部所饰鸟体龙纹（图2·1·5之9）的形态高度雷同，如龙角出现了目纹，龙角形态呈鸟首状。另外，梁其钟正鼓部所饰鸟体龙纹的龙舌穿过龙颈（图2·1·8之5、10），这也是厉王及前世西周甬钟正鼓部所饰鸟体龙纹上从未出现的纹样形态新元素。故此，笔者认为梁其钟应为西周晚期宣王后段之器。所以，在目前学界关于梁其钟的7种不同的断代观点中，笔者的断代更接近第七种"宣王晚期至幽王"说。

篆带饰有AbⅢ式对角两头龙纹的梁其钟为上海博物馆藏所藏的两件：为44043、27222号。两钟均保存完好（图2·1·8之1、6）。舞部饰横S形窃曲纹（图2·1·8之13），其工艺手法为阳刻平雕加阴线刻。旋、斡俱全，近方形斡。枚、篆、钲区以粗单阳线弦纹界隔。篆带饰对角两头龙纹（图2·1·8之4、9），龙纹的上唇短小，

[1]　张懋镕：《西周青铜器断代两系说刍议》，《考古学报》2005年第1期，第5页。
[2]　马承源：《中国音乐文物大系·上海卷》，大象出版社，1996年，第26页。
[3]　冯光生：《周代编钟的双音技术及应用》，《中国音乐学》2002年第1期，第43页。
[4]　高至喜：《西周士父钟的再发现》，《文物》1991年第5期，第87页。

上卷，龙舌呈弧形下垂，穿进龙颈，在龙身的中间位置饰一个目纹；其工艺手法为阳刻平雕加阴线刻。正鼓部饰一对鸟体龙纹（图2·1·8之5、10），二者呈镜面对称关系；因鸟体龙纹的龙角上饰有目纹，故龙角的整体形态像一个带有鸟喙的鸟首，其形态取自带有目纹的窃曲纹；龙纹的上唇上卷，呈象鼻形，龙舌卷向下后方，穿进龙颈约四分之三，具有鲜明的时代特征。钟体背面的钲部（图2·1·8之2、7）和左侧鼓部（图2·1·8之3、8）均铸有铭文。枚呈二节圆柱形，共计36个。钟腔内壁均有调音。两件梁其钟的不同之处分述如下：

梁其钟44043号：该钟背面的右侧鼓部没有侧鼓音的标记纹饰，应为该组编钟的第1件或第2件。钟体有铭文73字，分9行，其中4行位于背面的钲部（图2·1·8之2、14），5行位于背面的左侧鼓部（图2·1·8之3、15）。钟腔内壁有调音槽7条，分别位于两个正鼓部、两个铣角、正面两个侧鼓部和背面的左侧鼓部，而背面的右侧鼓部没有调音槽。调音槽均较长，从于口直达舞底[1]。该钟通高为55.2厘米，重量为23.8千克[2]。

梁其钟27222号：该钟背面的右侧鼓部饰有一个鸾鸟纹（图2·1·8之11），线条简练，作为侧鼓音的标记纹饰。钟体有铭文78字，分10行，其中4行位于背面的钲部（图2·1·8之7、16），6行位于背面的左侧鼓部（图2·1·8之8、17）。钟腔内壁有调音槽8条，分别位于两个正鼓部、两个铣角和四个侧鼓部。调音槽均较长，从于口直达舞底[3]。该钟通高为54.5厘米，重量为25.5千克[4]。

这里需要指出一处谬误。关于上海博物馆所藏3件梁其钟（44043、22722、27591号）是否有侧鼓音的标记纹饰——鸾鸟纹的问题，《中国音乐文物大系·上海卷》指出："钟44043右鼓有鸾鸟纹，余二钟无。"[5]笔者通过核实《中国音乐文物大系·上海卷》所附3件梁其钟的图片[6]可知，这句描述有误。事实上，梁其

[1] 马承源：《中国音乐文物大系·上海卷》，大象出版社，1996年，第26页。
[2] 同[1]。
[3] 同[1]。
[4] 同[1]。
[5] 同[1]，第24页。
[6] 同[1]，第24~27页，图1·2·2a~2c。

1                                    2

图2·1·8之1、2　篆带饰AbⅢ式对角两头龙纹的西周甬钟

1.上海博物馆藏梁其钟背面（44043号）（王清雷摄）　2.上海博物馆藏梁其钟（44043号）背面的钲部铭文（王清雷摄）

钟44043号背面的右侧鼓部没有鸾鸟纹（图2·1·8之1），而其余两件梁其钟（22722、27591号）背面的右侧鼓部均有鸾鸟纹（图2·1·8之6、12）。

## （二）B型（斜角龙纹）

根据篆带斜角龙纹制作工艺手法的不同，笔者将B型（斜角龙纹）分为三式：BⅠ式（阴线刻纹饰）、BⅡ式（阳线纹饰）和BⅢ式（阳刻平雕加阴线刻纹饰）。

3

4

5

6

7

图2·1·8之3~7　篆带饰AbⅢ式对角两头龙纹的西周甬钟

3.上海博物馆藏梁其钟（44043号）背面的左侧鼓部铭文（王清雷摄）　4.上海博物馆藏梁其钟（44043号）背面左侧篆带纹饰（王清雷摄）　5.上海博物馆藏梁其钟（44043号）背面的正鼓部纹饰（王清雷摄）　6.上海博物馆藏梁其钟（27222号）背面（王清雷摄）　7.上海博物馆藏梁其钟（27222号）背面的钲部铭文（王清雷摄）

8                                    9

10

**图2·1·8之8～10   篆带饰AbⅢ式对角两头龙纹的西周甬钟**

8.上海博物馆藏梁其钟（27222号）背面的左侧鼓部铭文（王清雷摄）   9.上海博物馆藏梁其钟
（27222号）背面左侧篆带纹饰（王清雷摄）   10.上海博物馆藏梁其钟（27222号）背面的正鼓部纹
饰（王清雷摄）

11　　　　　　　　　　　　　　　　　　12

13

**图2·1·8之11~13　篆带饰AbⅢ式对角两头龙纹的西周甬钟**

11.上海博物馆藏梁其钟（27222号）背面的右侧鼓部纹饰（王清雷摄）　12.上海博物馆藏梁其钟
（27591号）背面的正鼓部和右侧鼓部纹饰（王清雷摄）　13.上海博物馆藏梁其钟（44043号）舞部
纹饰（王清雷摄）

14　　　　　　　　　　　　15

图2·1·8之14、15　篆带饰AbⅢ式对角两头龙纹的西周甬钟

14.上海博物馆藏梁其钟（44043号）背面的钲部铭文拓片[1]　15.上海博物馆藏梁其钟（44043号）背面的左侧鼓部铭文拓片[2]

[1]马承源：《中国音乐文物大系·上海卷》，大象出版社，1996年，第25页，图1·2·2b。"14.
　　上海博物馆藏梁其钟（44043号）背面的钲部铭文拓片"由王清雷裁剪自"图1·2·2b"。
[2]同[1]。"15.上海博物馆藏梁其钟（44043号）背面的左侧鼓部铭文拓片"由王清雷裁剪自"图
　　1·2·2b"。

16　　　　　　　　　　　　　17

图2·1·8之16、17　篆带饰AbⅢ式对角两头龙纹的西周甬钟

16.上海博物馆藏梁其钟（27222号）背面的钲部铭文拓片[1]　17.上海博物馆藏梁其钟（27222号）背面的左侧鼓部铭文拓片[2]

[1] 马承源：《中国音乐文物大系·上海卷》，大象出版社，1996年，第27页，图1·2·2d。"16.上海博物馆藏梁其钟（27222号）背面的钲部铭文拓片"由王清雷裁剪自"图1·2·2d"。

[2] 同[1]。"17.上海博物馆藏梁其钟（27222号）背面的左侧鼓部铭文拓片"由王清雷裁剪自"图1·2·2d"。

B I 式

B I 式斜角龙纹的制作工艺手法为阴线单勾。篆带饰有B I 式斜角龙纹的西周甬钟主要有如下1例：

例：江西鹰潭甬钟

1975年夏天，江西"南昌市李家庄废旧品仓库的工人同志在清理杂铜时，发现一件古代铜钟，他们出于对祖国文物的爱护，随即拣选出来送交我馆珍藏。据废铜调拨记录，这批废铜都系鹰潭调入，故此这件古铜钟该是鹰潭地区出土"[1]。

关于江西鹰潭甬钟的断代，学界主要有2种不同观点，分述如下：

第一，"西周"说。关于该钟的时代，《中国音乐文物大系II·江西卷》一书认为其时代为西周时期[2]。

第二，"西周中期"说。《赣江流域出土商周铜铙和甬钟概述》一文将该钟时代断为"西周中期"[3]。

那么，以上两种不同的断代观点，哪一种合理呢？是否还有其他新的认识呢？

鹰潭甬钟钟腔内壁没有调音锉磨的痕迹。背面右侧鼓部（图2·1·9之3）虽然饰一个阴线鸾鸟纹，作为侧鼓音的演奏标记，但从其测音数据（正鼓音$e^1$+35、侧鼓音$^\#g^1$-31音分）[4]来看，双音效果较差；旋上饰细阳线燕尾云纹。综合考量，笔者认为应将该钟的时代断为西周中期懿孝时期。

该钟（14946号）（图2·1·9之1）斡残缺，个别枚缺损，余部保存完整。器表覆盖着一层绿锈，局部留存泥锈。平舞，上置圆柱形甬，未封衡。旋、斡俱全，斡已失。旋饰细阳线燕尾云纹。钲、篆、枚区各部以粗单阴线弦纹为界。篆带饰斜角龙纹（图2·1·9之2），属于适合纹样，其工艺手法为阴线单勾。钲部素面。背面正鼓部（图2·1·9之3）饰一对阴线工字形云纹，二者呈镜面对称关系，线条朴拙；右侧鼓部饰一个阴线鸾鸟纹，线条简洁，作为侧鼓音的标记纹饰。二节圆柱形枚，共计

[1] 李恒贤、彭适凡：《西周甬钟》，《文物工作资料》1976年2月1日（总61期）。
[2] 彭适凡、王子初：《中国音乐文物大系II·江西卷》，大象出版社，2009年，第52页。
[3] 彭适凡：《赣江流域出土商周铜铙和甬钟概述》，《南方文物》1998年第1期，第46页，附表一中的第19号甬钟。
[4] 同[2]。

1　　　　　　　　　　2

3

**图2·1·9　篆带饰B I 式斜角龙纹的西周甬钟**

1.江西鹰潭甬钟背面[1]　2.江西鹰潭甬钟背面左侧篆带纹饰[2]　3.江西鹰潭甬钟背面正鼓部和右侧鼓部纹饰[3]

[1]彭适凡、王子初:《中国音乐文物大系 II·江西卷》，大象出版社，2009年，第52页，图1·4·2。

[2]同[1]。"2.江西鹰潭甬钟背面左侧篆带纹饰"由王清雷裁剪自"图1·4·2"。

[3]同[1]。"3.江西鹰潭甬钟背面正鼓部和右侧鼓部纹饰"由王清雷裁剪自"图1·4·2"。

36个。于口没有内唇。钟腔内壁没有详细调音锉磨的痕迹，也没有音梁。该钟通高35.8厘米，重13.5千克[1]。

B Ⅱ 式

B Ⅱ 式斜角龙纹的制作工艺手法为阳线单勾。篆带饰有 B Ⅱ 式斜角龙纹的西周甬钟主要有如下1例：

例：楚公豪钟（2号）

目前所知，楚公豪钟共计5件，其中3件（1、2、3号）藏于日本京都泉屋博古馆，均为陈介祺旧藏；1件（Z98:3009号）于1998年在陕西周原召陈村出土；还有1件仅见于著录[2]。篆带饰有 B Ⅱ 式斜角龙纹的为泉屋博古馆所藏2号楚公豪钟。

关于楚公豪钟的断代，学界分歧很大。高至喜先生在《晋侯墓出土楚公逆编钟的几个问题》一文中就诸家对楚公豪钟的断代研究做了详细的综述。该文指出："关于楚公豪钟的年代，目前学术界多从郭沫若先生的意见，认为楚公豪即熊鄂（楚公逆）之子熊仪，熊仪即若敖。如罗西章先生说：'从这次出土的楚公豪钟的造型、纹饰，以及铭文的字形字体看，它铸造的时代在幽王之时，正是熊仪在位的年限之内。'关于楚公豪钟的年代，除了郭沫若、罗西章先生等的西周末年说之外，还有张亚初先生的西周中期末说（指夷王时期，或厉王早期）；朱德熙、裘锡圭和李家浩先生的西周晚期说，即认为楚公豪即熊挚，在周厉王时；还有李零先生的春秋早期说，认为楚公豪是熊眴时期的可能性较大，年代在春秋初和夏渌先生的春秋中期说，主张楚公豪即熊恽楚成王。"[3]高至喜先生赞同朱德熙、裘锡圭和李家浩先生的观点，即"楚公豪即熊挚，年代相当于周厉王之时"[4]。高西省先生在《楚公编钟及有关问题》一文提出新说，认为楚公豪钟"应铸于周宣王晚年到

[1] 彭适凡、王子初：《中国音乐文物大系 Ⅱ·江西卷》，大象出版社，2009年，第52页。

[2] a. 王子初：《中国音乐文物大系·湖北卷》，大象出版社，1996年，第36页。b. 罗西章：《陕西周原新出土的青铜器》，《考古》1999年第4期，第20、21页。c. 高西省：《楚公编钟及有关问题》，《文物》2015年第1期，第43页。

[3] 高至喜：《晋侯墓出土楚公逆编钟的几个问题》，《晋侯墓地出土青铜器国际学术研讨会论文集》，上海书画出版社，2002年，第348页。

[4] 同[3]，第349页。

周平王初年"[1]。

从以上诸家断代之研究来看，楚公豪钟的时代从西周中期的夷王始，到西周晚期各王，再到春秋初年的周平王，最后到春秋中期，可见争议之大。那么，以上诸家的断代观点，哪一种合理呢？

由于没有楚公豪钟的调音资料可做断代凭证，笔者只能从其纹饰及其工艺手法对泉屋博古馆所藏2号楚公豪钟的时代试做推测。该钟旋上饰燕尾云纹（图2·1·10之4），其工艺手法为细阳线双勾；篆带（图2·1·10之7）饰斜角龙纹，其工艺手法为细阳线单勾，具有西周中期的特征。其正鼓部（图2·1·10之9）饰工字形云纹，工艺手法为阳刻平雕加阴线刻，又带有西周晚期的特征。"按照考古学的常识，判定某器物的年代是着眼于那些显示最晚年代特征的因素。"[2]由此，笔者认为泉屋博古馆所藏2号楚公豪钟应为西周晚期厉王之器。笔者认同高至喜、朱德熙、裘锡圭和李家浩先生的断代观点，即"楚公豪即熊挚，年代相当于周厉王之时"[3]。

泉屋博古馆藏2号楚公豪钟（图2·1·10之1、2、8）除甬端以及个别枚缺损外，余部保存完整。平舞，上置圆柱形长甬。旋、斡俱全，近方形斡，旋饰细阳线燕尾云纹（图2·1·10之4）。钲、篆、枚区各部以粗单阳线弦纹为界。篆带饰斜角龙纹（图2·1·10之7），属于适合纹样，其工艺手法为细阳线单勾。背面钲部（图2·1·10之3）铸有铭文。背面正鼓部（图2·1·10之5）饰一对工字形云纹，二者呈镜面对称关系，其工艺手法为阳刻平雕加阴线刻，正鼓部纹饰两侧还装饰歧枝，工艺非常考究。背面右侧鼓部饰一个象纹（图2·1·10之6），作为侧鼓音的标记纹饰；象纹写实与写意兼具，极富浪漫主义气息。二节圆柱形枚，共计36个。钟腔内壁是否有调音锉磨未知。该钟通高44.1厘米[4]。

[1] 高西省：《楚公编钟及有关问题》，《文物》2015年第1期，第44页。

[2] 张懋镕：《西周青铜器断代两系说刍议》，《考古学报》2005年第1期，第5页。

[3] 高至喜：《晋侯墓出土楚公逆编钟的几个问题》，《晋侯墓地出土青铜器国际学术研讨会论文集》，上海书画出版社，2002年，第349页。

[4] 王子初：《中国音乐文物大系·湖北卷》，大象出版社，1996年，第36页。

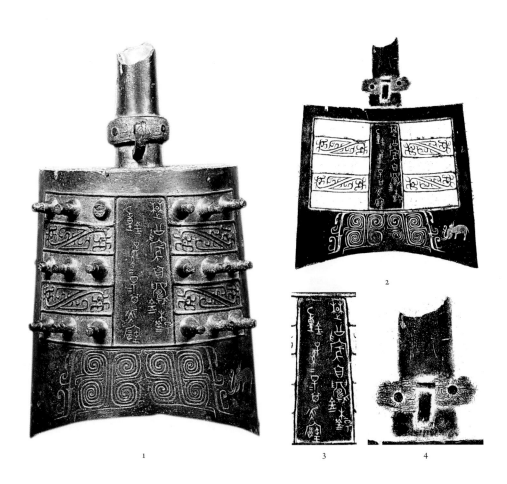

**图2·1·10之1～4　篆带饰BⅡ式斜角龙纹的西周甬钟**

1.泉屋博古馆藏2号楚公豪钟背面[1]　2.泉屋博古馆藏2号楚公豪钟背面拓片[2]　3.泉屋博古馆藏2号
楚公豪钟背面的钲部铭文拓片[3]　4.泉屋博古馆藏2号楚公豪钟旋斡拓片[4]

---

[1] 高西省：《楚公编钟及有关问题》，《文物》2015 年第 1 期，第 45 页，图三。

[2] http://www.360doc.com/content/18/0328/16/46962302_741008497.shtml

[3] 同［2］。

[4] 同［2］。

图2·1·10之5～9　篆带饰BⅡ式斜角龙纹的西周甬钟

5.泉屋博古馆藏2号楚公蒙钟背面的正鼓部纹饰拓片[1]　6.泉屋博古馆藏2号楚公蒙钟背面的右侧鼓
部纹饰拓片[2]　7.泉屋博古馆藏2号楚公蒙钟背面的右侧下方篆带纹饰拓片[3]　8.泉屋博古馆藏2号
楚公蒙钟正面拓片[4]　9.泉屋博古馆藏2号楚公蒙钟正面的正鼓部纹饰拓片[5]

［1］http://www.360doc.com/content/18/0328/16/46962302_741008497.shtml

［2］同［1］。

［3］同［1］。

［4］同［1］。

［5］同［1］。

BⅢ式

BⅢ式斜角龙纹的制作工艺手法为阳刻平雕加阴线刻。篆带饰有BⅢ式斜角龙纹的西周甬钟主要有如下1例：

例：河南洛阳西工编钟

1986年，出土于河南省洛阳西工航空工业部612研究所（位于东周王城内东部靠南）一座周墓。该墓被两座战国墓所打破，墓内仅出土这4件甬钟，可能有缺失[1]。

关于洛阳西工编钟的断代，学界主要有2种不同观点，分述如下：

第一，"西周"说。《中国音乐文物大系·河南卷》一书将其时代断为西周时期[2]。

第二，"西周晚期"说。《先秦大型组合编钟研究》一文将其时代断为"西周晚期"[3]。

那么，以上2种不同的断代观点，哪一种合理呢？是否还有其他新的认识呢？

"按照考古学的常识，判定某器物的年代是着眼于那些显示最晚年代特征的因素。"[4]那么，洛阳西工编钟的"最晚年代特征的因素"体现在哪里呢？我们来看洛阳西工编钟的正鼓部纹饰。该钟正鼓部饰一对鸟体龙纹（图2·1·11之4、5）。其与西周晚期厉王之世的断代标准器——士父钟[5]相比，二者的正鼓部纹饰虽然同为鸟体龙纹，但洛阳西工编钟正鼓部所饰鸟体龙纹已经出现了新的时代特征，那就是龙角上出现了目纹。同时，洛阳西工编钟正鼓部所饰鸟体龙纹的龙角形态也呈现出新的时代特征。士父钟正鼓部所饰鸟体龙纹的龙角呈条带状（图2·1·3之32、38），而洛阳西工编钟正鼓部所饰鸟体龙纹的龙角则呈鸟首状（图2·1·11之4、5）。故此，洛阳西工编钟的时代应该晚于士父钟所属的厉王之世。笔者全面梳理西周晚期的西周甬钟资料，发现洛阳西工编钟正鼓部所饰鸟体龙纹（图2·1·11之4、5）与西

[1] 赵世纲：《中国音乐文物大系·河南卷》，大象出版社，1996年，第80页。
[2] 同[1]。
[3] 王友华：《先秦大型组合编钟研究》，中国艺术研究院博士学位论文，2009年，第114页。
[4] 张懋镕：《西周青铜器断代两系说刍议》，《考古学报》2005年第1期，第5页。
[5] 高至喜：《西周士父钟的再发现》，《文物》1991年第5期，第87页。

周晚期宣王之世的梁其钟正鼓部所饰鸟体龙纹（图2·1·8之5、10）的形态高度雷同，如龙角出现了目纹，龙角形态呈鸟首状、龙纹的龙舌穿过龙颈，这都是厉王及前世西周甬钟正鼓部所饰鸟体龙纹上从未出现的纹样形态新元素。不仅如此，洛阳西工编钟正鼓部所饰鸟体龙纹上还出现了梁其钟正鼓部所饰鸟体龙纹上所没有的新的时代元素，那就是鸟体上也出现了目纹。综合考量，笔者认为应将洛阳西工编钟断为西周晚期宣王晚段之器。

　　4件甬钟（图2·1·11之1）均保存完好。旋、斡俱全，近方形斡。枚、篆、钲区以粗单阳线弦纹界隔。篆带饰斜角龙纹（图2·1·11之3），龙纹的上唇和下唇均短小，龙首上有龙角；其工艺手法为阳刻平雕加阴线刻。正鼓部饰一对鸟体龙纹（图2·1·11之4、5），二者呈镜面对称关系；因鸟体龙纹的龙角上饰有目纹，故龙角的整体形态像一个带有鸟喙的鸟首，其形态取自带有目纹的窃曲纹；龙纹的上唇上卷，呈象鼻形，长舌弯向下后方，穿进龙颈约四分之三；鸟体上饰有目纹。这种鸟体龙纹的形态，呈现出一种全新的时代特征。背面的右侧鼓部均饰有鸾鸟纹（图2·1·11之5），作为侧鼓音的标记纹饰。器表没有铭文。枚呈二节圆柱形，共计36个。4件甬钟的钟腔内壁没有音梁，于口均有内唇。1、2、3号甬钟钟腔内壁均有调音锉磨的痕迹，锉磨位置主要集中在内唇，4号甬钟没有调音。其中，1号甬钟调音锉磨位于两个铣角和正面的右侧鼓部，在于口上可见3个明显的弧形缺口；3号钟调音位于两个铣角的内唇，锉磨量较少[1]。

　　这里需要指出6处谬误，分述如下：

　　第一，《中国音乐文物大系·河南卷》一书对于洛阳西工编钟的纹饰描述有3处谬误。《中国音乐文物大系·河南卷》一书认为洛阳西工编钟的"枚间饰三角云纹，……甬饰重瓦纹，旋、斡饰鸟头纹"[2]。该书所言的"枚间"是指篆带。从洛阳西工编钟的篆带纹饰（图2·1·11之3）来看，该纹样由两条独立的龙构成；每条龙的龙尾向龙头的一侧回折，与龙头相对，龙尾与龙身形成一个斜角；两条龙的龙头均回顾，在一条篆带内呈对角关系；两条龙的龙身基本呈平行线的关系。故此，

[1] 赵世纲:《中国音乐文物大系·河南卷》，大象出版社，1996年，第80页。
[2] 同[1]。

该钟篆带的纹饰为斜角龙纹，而非"三角云纹"。从该钟的甬部（图2·1·11之2）来看，甬、斡均为素面，并没有该书所谓的"重瓦纹"与"鸟头纹"。

第二，《中国音乐文物大系·河南卷》一书所载"附表25 洛阳西工编钟形制数据"[1]（图2·1·11之7）中有2处谬误：表中的"铣长"和"枚长"这两组数据有误。该表错将1、2、3、4号钟的铣长写为4、3、2、1号钟的铣长；错将1、2、3、4号钟的枚长写为4、3、2、1号钟的枚长。

第三，《中国音乐文物大系·河南卷》一书"图1·7·2b"的图注有误。该书"图1·7·2b"的图注为"洛阳西工编钟·1号钟"[2]。经笔者核验该书"2.洛阳西工编钟（4件）"的测音数据[3]和形制数据[4]，可以确知"1号钟"是指最大的一件钟。但是笔者将该书"图1·7·2b"的这件甬钟（图2·1·11之2）与该书"图1·7·2a"中的4件甬钟（图2·1·11之1）反复比对，发现该书"图1·7·2b"的这件甬钟并非是"1号钟"（图2·1·11之1，右数第1件），而是"3号钟"（图2·1·11之1，右数第3件）。故此，应该将《中国音乐文物大系·河南卷》一书"图1·7·2b"的图注更正为"洛阳西工编钟·3号钟"。

1

图2·1·11之1　篆带饰BⅢ式斜角龙纹的西周甬钟

1.河南洛阳西工编钟（4件）背面[5]

---

[1] 赵世纲：《中国音乐文物大系·河南卷》，大象出版社，1996年，第309页，附表25。

[2] 同[1]，第80页，图1·7·2b。

[3] 同[1]，第80页。

[4] 同[1]。

[5] 同[1]，第80页，图1·7·2a。

图2·1·11之2～4　篆带饰BⅢ式斜角龙纹的西周甬钟

2.河南洛阳西工编钟（3号）背面[1]　3.河南洛阳西工编钟（3号）背面左侧篆带纹饰[2]　4.河南洛阳西工编钟（2、1号）背面的正鼓部和右侧鼓部纹饰[3]

[1]赵世纲：《中国音乐文物大系·河南卷》，大象出版社，1996年，第80页，图1·7·2b。该书
　　图1·7·2b的图注"洛阳西工编钟·1号钟"有误，应该为"洛阳西工编钟·3号钟"，特此说明。
[2]同[1]。"3.河南洛阳西工编钟（3号）背面左侧篆带纹饰"由王清雷裁剪自"图1·7·2b"。
[3]同[1]，图1·7·2a。"4.河南洛阳西工编钟（2、1号）背面的正鼓部和右侧鼓部纹饰"由王
　　清雷裁剪自"图1·7·2a"。

5

6

| 序号 | 通高 | 甬 | | | 舞 | | 鼓 | | 铣 | | | 中长 | 枚长 | 重量 |
|---|---|---|---|---|---|---|---|---|---|---|---|---|---|---|
| | | 长 | 上径 | 下径 | 修 | 广 | 厚 | 间距 | 长 | 厚 | 间距 | | | |
| 1 | 40.5 | 14 | 4.1 | 6.5 | 20 | 15.5 | 1.5 | 16.5 | 16.5 | 1.6 | 23.0 | 22.2 | 1.2 | 15.3 |
| 2 | 38 | 13.7 | 4.2 | 6.2 | 18.5 | 13.7 | 2.0 | 14.7 | 18.6 | 1.5 | 22.0 | 21.4 | 1.3 | 15.0 |
| 3 | 28.5 | 10.4 | 3.4 | 4.0 | 13.5 | 11.0 | 1.4 | 10.7 | 24.9 | 1.6 | 16.0 | 16.2 | 1.9 | 6.1 |
| 4 | 25 | 8.0 | 2.8 | 3.4 | 11.0 | 9.0 | 0.8 | 9.5 | 26.4 | 1.5 | 12.8 | 13.8 | 1.9 | 4.3 |

7

**图2·1·11之5～7　篆带饰BⅢ式斜角龙纹的西周甬钟**

5.河南洛阳西工编钟（3号）背面的正鼓部和右侧鼓部纹饰[1]　6.河南洛阳西工编钟（4、3、1号）于口[2] 7.《中国音乐文物大系·河南卷》所载"附表25 洛阳西工编钟形制数据"[3]

---

[1] 赵世纲：《中国音乐文物大系·河南卷》，大象出版社，1996年，第80页，图1·7·2b。"5.河南洛阳西工编钟（3号）背面的正鼓部和右侧鼓部纹饰"由王清雷裁剪自"图1·7·2b"。

[2] 同[1]，第81页，图1·7·2c。

[3] 同[1]，第309页，附表25。

## 第二节

# 西周甬钟篆带龙纹的
# 类型学分析

在第一节中，笔者根据篆带龙纹主体纹样的不同，将西周甬钟篆带龙纹分为两型：A型（对角两头龙纹）、B型（斜角龙纹）。根据龙纹的龙舌是否穿过龙颈，笔者将A型（对角两头龙纹）分为两个亚型：Aa亚型（龙舌没有穿过龙颈）、Ab亚型（龙舌穿过龙颈），列举代表性西周甬钟实物共10例。其中，Aa亚型（龙舌没有穿过龙颈）分为两式，列举代表性实物共计7例；Ab亚型（龙舌穿过龙颈）分为三式，列举代表性实物共计3例。根据纹饰工艺手法的不同，笔者将B型（斜角龙纹）分为三式，列举代表性西周甬钟实物共3例。详细统计资料参见下表（表5）：

## （一）型式分析

根据篆带龙纹主体纹样的不同，笔者将西周甬钟篆带龙纹分为两型：A型（对角两头龙纹）、B型（斜角龙纹）。其中，A型（对角两头龙纹）又分为两个亚型：Aa亚型（龙舌没有穿过龙颈）、Ab亚型（龙舌穿过龙颈）。下面，笔者分别对Aa亚型、Ab亚型和B型的型式演变试做探讨。

表5　西周甬钟篆带龙纹型式与范例一览表

| 型式 | | 甬钟名称 | 时代 | 来源及器主 | 国别、族属 |
|---|---|---|---|---|---|
| A | Aa | Aa Ⅰ | 1. 三式兴钟（4件，76FZH1:8、30、16、33号） | 孝王 | 1976年出土于陕西扶风庄白一号窖藏，器主为微伯兴 | 殷遗民微氏家族，子姓 |
| | | | 2. 㝬钟 | 厉王 | 清宫旧藏。应该出自扶风周原。器主为周厉王姬胡。 | 宗周，姬姓。 |
| | | | 3. 士父钟 | 厉王 | 著录4件，现存3件。其中2件为清宫旧藏，1件从湖南株洲收集。应铸自陕西扶风周原或附近地区。 | 未知。 |
| | | | 4. 陕西扶风齐家村甬钟甲 | 厉王 | 1966年出土于陕西省扶风县齐家村。 | 未知。 |
| | | | 5. 柞钟 | 厉王 | 1960年出土于陕西省扶风齐家村一处西周青铜器窖藏，器主为"柞"。 | 未知。 |
| | | | 6. 鲁邁钟 | 厉王 | 由上海博物馆拣选，器主为"鲁邁"。 | 鲁国，姬姓鲁氏。 |
| | | Aa Ⅱ | 中义钟（4件，60·0·187、182、188、189号） | 宣王 | 1960年出土于陕西省扶风齐家村一处西周青铜器窖藏，器主为"中义"。 | 姬姓中氏家族 |
| | Ab | Ab Ⅰ | 井人安钟 | 夷王 | 现存4件，其中3件为传世品，1件出土于陕西扶风齐镇村西周铜器窖藏，器主为井人安，为姬姓井氏的家臣。 | 未知。 |
| | | Ab Ⅱ | 师史钟 | 厉王 | 1974年出土于陕西扶风强家村西周铜器窖藏，器主为"师史"。 | 虢国，姬姓虢叔氏。 |
| | | Ab Ⅲ | 梁其钟 | 宣王 | 1940年出土于陕西省扶风县法门寺任村，器主为"梁其"。 | 姬姓华氏家族。 |
| B | | B Ⅰ | 江西鹰潭甬钟 | 懿孝 | 出土于江西鹰潭地区。 | 百越。 |
| | | B Ⅱ | 楚公豪钟（2号） | 厉王 | 藏于日本京都泉屋博古馆，器主为楚公豪，即熊挚。 | 楚国，芈姓熊氏。 |
| | | B Ⅲ | 河南洛阳西工编钟 | 宣王晚段 | 1986年出土于河南省洛阳西工航空工业部612研究所（位于东周王城内东部靠南）一座周墓。 | 成周。 |

1.Aa亚型（龙舌没有穿过龙颈）

根据龙纹上唇形态的不同，笔者将西周甬钟篆带所饰Aa亚型对角两头龙纹分为AaⅠ式（上唇上卷呈斜角形）、AaⅡ式（上唇上卷呈象鼻形），均属于适合纹样。

AaⅠ式（上唇上卷呈斜角形）对角两头龙纹是目前所见西周甬钟篆带对角两头龙纹的最早纹样形态，初见于西周中期孝王之世（图2·1·3之5、11、14、20），多见于西周晚期厉王之世（图2·1·3之27、33、37、44、48、68、84）。其纹样特点为：对角两头龙纹的上唇上卷，呈斜角形，该斜角均为锐角，其中上卷的上唇里面还装饰有一个小三角形，有的小三角形被简化，显得中规中矩。

至西周晚期宣王之世，AaⅠ式（上唇上卷呈斜角形）对角两头龙纹的上唇简化，龙纹的上唇上卷，呈象鼻形，显得富有活力与生机，由此演变为AaⅡ式（上唇上卷呈象鼻形）对角两头龙纹（图2·1·5之7、13）。

2.Ab亚型（龙舌穿过龙颈）

根据龙纹龙身形态的不同，笔者将西周甬钟篆带所饰Ab亚型对角两头龙纹分为AbⅠ式（龙身被龙角穿过）、AbⅡ式（龙身完整）和AbⅢ式（龙身饰目纹）。

AbⅠ式（龙身被龙角穿过）对角两头龙纹（图2·1·6之5）出现于西周中期夷王之世，其纹样特点为：对角两头龙纹的上唇微上卷，龙舌后卷穿过龙颈；龙首上饰有长而高的弧形龙角，并穿过龙身；在龙身中部的上下各饰有一个三角纹；两个龙头为头顶对头顶，为相背式。

至西周晚期厉王之世，AbⅠ式（龙身被龙角穿过）对角两头龙纹的长而高的弧形龙角简化消失，故此龙身保存完整；其龙身中部上下装饰的两个三角纹演变为歧枝；两个龙头由头顶对头顶演变为龙嘴对龙嘴，为相对式。由此形成了AbⅡ式（龙身完整）对角两头龙纹（图2·1·7之6）。

至西周晚期宣王之世，AbⅡ式（龙身完整）对角两头龙纹的龙身中间位置增饰目纹，富有鲜明的时代特征，由此形成了AbⅢ式（龙身饰目纹）对角两头龙纹（图2·1·8之4、9）。

3.B型（斜角龙纹）

根据篆带斜角龙纹工艺手法的不同，笔者将西周甬钟篆带所饰B型（斜角龙纹）分为三式：BⅠ式（阴线刻纹饰）、BⅡ式（阳线纹饰）和BⅢ式（阳刻平雕加阴线刻纹饰）。

BⅠ式（阴线刻纹饰）斜角龙纹（图2·1·9之2）出现于西周中期懿孝之世，其工艺手法为阴线刻。

至西周晚期厉王之世，BⅠ式（阴线刻纹饰）斜角龙纹的工艺手法演变为阳线单勾，纹样形态基本没有变化，由此形成了BⅡ式（阳线纹饰）斜角龙纹（图2·1·10之7）。

至西周晚期宣王之世，随着时代的发展，BⅡ式（阳线纹饰）斜角龙纹的工艺手法演变为阳刻平雕加阴线刻，两个龙头也由相对式变为相背式，由此形成了BⅢ式（阳刻平雕加阴线刻纹饰）斜角龙纹（图2·1·11之3）。

## （二）时代分析

通过对西周甬钟篆带龙纹型式与范例资料的统计（表5）与时代分期（表6）的研究，笔者得出如下几点认识：

1.AaⅠ式（上唇上卷呈斜角形）对角两头龙纹出现于西周中期孝王之世，一直沿用至西周晚期厉王之世；AbⅠ式（龙身被龙角穿过）对角两头龙纹仅见于西周中期夷王之世；AbⅡ式（龙身完整）对角两头龙纹、BⅡ式（阳线纹饰）斜角龙纹均仅见于西周晚期厉王之世；AaⅡ式（上唇上卷呈象鼻形）对角两头龙纹、AbⅢ式（龙身饰目纹）对角两头龙纹和BⅢ式（阳刻平雕加阴线刻纹饰）斜角龙纹均仅见于西周晚期宣王之世。这些均为篆带饰有龙纹的西周甬钟断代，提供了一个可供参考的时代标尺。为了能够给予所研甬钟以准确地断代，除了参考"西周甬钟篆带龙纹型式分期表"（表6）之外，还需结合所研甬钟不同部位的纹饰、铭文（如果有的话）、调音、器型等综合元素，尤其要关注以上几个元素的细节，才能保证所研甬钟断代的合理性。

2.篆带饰有龙纹的西周甬钟实物主要有13例（表5），其中西周中期有3例，占总数的23%；西周晚期有10例，占总数的77%。由此可见，篆带饰有龙纹的西周甬钟主要流行于西周晚期。在西周晚期10例篆带饰有龙纹的西周甬钟中，篆带饰A型

表6　西周甬钟篆带龙纹型式与分期表

| 型式／时期 | A | | | | | B | | |
|---|---|---|---|---|---|---|---|---|
| | Aa | | Ab | | | BⅠ | BⅡ | BⅢ |
| | AaⅠ | AaⅡ | AbⅠ | AbⅡ | AbⅢ | | | |
| 西周早期 | | | | | | | | |
| 穆王 | | | | | | | | |
| 共王 | | | | | | | | |
| 懿王 | | | | | | | | |
| 孝王 | | | | | | | | |
| 夷王 | | | | | | | | |
| 厉王 | | | | | | | | |
| 共和 | | | | | | | | |
| 宣王 | | | | | | | | |
| 幽王 | | | | | | | | |

龙纹（对角两头龙纹）的有8例，占总数的80％；篆带饰B型龙纹（斜角龙纹）的有2例，占总数的20％。由此可见，A型龙纹（对角两头龙纹）是西周晚期甬钟篆带龙纹的主流纹样。

## （三）地域与族属分析

通过对西周甬钟篆带龙纹型式与范例资料的统计（表5）以及时代分期（表6）的综合分析，笔者初步得出如下几点认识：

1.篆带饰有龙纹的西周甬钟实物主要有13例（表5），A型龙纹（对角两头龙纹）的有10例，占总数的77％；篆带饰B型龙纹（斜角龙纹）的有3例，占总数的23％（图2·2·1）。由此可见，A型龙纹（对角两头龙纹）是西周甬钟篆带龙纹的主流纹样。

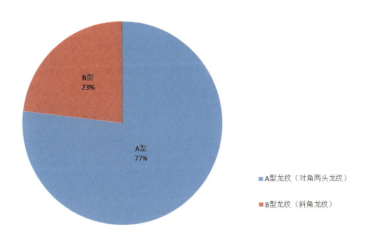

图2·2·1　西周甬钟篆带龙纹标本统计图（张玲玲制图）

2.从篆带饰有A型龙纹（对角两头龙纹）的10例西周甬钟的地域来看，除了1例（鲁遣钟）来源地不详之外，其余9例均出自陕西扶风宗周京畿之地；关于来源地不详的鲁遣钟，也是姬姓鲁国之器。故此，笔者认为篆带饰有A型龙纹（对角两头龙纹）的西周甬钟应为宗周礼乐文化的产物。

　　3.不论是子姓微氏家族的三式兴钟（4件，76FZH1:8、30、16、33号）、姬姓华氏家族的梁其钟、姬姓虢叔氏的师史钟和姬姓中氏家族的中义钟，还是周厉王姬胡所用的鈇钟以及国别与族属未知的士父钟、柞钟、井人安钟等，凡是出自陕西宗周京畿之地篆带饰有龙纹的西周甬钟，其篆带龙纹均被统一为A型龙纹（对角两头龙纹）。同时，在篆带饰有A型龙纹（对角两头龙纹）的10例西周甬钟中，除了1例（井人安钟）（图2·1·6之1、7）之外，其余9例西周甬钟的钲、篆、枚区均以粗单阳线弦纹界隔；除了1例（师史钟）（图2·1·7之1、4）之外，其余9例西周甬钟的正鼓部均饰一对鸟体龙纹。由此可见，从西周中期后段开始至西周晚期，宗周京畿之地的甬钟器表纹样形态基本形成统一的风格：钲、篆、枚区以粗单阳线弦纹界隔，篆带饰A型龙纹（对角两头龙纹），正鼓部饰一对鸟体龙纹。至此，真正代表宗周礼乐文化的周系甬钟终于成型，并进入自己的成熟阶段。这应该与西周晚期厉王之世的"厉始革典"，密切相关。另外，鲁国为周公姬旦之子伯禽的封地，可以享有与周室同等的祭祀、宗庙和礼乐等，乃至春秋时期"周礼尽在鲁"。故笔者推测，西周晚期厉王之世的鲁邍钟应该也是铸自陕西宗周京畿之地。

　　4.篆带饰B型龙纹（斜角龙纹）的西周甬钟主要有3例。其中，最早的一例为西周中期懿孝之世的江西鹰潭甬钟（图2·1·9之1），属于百越之地的产物，其篆带饰BⅠ式斜角龙纹（图2·1·9之2）。至晚在西周晚期厉王之世，这种纹样形态的甬钟传入楚地，如楚公豪钟（2号）（图2.1.10之1），其篆带饰BⅡ式斜角龙纹（图2.1.10之7）。至西周晚期宣王之世，这种形态的甬钟已经传入成周之地洛阳，如河南洛阳西工编钟（4件）（图2·1·11之1、2），其篆带饰BⅢ式斜角龙纹（图2·1·11之3）。与篆带饰BⅠ式斜角龙纹的百越之地的江西鹰潭甬钟和篆带饰BⅡ式斜角龙纹的楚国楚公豪钟（2号）相比，篆带饰BⅢ式斜角龙纹的河南洛阳西工编钟（4件）已经体现出浓郁的宗周礼乐文化特征，如：钲、篆和枚区以粗单阳线弦纹界隔，正鼓部饰一对鸟体龙纹（图2.1.11之4、5）。通过全面梳理西周晚期的西周甬钟资料，笔者发现洛阳西工编钟正鼓部所饰鸟体龙纹与出自宗周京畿之地、西周晚期宣王之世的梁其钟正鼓部所饰鸟体龙纹（图2·1·8之5、10）的形态高度雷同，属于同一时期的同一文化圈。显然，篆带饰BⅢ式斜角龙纹的河南洛阳西工编钟（4件）已经是宗周礼乐文化的产物，而其篆带纹样则是源自百越文化，体现出多元文化融合的特征。不仅如此，可以作为宗周礼乐文化的代表，篆带饰有A型龙纹（对角两头龙纹）的周系甬钟中，最早的一例是西周中期孝王之世的三式兴钟（4件，76FZH1:8、30、16、33号），属于殷遗民子姓微氏家族之器。张懋镕先生指出："最典型的殷遗民是微史家族人，如折、丰等，他们世代是周王臣，备受朝廷信任，然而殷文化恰恰在他们那里更多地保留下来。"[1]也就是说，A型龙纹（对角两头龙纹）这种篆带纹样并不是出自姬周文化，而是出自殷文化。故此，从篆带饰有龙纹的西周甬钟上，我们可以管窥出西周时期多元一体的宗周礼乐文化特征。

---

[1] 张懋镕：《西周青铜器断代两系说刍议》，《考古学报》2005年第1期，第18页。

第三章

西周甬钟篆带窃曲纹的
类型学研究

　　据笔者目前初步统计，有7例西周甬钟篆带装饰窃曲纹。窃曲纹是古代青铜器上常见的一种纹饰，诸多研究青铜器的文献对其均有专门的论述。故本章先对7例西周甬钟篆带所饰窃曲纹的类型学研究进行述评。在充分继承前人研究成果的基础上，笔者根据窃曲纹整体形态的不同，对西周甬钟篆带窃曲纹进行分型分式，然后再对其做型式演变、时代、地域与族属的分析与研究。

# 第一节

## 西周甬钟篆带窃曲纹的
## 类型学研究述评

    据笔者目前初步统计，篆带饰窃曲纹的西周甬钟实物主要有7例，分别为：虢叔旅钟（图1·2·3之1）、逆钟（4件）（图1·2·3之2）、述钟（6件）[1]（图1·2·3之3、4）、克钟（图1·2·3之5）、南宫乎钟（图1·2·3之6）、保利艺术博物馆藏应侯视工钟（小钟）（图1·2·3之7）和虢季编钟（8件）（图1·2·3之8）。

    窃曲纹是古代青铜器上常见的一种纹饰，诸多研究青铜器的文献对其均有专门的论述，其中一些文献涉及窃曲纹的类型学研究，如《西周青铜器分期断代研究》《西周青铜器年代综合研究》《中国青铜器综论》《西周青铜器窃曲纹研究》《青铜器窃曲纹的来源及分型》等。那么在这几部涉及窃曲纹类型学研究的文献中，对于以上7例西周甬钟篆带窃曲纹是如何分型分式的呢？笔者试做如下述评。

    根据篆带所饰窃曲纹形态的不同，笔者将7例西周甬钟篆带所饰窃曲纹分为四组：

---

[1] 说明：述钟共计6件，其中3件藏于陕西眉县博物馆（乙组Ⅰ、Ⅱ、Ⅳ号），1件藏于中国国家博物馆（乙组Ⅲ号），1件藏于美国克利夫兰艺术博物馆，1件藏于美国首阳斋。详细考证参见本书第三章第二节"AⅠ式的例2：述钟（6件）"。

## （一）　甲组西周甬钟篆带窃曲纹

甲组西周甬钟篆带窃曲纹以虢叔旅钟（图1·2·3之1）、虢季编钟（8件）（图1·2·3之8）这2例的篆带窃曲纹为代表。

在《中国青铜器综论》一书中，甲组西周甬钟篆带所饰窃曲纹被归入"◡形窃曲纹"中的B型。该书对于此型窃曲纹的具体界定为："B型　中目◡形窃曲纹，◡形中间嵌以目纹，两端皆作两叉状，其一端之一叉内折后平伸，末端外钩。一正一倒并列构成一组，重复出现形成纹饰带。"[1]该书所附"◡形窃曲纹"中的B型例图为扶风云塘一号窖藏出土的伯多父盨（H1:4）口下所饰纹样（图3·1·1之1），其与甲组西周甬钟篆带所饰窃曲纹形态相同。

在《西周青铜器年代综合研究》一书中，甲组西周甬钟篆带所饰窃曲纹属于BaⅤ式窃曲纹。该书对于此式窃曲纹的具体界定为："B型　龙纹窃曲纹。分二亚型。Ba亚型　来源于鼻向下卷的龙纹。分五式。"[2]其中，"Ⅴ式　原来连为一体的双G字形曲线分解为两个独立的，或有目或无目的横G字形花纹。"[3]该书也将伯多父盨（H1:4）口下所饰纹样作为此种窃曲纹的例图[4]，与《中国青铜器综论》一书例图（图3·1·1之1）相同。同时，该书明确将甲组西周甬钟之一的虢叔旅钟篆带窃曲纹归入BaⅤ式。

在《西周青铜器分期断代研究》一书中，甲组西周甬钟篆带所饰窃曲纹属于Ⅰ3式窃曲纹。该书对于此式窃曲纹的具体界定为："Ⅰ型　有目窃曲纹。此型窃曲纹均由单目和曲线组成花纹图案单元。""3式　将一目置于一个回形曲线之上。"[5]从该书所附Ⅰ3式窃曲纹例图之一的吴虎鼎口沿下所饰的窃曲纹单元纹样（图3·1·2之2）来看，其与甲组西周甬钟篆带窃曲纹形态相同。

在《青铜器窃曲纹的来源及分型》一文中，甲组西周甬钟篆带窃曲纹属于

［1］朱凤瀚：《中国青铜器综论》（上），上海古籍出版社，2009年，第580页。
［2］彭裕商：《西周青铜器年代综合研究》，巴蜀书社，2003年，第565页。
［3］同［2］，第568页。
［4］同［2］，第571页，图十九之1。
［5］王世民、陈公柔、张长寿：《西周青铜器分期断代研究》，文物出版社，1999年，第185页。

ⅡB4式窃曲纹。该书对于此式窃曲纹的具体界定为："Ⅱ型 由横G形构成的窃曲纹。""B亚型 目纹在横G形羽饰上。"[1] "4式 该式窃曲纹只有一横G形羽饰，或有目纹在其上，或目纹被歧牙饰代替。"[2]该文此式窃曲纹例图之一也是吴虎鼎口沿下所饰纹样[3]，与《西周青铜器分期断代研究》一书的例图（图3·1·2之2）相同。

综合以上4部文献对于甲组西周甬钟篆带窃曲纹的类型学研究来看，有3个问题需要进一步探讨，试析如下：

第一，在《中国青铜器综论》一书中，甲组西周甬钟篆带所饰窃曲纹被归入"◡形窃曲纹"。但是笔者仔细观察该窃曲纹的细部形态后发现，"◡形"的表述并不准确，而《西周青铜器年代综合研究》一书所言的"横G字形"和《青铜器窃曲纹的来源及分型》一文所言的"横G形"更为准确。故此，笔者认为应该将此种形态的窃曲纹定名为"横G形窃曲纹"更为合理。

第二，《西周青铜器年代综合研究》一书认为窃曲纹"实际上都是饕餮纹和所谓象鼻龙纹的变形"[4]。所以，该书按照窃曲纹的不同来源将窃曲纹分为A型（饕餮窃曲纹）和B型（龙纹窃曲纹）。甲组编钟篆带所饰窃曲纹被归入该书的BaⅤ式窃曲纹，原文为："B型 龙纹窃曲纹。分二亚型。Ba亚型 来源于鼻向下卷的龙纹。"[5]对于该书这种分型和分亚型的标准，笔者认为值得商榷。这是因为目前学界对于窃曲纹的来源并未达成共识，甚至分歧很大。如《西周青铜器分期断代研究》一书认为窃曲纹应该源自双夔合目纹、分尾夔纹、分尾鸟纹和象鼻龙纹[6]。《中国青铜器综论》一书认为"窃曲纹卷曲的条状当是取形于夔纹、顾龙纹之身躯，但其构造、布局则不仅取形于诸种龙纹，而且借鉴了饕餮纹与上述变形

---

[1] 张德良：《青铜器窃曲纹的来源及分型》，《文物》2009年第4期，第90页。

[2] 同[1]，第91页。

[3] 同[1]，图六之7。

[4] a. 彭裕商：《西周青铜器年代综合研究》，巴蜀书社，2003年，第557页。b. 彭裕商：《西周青铜器窃曲纹研究》，《考古学报》2002年第4期，第426页。

[5] 同[4]a，第565页。

[6] 王世民、陈公柔、张长寿：《西周青铜器分期断代研究》，文物出版社，1999年，第192页。

饕餮纹图案构形手法。"[1]而《青铜器窃曲纹的来源及分型》一文就这一问题，否定了以上三部文献的认识，该文认为："羽纹是构成窃曲纹的要素之一。仔细观察，发现窃曲纹主要由比较确定的几种羽纹和目纹按照一定构成方式组合而成，它既不是从分解饕餮纹发展而来，也不是从分尾鸟纹而来，也不是从龙纹发展而来。"[2]试想，如果《西周青铜器年代综合研究》中的A型（饕餮窃曲纹）和B型（龙纹窃曲纹）中的部分窃曲纹是源自《西周青铜器分期断代研究》一书所言的分尾鸟纹或者《青铜器窃曲纹的来源及分型》一文所言的羽纹，那么《西周青铜器年代综合研究》一书窃曲纹的分型分式体系就会坍塌。故此，笔者认为应该按照窃曲纹的客观形态特征来分型分式比较合理，如《中国青铜器综论》《西周青铜器分期断代研究》和《青铜器窃曲纹的来源及分型》这三部文献的窃曲纹分型分式原则，值得借鉴。

　　第三，在《西周青铜器分期断代研究》和《青铜器窃曲纹的来源及分型》这两部著作中，均用大写罗马数字标示"型"，用阿拉伯数字标示"式"。在《青铜器窃曲纹的来源及分型》一文中，还用大写英文字母标示"亚型"。对于这种类型学的分型分式标记，笔者认为值得商榷。"目前文博考古界普遍采用的是邹衡先生首创的器物型式的语言范式，即用汉字标示'类'，大写英文字母标示'型'，小写英文字母标示'亚型'，大写罗马数字标示'式'。"[3]如《中国青铜器综论》和《西周青铜器年代综合研究》这两部著作均采用这种类型学语言范式。"笔者以为，考古学是个大学科，发表学术论文或著作是学者之间分享学术心得的最好方式，如果能够采用文博考古界通用的语言范式，相信对于学术交流肯定是大有裨益的。"[4]

［1］朱凤瀚：《中国青铜器综论》（上），上海古籍出版社，2009年，第579页。
［2］张德良：《青铜器窃曲纹的来源及分型》，《文物》2009年第4期，第86页。
［3］王清雷：《西周甬钟的考古类型学研究述评》，《音乐艺术》2018年第4期，第130页。
［4］同［3］。

**图3·1·1 《中国青铜器综论》所载窃曲纹部分例图**

1.《中国青铜器综论》的◡形窃曲纹中B型窃曲纹·伯多父盨（H1:4）纹饰拓片[1]　2.《中国青铜器综论》的S形窃曲纹中AaII式窃曲纹·逆钟篆带纹饰拓片[2]　3.《中国青铜器综论》的S形窃曲纹中BaII式窃曲纹·伯公父壶（H1:7）纹饰拓片[3]

**图3·1·2 《西周青铜器分期断代研究》所载窃曲纹部分例图**

1.《西周青铜器分期断代研究》的Ⅰ2式窃曲纹·梁其簋口下纹饰拓片[4]　2.《西周青铜器分期断代研究》的Ⅰ3式窃曲纹·吴虎鼎口沿下纹饰拓片[5]

［1］朱凤瀚：《中国青铜器综论》（上），上海古籍出版社，2009年，第587页，图五·二七之5。

［2］同［1］，第585页，图五·二五之3。

［3］同［1］，第586页，图五·二六之4。

［4］王世民、陈公柔、张长寿：《西周青铜器分期断代研究》，文物出版社，1999年，第184页，图二之7。

［5］同［4］，第186页，图三之3。

## （二）乙组西周甬钟篆带窃曲纹

乙组西周甬钟篆带窃曲纹以逆钟（图1·2·3之2）、克钟（图1·2·3之5）、逨钟（4件，乙组Ⅰ、Ⅱ、Ⅲ号和克利夫兰艺术博物馆藏逨钟）（图1·2·3之3）这3例的篆带窃曲纹为代表。

在《中国青铜器综论》一书中，乙组西周甬钟篆带纹饰被归入"S形窃曲纹"中的AaⅡ式。该书对于此式窃曲纹的具体界定为："Aa型 由独立的S型纹作单元，在铜器上重复出现构成纹饰带。……Ⅱ式 弯卷处均较方正，近于直角，两端作两叉状，一端或作圆头。"[1]该书所附AaⅡ式窃曲纹例图之一（图3·1·1之2）恰恰就是乙组西周甬钟之一的逆钟篆带窃曲纹。

在《西周青铜器年代综合研究》一书中，乙组西周甬钟篆带纹饰被归入BbⅢ式窃曲纹。该书对于此式窃曲纹的具体界定为："B型 龙纹窃曲纹。"[2]"Bb亚型 来源于鼻向上卷的龙纹，整体呈横S形。"[3]"Ⅲ式 省去兽目，整个纹饰为横S形曲线。"[4]从该书所附BbⅢ式窃曲纹例图之一的莫伯盨口下纹饰（图3·1·3之2）来看，其与乙组西周甬钟篆带所饰窃曲纹属于同一种纹饰。尤其是，该书明确指出BbⅢ式窃曲纹"还见于厉王时的一式兴钟篆部，宣王时逆钟、克钟篆部"[5]。相同的论述还见于《西周青铜器窃曲纹研究》一文[6]。

在《青铜器窃曲纹的来源及分型》一文中，乙组西周甬钟篆带纹饰被归入ⅡC2式窃曲纹。该书对于此式窃曲纹的具体界定为："Ⅱ型 由横G形构成的窃曲纹。"[7]"C亚型 分为2式……2式 该式已呈横S形。2003年陕西眉县杨家村青铜器窖藏出的单叔鬲，所饰此式窃曲纹已无目纹痕迹，两部分横G形羽饰已成为一

［1］朱凤瀚：《中国青铜器综论》（上），上海古籍出版社，2009年，第579页。

［2］彭裕商：《西周青铜器年代综合研究》，巴蜀书社，2003年，第565页。

［3］同［2］，第568页。

［4］同［2］，第570页。

［5］同［2］，第572页。

［6］彭裕商：《西周青铜器窃曲纹研究》，《考古学报》2002年第4期，第432页。

［7］张德良：《青铜器窃曲纹的来源及分型》，《文物》2009年第4期，第90页。

体。"[1]从该文所附II型C亚型中的2式例图（图3·1·5之2）来看，其与乙组西周甬钟篆带所饰窃曲纹属于同一种纹样。

综合以上3部文献对于乙组西周甬钟篆带所饰窃曲纹的类型学研究来看，有四个问题值得进一步探讨。其中，前两个问题分别为：《西周青铜器年代综合研究》一书按照窃曲纹的不同来源进行分型分式的问题，《青铜器窃曲纹的来源及分型》一文对于类型学的分型分式标记问题，这两点已经在甲组西周甬钟篆带所饰窃曲纹的类型学研究述评中探讨过，这里不再赘述，下面仅谈剩余的两个问题，试论如下：

第一，关于乙组西周甬钟篆带所饰窃曲纹的整体形态，《中国青铜器综论》一书称其为"S形"[2]，《西周青铜器年代综合研究》一书称其为"横S形"[3]，《青铜器窃曲纹的来源及分型》一文亦称其为"横S形"[4]。从乙组编钟篆带所饰窃曲纹的纹样（图1·2·3之2、3、5）来看，其整体形态的精确表达为"横S形"。故此，笔者根据《西周青铜器年代综合研究》和《青铜器窃曲纹的来源及分型》这两部文献的意见，将乙组西周甬钟篆带所饰窃曲纹定名为"横S形窃曲纹"。

第二，《西周青铜器年代综合研究》一书认为，该书所论的BbⅢ式窃曲纹"还见于厉王时的一式兴钟篆部"[5]。对此，笔者有不同看法。从一式兴钟（76FZH1:64号）篆带纹饰（图3·1·4）来看，笔者认为其并不属于窃曲纹。《西周甬钟篆带云纹研究》一书对这一问题有详细考辨，原文如下[6]：

关于窃曲纹，许多学者并不陌生，《商周彝器通考》《殷周青铜器通论》《西周青铜器分期断代研究》《西周青铜器年代综合研究》《中国青铜器综论》这5部著作以及《西周青铜器窃曲纹研究》和《青铜器窃曲纹的来源及分型》这2篇文章均对窃曲纹有深入研究。

---

[1] 张德良：《青铜器窃曲纹的来源及分型》，《文物》2009年第4期，第91页。

[2] 朱凤瀚：《中国青铜器综论》（上），上海古籍出版社，2009年，第579页。

[3] 彭裕商：《西周青铜器年代综合研究》，巴蜀书社，2003年，第570页。

[4] 同[1]。

[5] 同[3]，第572页。

[6] 王清雷：《西周甬钟篆带云纹研究》，文物出版社，2021年，第57页。

　　笔者全面梳理了以上这些研究文献及所附图片，并没有发现一式兴钟（76FZH1:64号）篆带所饰或类似的纹样。同时，从纹样的工艺手法而言，窃曲纹均为阳刻平雕；在此基础上，绝大多数窃曲纹还加刻阴线，少数仅为阳刻平雕，不加阴线。《中国青铜器综论》指出："被青铜器研究者们通称为'窃曲纹'的纹饰形式较复杂，但均有共同特征，即每一种图案的主要母题皆是卷曲的细长条纹。"一式兴钟（76FZH1:64号）篆带所饰的纹样均为细阳线单勾而成。细阳线仅是一条线，只有一个维度（即长度），无法构成窃曲纹图案的"细长条纹"。故从纹样的工艺手法来看，一式兴钟（76FZH1:64号）篆带所饰纹样也不可能是窃曲纹。《西周青铜器年代综合研究》之所以认为一式兴钟（76FZH1:64号）的篆带纹饰为窃曲纹，应该是误将该纹饰的细阳线单勾看成了细阳线双勾，而细阳线双勾是可以构成"细长条纹"的。但是这种由细阳线双勾构成的"细长条纹"与阳刻平雕构成的"细长条纹"是完全不同的。细阳线双勾构成的"细长条纹"仅有宽度，属于平面艺术；而阳刻平雕构成的"细长条纹"既有宽度又有高度，属于立体艺术。所以，假如一式兴钟（76FZH1:64号）的篆带纹饰由细阳线双勾而成，其纹样也不是窃曲纹。

　　综上分析，《西周青铜器年代综合研究》认为一式兴钟（76FZH1:64号）篆带所饰的纹样属于"窃曲纹"的观点，是不能成立的。

　　《西周甬钟篆带云纹研究》一书通过对一式兴钟（76FZH1:64号）篆带纹饰（图3·1·4）的反复观察与分析，认为："一式兴钟76FZH1:64号背面的4方篆带所饰纹样各不相同。其中，背面左侧2方篆带均为细阳线单勾的螺旋形云纹，……；背面右侧2方篆带纹饰不同，下方的篆带纹饰为细阳线双勾的横S形云纹，其组织结构为二方连续纹样；背面右侧上方的篆带纹饰为组合纹样，该纹样右侧是一个细阳线双勾的横S形云纹，左侧是一个细阳线单勾的螺旋形云纹。"[1]

[1] 王清雷：《西周甬钟篆带云纹研究》，文物出版社，2021年，第193、194页。

1                                   2

图3·1·3 《西周青铜器年代综合研究》所载窃曲纹部分例图

1.《西周青铜器年代综合研究》的BbⅠ式窃曲纹·殷匄壶盖沿纹饰拓片[1] 2.《西周青铜器年代综合研究》的BbⅢ式窃曲纹·莫伯盨口下纹饰拓片[2]

1                                   2

图3·1·4 一式兴钟（76FZH1:64号）篆带纹饰

1.一式兴钟（76FZH1:64号）背面左侧篆带纹饰（王清雷描） 2.一式兴钟（76FZH1:64号）背面右侧篆带纹饰（王清雷描）

---

[1] 彭裕商：《西周青铜器年代综合研究》，巴蜀书社，2003年，第571页，图十九之3。
[2] 同［1］，图十九之8。

## （三）丙组西周甬钟篆带窃曲纹

丙组西周甬钟篆带窃曲纹以南宫乎钟（图1·2·3之6）的篆带窃曲纹为代表。

在《中国青铜器综论》一书中，丙组西周甬钟篆带窃曲纹被归入"S形窃曲纹"中的BaII式。该书对于此式窃曲纹的具体界定为："Ba型　S形图像两端作尖状，或歧状。……II式　两端均作两叉状。"[1]该书所附BaII式窃曲纹例图之一为扶风云塘一号窖藏出土的伯公父壶（H1:7）所饰纹样（图3·1·1之3），其单元纹样与丙组西周甬钟篆带所饰窃曲纹的单元纹样属于同一种类型，只不过目纹周边装饰及线条局部稍有不同。同时，二者单元纹样的排列方式也不同，伯公父壶（H1:7）窃曲纹的单位纹样为颠倒排列，丙组编钟篆带所饰窃曲纹的单位纹样为顺序排列。

在《西周青铜器年代综合研究》一书中，丙组西周甬钟篆带所饰窃曲纹属于BbⅠ式窃曲纹。该书对于此式窃曲纹的具体界定为："B型　龙纹窃曲纹。"[2]"Bb亚型　来源于鼻向上卷的龙纹，整体呈横S形。"[3]"Ⅰ式　兽目居中，兽目周围的花纹较少，只有两条回形曲线超过兽目的延长部分分别表示上下的兽口，回形曲线的另一端作上下向的分歧，略呈T字形，这是承接早期象鼻龙纹的造型手法来的。"[4]从该书所附BbⅠ式窃曲纹例图殷句壶盖沿所饰纹样（图3·1·3之1）来看，其单元纹样与丙组西周甬钟篆带所饰窃曲纹的单元纹样属于同一种类型，只是线条的局部稍有不同。同时，二者单元纹样的排列方式也不同，殷句壶盖沿所饰窃曲纹的单位纹样为颠倒排列，丙组编钟篆带所饰窃曲纹的单位纹样为顺序排列。

在《西周青铜器分期断代研究》一书中，丙组西周甬钟篆带所饰窃曲纹属于Ⅰ2式窃曲纹。该书对于此式窃曲纹的具体界定为："Ⅰ型　有目窃曲纹。此型窃曲

---

[1]朱凤瀚：《中国青铜器综论》（上），上海古籍出版社，2009年，第579页。

[2]彭裕商：《西周青铜器年代综合研究》，巴蜀书社，2003年，第565页。

[3]同[2]，第568页。

[4]同[2]，第568页。

纹均由单目和曲线组成花纹图案单元。""2式 中间为一目，两侧连接两个长方形回形曲线，左右对称。……此式窃曲纹中也有突出一目者，目纹周边有牙状饰，两端再延伸回形曲线。"[1]从该书所附Ⅰ2式窃曲纹例图之一的梁其簋口下所饰的窃曲纹单元纹样（图3·1·2之1）来看，其与丙组西周甬钟篆带所饰窃曲纹的单元纹样属于同一类型，只是目纹周边装饰及线条的局部稍有不同。

在《青铜器窃曲纹的来源及分型》一文中，丙组西周甬钟篆带所饰窃曲纹属于ⅡA2式窃曲纹。该书对于此式窃曲纹的具体界定为："Ⅱ型 由横G形构成的窃曲纹。""A亚型 由目纹连接两横G形羽饰构成。"[2]"2式 窃曲纹横G形羽饰圆转成所谓象鼻状，目纹有歧牙状饰。"[3]从该文此式窃曲纹例图之一伯公父壶盖所饰的窃曲纹单元纹样（图3·1·5之1）来看，其与丙组西周编钟篆带所饰窃曲纹的单元纹样属于同一类型，只是目纹周边装饰及线条的局部稍有不同。

综合以上4部文献对于丙组西周甬钟篆带所饰窃曲纹的类型学研究来看，有三个问题需要进一步探讨。其中，前两个问题已在甲组西周甬钟篆带窃曲纹的述评中探讨过，笔者不再赘述。这里仅谈第三个问题，即丙组西周甬钟篆带所饰窃曲纹的整体形态。

《中国青铜器综论》一书认为丙组西周甬钟篆带窃曲纹的整体形态为"S形"[4]。从丙组编钟篆带所饰窃曲纹的纹样（图1·2·3之6）来看，其整体形态的精确表达为"横S形"，故该书"S形"的界定欠妥。《青铜器窃曲纹的来源及分型》一文认为丙组西周甬钟篆带窃曲纹的整体形态为"横G形"[5]。从丙组西周甬钟篆带所饰窃曲纹的单元纹样（图1·2·3之6）来看，其确实可以拆分为左右两个横G形，每个单元纹样"由目纹连接两横G形羽饰构成"[6]。但是，横G形是这种窃曲纹单元纹样的局部形态，而其整体形态是由两个"横G形"构成的"横S形"，

[1] 王世民、陈公柔、张长寿：《西周青铜器分期断代研究》，文物出版社，1999年，第185页。
[2] 张德良：《青铜器窃曲纹的来源及分型》，《文物》2009年第4期，第90页。
[3] 同[2]。
[4] 朱凤瀚：《中国青铜器综论》（上），上海古籍出版社，2009年，第579页。
[5] 同[2]。
[6] 同[2]。

故 "横G形" 的整体性界定欠妥。《西周青铜器分期断代研究》一书对这种窃曲纹仅有具体描述，即："2式 中间为一目，两侧连接两个长方形回形曲线，左右对称"[1]，缺乏对该纹饰整体形态的总结和提炼。同时，比照所附该纹饰的例图（图3·1·2之1）还可发现，"长方形回形曲线"的措辞也不够准确。笔者想，每一位读者应该都明确知道所谓 "长方形" 的形状是何种形态。综上所论，《西周青铜器年代综合研究》一书认为丙组编钟篆带窃曲纹的整体形态为 "横S形"[2]，是最为合理的。

图3·1·5 《青铜器窃曲纹的来源及分型》所载窃曲纹部分例图

1.《青铜器窃曲纹的来源及分型》的ⅡA2式窃曲纹·伯公父壶盖纹饰拓片[3]  2.《青铜器窃曲纹的来源及分型》的ⅡC2式窃曲纹·单叔鬲纹饰拓片[4]

## （四）丁组西周甬钟篆带窃曲纹

丁组西周甬钟篆带窃曲纹以逑钟（2件，乙组Ⅳ号和首阳斋藏逑钟）（图1·2·3之4）、保利艺术博物馆藏应侯视工钟（小钟）（图1·2·3之7）这2例的篆带窃曲纹为代表。

在目前所见青铜器纹饰的研究文献中，尚没有见到涉及丁组西周甬钟篆带所饰窃曲纹的分型分式研究。该组西周甬钟篆带窃曲纹的整体形态呈 "横S形"，与乙

［1］王世民、陈公柔、张长寿：《西周青铜器分期断代研究》，文物出版社，1999年，第185页。

［2］彭裕商：《西周青铜器年代综合研究》，巴蜀书社，2003年，第568页。

［3］张德良：《青铜器窃曲纹的来源及分型》，《文物》2009年第4期，第89页，图五之5。

［4］同［3］，第90页，图六之10。

组西周甬钟篆带所饰窃曲纹属于同一类型。二者的区别仅在于工艺手法的不同：丁组西周甬钟篆带窃曲纹为阳刻平雕，没有加阴线刻；而乙组西周甬钟篆带所饰窃曲纹为阳刻平雕加阴线刻。所以，笔者认为将丁组西周甬钟篆带窃曲纹定名为"横S形窃曲纹"，是合理的。

## 第二节

### 西周甬钟篆带窃曲纹的分型分式

　　笔者通过对以往窃曲纹类型学研究文献的述评，在充分继承前人研究成果的基础上，根据窃曲纹整体形态的不同，将西周甬钟篆带窃曲纹分为两型：A型（横S形窃曲纹）和B型（横G形窃曲纹）。按照窃曲纹纹样中目纹的有无，将A型（横S形窃曲纹）分为两式：A I 式（无目纹）、A II 式（有目纹）。B型（横G形窃曲纹）不分式。如下图所示（图3·2·1）：

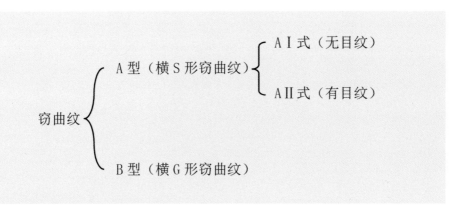

图3·2·1　西周甬钟篆带窃曲纹型式图

## （一）A 型（横 S 形窃曲纹）

### A I 式

A I 式（无目纹）横S形窃曲纹属于二方连续纹样，其排列方式为顺序排列；每个单元纹样的整体形态呈横S形，纹样线条中没有装饰目纹；其工艺手法大部分为阳刻平雕加阴线刻，少部分没有加阴线。篆带饰有A I 式横S形窃曲纹的西周甬钟主要有4例：保利艺术博物馆藏应侯视工钟（小钟）、逑钟、逆钟、克钟，详论如下：

例1：保利艺术博物馆藏应侯视工钟（小钟）

应侯视工钟旧称应侯见工钟或应侯钟。名字中的"见"字，按照裘锡圭先生的考释应为"视"[1]。根据这一研究成果，本书统一称之为"应侯视工钟"。目前所知，应侯视工钟共计4件[2]，其中陕西蓝田县博物馆和日本东京书道博物馆各藏1件，保利艺术博物馆藏2件[3]，属于姬姓应国之器。

关于这套编钟的断代，笔者属于后知后觉。1975年，韧松、樊维岳先生在《记陕西蓝田县新出土的应侯钟》一文中将其断为西周中期共王之器[4]，《中国音乐文物大系·陕西卷》亦持此说[5]。笔者于2005年在撰写博士论文时，也是引用这种观点。笔者第一次发现其断代有问题，是在撰写《人神共享的西周礼乐重器——西周编钟研究》（2010年中国艺术研究院招标课题，立项号10ZYYB092010）课题结项报告的时候。在报告的第二章，笔者对西周甬钟做类型学的分型分式，除了文博考古界常考虑的器型、纹饰等，笔者还加入了编钟的音乐元素，如调音等。这时候，笔者发现除了日本东京书道博物馆的1件应侯视工钟调音情况不明外，其余3件

---

[1] 裘锡圭：《甲骨文中的见与视》，《甲骨文发现一百周年学术研讨会论文集》，（台北）文史哲出版社，1998年，第4页。

[2] a. 韧松、樊维岳：《记陕西蓝田县新出土的应侯钟》，《文物》1975年第10期，第68、69页。b. 韧松：《<记陕西蓝田县新出土的应侯钟>一文补正》，《文物》1977年第8期，第27页。c. 方建军：《中国音乐文物大系·陕西卷》，大象出版社，1996年，第35页。

[3] 朱凤瀚：《应侯见工钟（两件）》，《保利藏金（续）》，岭南美术出版社，2001年，第159页。

[4] 同[2]a，第69页。

[5] 方建军：《中国音乐文物大系·陕西卷》，大象出版社，1996年，第35页。

应侯视工钟的钟腔内壁均有调音槽2~3条不等，调音槽的形态较为规范，这是西周晚期甬钟具有鲜明时代特征的元素。从"孝夷以至厉王前半"[1]时期的甬钟标准器——有铭兴钟（14件）的调音情况来看，应侯视工钟的时代绝对不会早到西周共王时期，其应该是西周晚期之物。对于这一新的断代认识，笔者当初很不自信，于是立刻上知网查询有关应侯视工钟以及与应侯视工有关的青铜器研究文章，在下载、研习后才发现其断代确实已经有了多种不同的认知。笔者现就应侯视工钟断代的不同观点，综述如下：

第一，"共王"说。韧松、樊维岳先生在1975年发表的《记陕西蓝田县新出土的应侯钟》一文中，将应侯视工钟断为西周中期共王之器。该文指出："过去著录过的恭王时期的铜器如康鼎、卯簋、敔簋、同簋……永盂等铭文中都有荣伯，与此钟铭的荣伯为一人，是知此钟应属恭王时期，铭文中的王即周恭王。"[2]其后学界诸多文献均沿用此说，如《中国音乐文物大系·陕西卷》[3]《晋侯苏钟的音乐学研究》[4]《应侯见工钟（两件）》[5]《西周乐悬制度的音乐考古学研究》[6]《先秦大型组合编钟研究》[7]《探源溯流——青铜编钟谱写的历史》[8]等。王世民等诸位先生在《西周青铜器分期断代研究》（夏商周断代工程报告集）一书中，同样认为其"应为西周中期恭王前后器"[9]。由此，学界将应侯视工钟视为西周共王之世的断代标准器。

第二，"共王或懿王"说。《商周青铜器铭文选》（三）一书认为应侯视工钟为"恭王或懿王"时器[10]。

[1] a. 李学勤：《庄白兴器的再考察》，《华学》（第八辑），紫禁城出版社，2006年，第25页。b. 李学勤：《庄白兴器的再考察》，《文物中的古文明》，商务印书馆，2008年，第263页。

[2] 韧松、樊维岳：《记陕西蓝田县新出土的应侯钟》，《文物》1975年第10期，第69页。

[3] 方建军：《中国音乐文物大系·陕西卷》，大象出版社，1996年，第35页。

[4] 王子初：《晋侯苏钟的音乐学研究》，《文物》1998年第5期，第26页。

[5] 朱凤瀚：《应侯见工钟（两件）》，《保利藏金（续）》，岭南美术出版社，2001年，第159页。

[6] 王清雷：《西周乐悬制度的音乐考古学研究》，文物出版社，2007年，第230页。

[7] 王友华：《先秦大型组合编钟研究》，中国艺术研究院博士学位论文，2009年，第66页。

[8] 关晓武：《探源溯流——青铜编钟谱写的历史》，大象出版社，2013年，第84页。

[9] 王世民、陈公柔、张长寿：《西周青铜器分期断代研究》，文物出版社，1999年，第173页。

[10] 马承源：《商周青铜器铭文选》（三），文物出版社，1988年，第163页。

第三，"孝夷"说。持此观点者主要有3部文献，分述如下：

（1）《应侯见工钟的组合与年代》一文认为："如果多方面斟酌，将应侯见工钟推定为西周中期后段之末，即接近于厉王的孝王、夷王时期，似乎更为合理。"[1]

（2）《新见应侯见工簋铭文考释》一文通过对应侯视工簋等器物铭文的研究，同样认为应侯视工钟的时代应为西周中期的孝王、夷王时期[2]。

（3）《应侯见工诸器年代略考》一文通过对应侯诸器的考察，并结合以往研究成果，认为应侯视工钟的时代还是"王世民先生提出的孝夷王时期更为适宜"[3]。

第四，"厉王"说。持此观点者主要有3部文献，分述如下：

（1）《西周青铜器年代综合研究》一书认为应侯视工钟为西周晚期厉王时器[4]。该书认为："本器器形类同厉王时的兴钟、梁其钟等，篆间饰Bb III式窃曲纹，隧部饰方形卷云纹，其纹饰配置同一式兴钟和宣王元年的逨钟，其器形、纹饰流行于厉世到宣王前期。铭中记载右者为荣伯，与同簋、康鼎等厉世器相同，结合上所论器形、纹饰，则本器之荣伯应与同簋等的荣伯为一人，即厉王时之荣夷公。"[5]

（2）《论应侯视工诸器的时代》一文通过对西周一些有铭青铜器的类型学研究，同时结合应侯视工钟的铭文释读，认为应侯视工钟的时代应为"厉王的早年"[6]。

（3）《应侯钟的音列结构及有关问题》一文通过对应侯视工钟的形制、纹饰、组合和音列结构的综合分析，赞同《论应侯视工诸器的时代》一文提出的"厉

[1] 王世民：《应侯见工钟的组合与年代》，《保利藏金（续）》，岭南美术出版社，2001年，第257页。
[2] 王龙正、刘晓红、曹国朋：《新见应侯见工簋铭文考释》，《中原文物》2009年第5期，第57页。
[3] 娄金山、马新民、祝容：《应侯见工诸器年代略考》，《中原文物》2012年第5期，第18页。
[4] 彭裕商：《西周青铜器年代综合研究》，巴蜀书社，2003年，第415页。
[5] 同[4]。
[6] 李学勤：《论应侯视工诸器的时代》，《文物中的古文明》，商务印书馆，2008年，第255页。

王"说[1]。

笔者曾随业师王子初先生对藏于保利艺术博物馆的2件应侯视工钟亲自考察过。从已知3件应侯视工钟的调音锉磨情况来看，其钟腔内壁有调音槽2或3条，调音槽的形态比较规范，说明其刚刚步入"铸调双音"[2]成熟阶段，故其应为西周晚期厉王早期之器。所以，在以上应侯视工钟的4种不同断代观点中，《论应侯视工诸器的时代》一文"厉王的早年"[3]的断代，是最为准确的。

保利艺术博物馆藏应侯视工钟（小钟）（图3·2·5之1、2），由保利艺术博物馆收购。保存完好。器表覆盖有厚厚的绿锈。旋、斡俱全，近方形斡。其钲、篆、枚区各部以粗单阳线弦纹界隔。舞部饰窃曲纹（图3·2·5之5），其工艺手法为阳刻平雕加阴线刻。篆带饰横S形窃曲纹（图1·2·3之7），其组织结构属于二方连续纹样，由2个单元纹样组成，每一个单元纹样均为横S形窃曲纹，两个单元纹样的排列方式为顺序排列，工艺手法为阳刻平雕。正鼓部饰工字形云纹（图3·2·5之3、4），其工艺手法为阴线双勾。该钟背面的右侧鼓部饰有一个鸢鸟纹（图3·2·5之4），作为侧鼓音的标记纹饰，其工艺手法为阴线单勾。背面舞部下沿、钲部及两铣均有铭文（图3·2·5之6）。于口没有内唇。钟腔内壁有调音槽，形态比较规范。其中，正鼓部的调音槽从于口开始，一直延伸至舞底。该钟通高25.6厘米，重3.3千克。

例2：逨钟

1985年8月，陕西省眉县马家镇杨家村砖厂工人在取土时，发现一处西周青铜器窖藏，共出土编甬钟15件，编镈3件。其中，甬钟现存10件，其余5件流散[4]。所出青铜器属于姬姓单氏家族[5]。根据其形制、纹饰的不同，发掘者将现存10件甬钟分为三组：甲组钟（2件）、乙组钟（4件）、丙组钟（4件）。其中，乙组钟（4件）均铸有铭文。

［1］方建军：《应侯钟的音列结构及有关问题》，《音乐研究》2011年第6期，第47页。

［2］冯光生：《周代编钟的双音技术及应用》，《中国音乐学》2002年第1期，第43页。

［3］李学勤：《论应侯视工诸器的时代》，《文物中的古文明》，商务印书馆，2008年，第255页。

［4］刘怀君：《眉县出土一批西周窖藏青铜乐器》，《文博》1987年第2期，第17页。

［5］a.张天恩：《从逨盘铭文谈西周单氏家族的谱系及相关铜器》，《文物》2003年第7期，第63页。b.韩巍：《西周金文世族研究》，北京大学博士学位论文，2007年，第73页。

　　《宝鸡眉县杨家村窖藏单氏家族青铜器群座谈纪要》一文指出，张天恩先生首先将乙组钟的作器者释为"逨"[1]，并得到学界的广泛认同。自此，学界多将乙组钟（4件）称为"逨钟"。2003年，李学勤先生在多篇文章中对作器者"逨"字提出新见，如他在《眉县杨家村新出青铜器研究》一文指出："窖藏几件主要器物铭文中器主之名，常被厘定为'逨'，参考其他有该字的铭文，其实是不正确的。"[2]李先生将其厘定为"遳"，当读为"佐"[3]。《宝鸡眉县杨家村窖藏单氏家族青铜器群座谈纪要》指出："王辉先生赞同李学勤先生对铭文的分析，但认为盘、鼎的器主是否应隶作遳，读为佐，还值得进一步研究。此字前人如吴大澂等释逨，旧版《金文编》从之。后来张政烺先生把何尊此字隶作逨，读为弼，四版《金文编》从之。已故汤余惠先生隶作遳，读为佐，……由此看，此字似可隶作逨，读为仇音。"[4]李零先生在《读杨家村出土的虞逨诸器》一文又提出新见，将作器者释为"逨"[5]。目前，学界多从李零先生之说。笔者在中国国家博物馆参观时，发现眉县杨家村乙组Ⅲ号钟也在展陈之列，其标牌上面的名称为"逨钟"。故此，为学术交流之方便，笔者采用学界主流观点，即李零先生的"逨"说，将眉县杨家村乙组甬钟统一称为"逨钟"。

　　目前，诸多研究文献对于逨钟的编列、藏地及各钟的排序基本达成共识[6]，即：逨钟的编列应为8件一套；目前仅见6件，其中4件逨钟藏于陕西眉县博物馆（Ⅰ、Ⅱ、Ⅲ、Ⅳ号）（图3·2·5之7），为这套逨钟的第3、2、4、8件；1件逨钟藏

[1]《考古与文物》编辑部：《宝鸡眉县杨家村窖藏单氏家族青铜器群座谈纪要》，《考古与文物》2003年第3期，第16页。

[2]李学勤：《眉县杨家村新出青铜器研究》，《文物》2003年第6期，第66页。

[3]同[2]。

[4]同[1]，第15页。

[5]李零：《读杨家村出土的虞逨诸器》，《中国历史文物》2003年第3期，第20页。

[6] a.首阳斋、上海博物馆、香港中文大学文物馆：《首阳吉金：胡盈莹、范季融藏中国古代青铜器》，上海古籍出版社，2008年，第121页。逨钟在该书中被称为"逨钟"。b.王世民：《略说首阳斋收藏的西周编钟》，《中国古代青铜器国际研讨会论文集》，上海出版社、香港中文大学文物馆，2010年，第161~164页。c.马今洪：《首阳斋藏逨钟及其相关问题》，《中国古代青铜器国际研讨会论文集》，上海出版社、香港中文大学文物馆，2010年，第179~192页。

于美国俄亥俄州的克利夫兰艺术博物馆（图3·2·5之8），为这套逨钟的第1件；1件逨钟藏于美国纽约的首阳斋（图3·2·5之27），为这套逨钟的第7件；剩余2件下落不明，为这套逨钟的第5、6件。

前两年，笔者在中国国家博物馆参观时，在展厅发现一件逨钟（图3·2·5之23），以为这是2件下落不明逨钟中的一件，这可是重要的"新发现"。于是，笔者兴奋地拍摄了该钟的许多图片。笔者在撰写本例证（指例2：逨钟）时，出于学术习惯，将搜集到的逨钟图片资料整合、对校，这才发现中国国家博物馆所藏逨钟（图3·2·5之23）是曾经收藏于陕西眉县博物馆的逨钟乙组Ⅲ号钟（图3·2·5之22），根本不是2件下落不明逨钟中的一件，当然更不是什么"新发现"。为了彻底解决这一问题，笔者专门向中国国家博物馆冯峰先生求证，他告知这件逨钟的编号为"乙组Ⅲ号"，其来源为"2000年调拨"。既然如此，陕西眉县博物馆所藏逨钟就不是4件，而是3件（Ⅰ、Ⅱ、Ⅳ号），为这套逨钟的第3、2、8件；1件逨钟藏于中国国家博物馆（乙组Ⅲ号），为这套逨钟的第4件。

关于逨钟（6件）的断代，学界尚存在分歧，主要有以下4种不同的观点，分述如下：

第一，"夷厉"说。《眉县出土一批西周窖藏青铜乐器》一文指出："乙组镈钟，其用语方法与传世的宗周钟接近，而宗周钟为厉王时铸品；其形制又与同时期的兴钟近似，故时代应属夷、厉之世。"[1]笔者通过梳理该文的文字和图片资料，可知这里所言的"乙组镈钟"是指逨钟的乙组Ⅰ、Ⅱ、Ⅲ、Ⅳ号。其中，"镈钟"的定名是错误的，笔者将在本例证的最后进行探讨。

第二，"西周中期"说。《中国音乐文物大系·陕西卷》一书将逨钟（乙组Ⅰ、Ⅱ、Ⅲ、Ⅳ号）的时代断为"西周中期"[2]。

第三，"西周晚期"说。《首阳吉金：胡盈莹、范季融藏中国古代青铜器》一

---

［1］刘怀君：《眉县出土一批西周窖藏青铜乐器》，《文博》1987年第2期，第23页。

［2］方建军：《中国音乐文物大系·陕西卷》，大象出版社，1996年，第63页。逨钟在该书中被称为"眉县杨家村乙组甬钟"。

书将首阳斋藏逨钟的时代断为"西周晚期"[1]。

第四，"宣王"说。持此观点者最多。《陕西眉县杨家村西周青铜器窖藏发掘简报》一文指出："逨盘在记述周王世系时，厉王之后称天子，按照铜器铭文的一般规律，时王称天子，可知逨生活的时代主要在宣王时期。同时，从四十二年鼎、四十三年鼎的形制、花纹判断只能是西周晚期器，西周晚期也只有宣王在位年数超过了四十三年。所以，这批铜器（除盂以外）就成了宣王时期的标准器。"[2]《陕西眉县杨家村西周青铜器窖藏》[3]《单逨诸器铭文习语的时代特点和断代意义》[4]等文献均认同此说。李伯谦先生在《眉县杨家村出土青铜器与晋侯墓地若干问题的研究》一文中也指出："要从铜器形态学的角度来判断其早晚，最好是有一组年代明确的标准器可资比较，笔者认为新出土的眉县杨家村窖藏青铜器就是这样一组理想的标准器。"[5]"1985年出土的逨钟与本次出土的逨器是同一人所作。"[6]故此，逨钟自然成为西周晚期宣王之世断代的标准器。李学勤先生在《眉县杨家村新出青铜器研究》一文中进一步指出："由逨已受命司四方虞林，知道钟的制作在盘之后，四十三年鼎之前。"[7]《美国收藏的逨钟及相关问题》一文亦持此说[8]。

对于以上逨钟的4种不同断代观点，哪一种合理呢？

"按照考古学的常识，判定某器物的年代是着眼于那些显示最晚年代特征的因

---

[1] 首阳斋、上海博物馆、香港中文大学文物馆：《首阳吉金：胡盈莹、范季融藏中国古代青铜器》，上海古籍出版社，2008年，第121页。逨钟在该书中被称为"逨钟"。

[2] 陕西省考古研究所、宝鸡市考古工作队、眉县文化馆杨家村联合考古队：《陕西眉县杨家村西周青铜器窖藏发掘简报》，《文物》2003年第6期，第28、31页。

[3] 陕西省考古研究所、宝鸡市考古工作队、眉县文化馆联合考古队：《陕西眉县杨家村西周青铜器窖藏》，《考古与文物》2003年第3期，第8页。

[4] 韩巍：《单逨诸器铭文习语的时代特点和断代意义》，《南开学报（哲学社会科学版）》2008年第6期，第26页。

[5] 李伯谦：《眉县杨家村出土青铜器与晋侯墓地若干问题的研究》，《古代文明》（第3卷），2004年，第309页。

[6] a. 同[3]，第10页。b. 同[2]，第41页。逨钟在这2篇文章中被称为"逨钟"。

[7] 李学勤：《眉县杨家村新出青铜器研究》，《文物》2003年第6期，第71页。

[8] 方建军：《美国收藏的逨钟及相关问题》，《天津音乐学院学报（天籁）》2007年第2期，第4页。

素。"[1]那么，述钟"最晚年代特征的因素"何在呢？经笔者反复考察该钟，发现其"最晚年代特征的因素"主要体现在其调音和正鼓部的纹饰上。

先看述钟的调音。在6件述钟中，除了克利夫兰艺术博物馆藏述钟调音情况不明之外，其他5件述钟的钟腔内壁均有调音。其中，乙组Ⅱ号钟钟腔内壁共有调音槽2条，乙组Ⅰ号钟钟腔内壁共有调音槽7条（图3·2·5之21），乙组Ⅲ号钟钟腔内壁共有调音槽8条，首阳斋藏述钟钟腔内壁共有调音槽7条（图3·2·5之28），乙组Ⅳ号钟钟腔内壁共有调音槽7条（图3·2·5之39）。这些调音槽均呈半梭形，形态规范，调音手法成熟。故此，述钟应为"铸调双音"[2]成熟阶段的产物，属于西周晚期制品。由此，可以排除述钟的第一种"夷厉"说和第二种"西周中期"说这两种断代观点。

再看述钟的正鼓部纹饰。其与西周晚期厉王之世甬钟的断代标准器——士父钟[3]（图2·1·3之32、38）相比，二者的正鼓部纹饰虽然同为鸟体龙纹，但述钟正鼓部所饰鸟体龙纹已经彰显出新的时代特征（图3·2·5之10、19、36），主要表现为4点：其一，龙角上出现了目纹；其二，龙角形态呈鸟首状；其三，龙纹的龙舌穿过龙颈；其四，鸟体上出现了目纹（乙组Ⅳ号钟和首阳斋藏述钟均省略目纹）。显然，述钟的时代应该晚于士父钟所属的西周晚期厉王之世。同时，笔者通过全面梳理西周晚期的甬钟资料，发现述钟正鼓部所饰鸟体龙纹（图3·2·5之10、19）所具有的四点新的纹样特征，都是厉王及前世西周甬钟正鼓部所饰鸟体龙纹上从未出现的纹样形态新元素。由此可见，述钟的铸造已经进入了一个新的时代。故此，笔者认为应将述钟的时代断为西周晚期宣王之世，赞同第四种断代观点"宣王"说。述钟可以视为西周晚期宣王之世甬钟的断代标准器。

述钟共计6件，均保存完好。旋、斡俱全，近方形斡。旋上饰带目纹的横S形窃曲纹（图3·2·5之17），其工艺手法为阳刻平雕加阴线刻。钲、篆、枚区各部以粗单阳线弦纹界隔。篆带饰横S形窃曲纹（图3·2·5之18、38），其组织结构属于二方连

［1］张懋镕：《西周青铜器断代两系说刍议》，《考古学报》2005 年第 1 期，第 5 页。

［2］冯光生：《周代编钟的双音技术及应用》，《中国音乐学》2002 年第 1 期，第 43 页。

［3］高至喜：《西周士父钟的再发现》，《文物》1991 年第 5 期，第 87 页。

续纹样，由2个单元纹样组成，每一个单元纹样均为横S形窃曲纹，两个单元纹样的排列方式为顺序排列；乙组Ⅳ号钟和首阳斋藏述钟篆带纹饰的工艺手法为阳刻平雕，其余4件述钟篆带纹饰的工艺手法为阳刻平雕加阴线刻。正鼓部饰一对鸟体龙纹（图3·2·5之10、19、36），二者呈镜面对称关系；因鸟体龙纹的龙角上饰有目纹，故龙角的整体形态像一个带有鸟喙的鸟首，其形态取自带有目纹的窃曲纹；龙纹的上唇上卷，呈象鼻形，龙舌向后下方弯曲，穿进龙颈约二分之一；鸟体上饰有一个目纹（乙组Ⅳ号钟和首阳斋藏述钟均省略目纹）；其工艺手法为阳刻平雕加阴线刻。这种鸟体龙纹的纹样形态，呈现出一种新的时代特征和艺术审美。钟体均铸有铭文。于口没有内唇。各钟不同之处分述如下：

克利夫兰艺术博物馆藏述钟（第1件）（图3·2·5之8）：舞部饰横S形窃曲纹，其工艺手法为阳刻平雕加阴线刻。背面右侧鼓部没有鸾鸟纹（图3·2·5之8）。背面钲部（图3·2·5之9）和两个侧鼓部均铸有铭文。调音情况未知。该钟通高70.3厘米，重52.0千克[1]。

乙组Ⅱ号钟（第2件）（图3·2·5之11）：舞部饰横S形窃曲纹，其工艺手法为阳刻平雕加阴线刻。背面右侧鼓部没有鸾鸟纹。背面钲部、两个侧鼓部均铸有铭文。钟腔内壁共有调音槽2条，分别位于两个正鼓部，形态规范。该钟通高65.0厘米，重44.0千克[2]。

乙组Ⅰ号钟（第3件）（图3·2·5之12、13）：舞部饰横S形窃曲纹（图3·2·5之17），其工艺手法为阳刻平雕加阴线刻。背面右侧鼓部饰有一个鸾鸟纹（图3·2·5之20），作为侧鼓音的标记纹饰。背面的钲部、两个侧鼓部均铸有铭文（图3·2·5之14~16）。钟腔内壁共有调音槽7条（图3·2·5之21），分别位于背面的正鼓部和两个侧鼓部、正面的两个侧鼓部、两个铣角。这些调音槽均从于口开始，于口处最宽、最深，呈半梭形，形态规范。其中，背面正鼓部的调音槽较窄浅且短，约达钟腔的一半；两个侧鼓部的调音槽均较宽深且长，右侧鼓部的调音槽比左侧鼓部的调音槽宽约三分之一。正面两个侧鼓部的调音槽均较宽深且长，距离舞底约3厘米。相比

[1] https://www.clevelandart.org/art/1989.3
[2] 方建军：《中国音乐文物大系·陕西卷》，大象出版社，1996年，第180页，表17。

而言，两个铣角的调音槽最宽、最长，直达舞底。该钟通高65.0厘米，重50.5千克[1]。

乙组Ⅲ号钟（第4件）（图3·2·5之22）：舞部饰横S形窃曲纹，其工艺手法为阳刻平雕加阴线刻。背面右侧鼓部饰有一个鸾鸟纹（图3·2·5之22），作为侧鼓音的标记纹饰。背面钲部、两个侧鼓部均铸有铭文（图3·2·5之24~26）。钟腔内壁共有调音槽8条，分别位于两个正鼓部、四个侧鼓部和两个铣角。这些调音槽均从于口开始，于口处最宽、最深，呈半梭形，形态规范。各个调音槽的宽窄和长短均相差不大，调音锉磨较为均匀。相比来说，背面正鼓部和左侧鼓部的调音槽较宽深且长。该钟通高61.0厘米，重50.0千克[2]。

首阳斋藏述钟（第7件）（图3·2·5之27）：舞部饰横S形云纹，其工艺手法为阴刻平雕。背面右侧鼓部饰有一个鸾鸟纹，作为侧鼓音的标记纹饰。背面钲部（图3·2·5之29）和左侧鼓部（图3·2·5之30）均铸有铭文。该钟的调音情况为："钟体内壁有凹槽七条，其中正面和背面的正鼓部、左侧鼓、右侧鼓部各一，右铣一。"[3]从该钟于口图片（图3·2·5之28）来看，这些调音槽均从于口开始，于口处最宽、最深，呈半梭形，形态规范。其中，两个正鼓部的调音槽较宽深且长，四个侧鼓部的调音槽较窄浅且短。该钟通高27.4厘米，重5.45千克[4]。

乙组Ⅳ号钟（第8件）（图3·2·5之31、32）：舞部饰横S形云纹（图3·2·5之35），其工艺手法为阴刻平雕。背面右侧鼓部饰有一个鸾鸟纹（图3·2·5之37），作为侧鼓音的标记纹饰。背面钲部（图3·2·5之33）和左侧鼓部（图3·2·5之34）均铸有铭文。钟腔内壁共有调音槽7条（图3·2·5之39），分别位于背面的正鼓部和右侧鼓部、正面的正鼓部和两个侧鼓部、两个铣角。这些调音槽绝大多数从于口开始，于口处最宽最深，呈半梭形，形态规范。其中，背面正鼓部的调音槽较宽深且长，距离舞底约1厘米；右侧鼓部的调音槽很窄且浅，未延及于口，故从该钟于口看不到

［1］方建军：《中国音乐文物大系·陕西卷》，大象出版社，1996年，第180页，表17。

［2］同［1］。

［3］首阳斋、上海博物馆、香港中文大学文物馆：《首阳吉金：胡盈莹、范季融藏中国古代青铜器》，上海古籍出版社，2008年，第121页。述钟在该书中被称为"遂钟"。

［4］同［3］。

这条调音槽。正面正鼓部和两个侧鼓部的调音槽均从于口开始，其中正鼓部的调音槽最深、最宽，距离舞底约1厘米；两个侧鼓部的调音槽较窄且浅，约达腔体的三分之二。两个铣角的调音槽较宽且深，距离舞底约1厘米。该钟通高23.2厘米，重5.0千克[1]。

这里需要指出4种谬误，详述如下：

第一，遂钟纹饰定名错误。

（1）《眉县出土一批西周窖藏青铜乐器》一文指出："乙组：逨钟四件。……该组器物纹饰为：舞部饰云雷纹，篆间窃曲纹，鼓部蟠虺纹，鼓右饰一大鸟纹，旋上饰云雷纹，枚分平顶和尖突形两种。"[2]该文所言的"逨钟"就是本书所言的遂钟。该文所言乙组遂钟的舞部、鼓部和旋上的纹饰定名不妥。我们先要知道乙组遂钟包括4件，分别为乙组Ⅰ、Ⅱ、Ⅲ、Ⅳ号。

先看舞部纹饰。遂钟乙组Ⅰ、Ⅱ、Ⅲ号的舞部（图3·2·5之17）装饰的是窃曲纹，遂钟乙组Ⅳ号的舞部（图3·2·5之35）装饰的是云纹。故此，该文所言乙组遂钟"舞部饰云雷纹"的描述是不妥的。

再看鼓部纹饰。乙组遂钟（4件，乙组Ⅰ、Ⅱ、Ⅲ、Ⅳ号）的鼓部纹饰（图3·2·5之19、36）的称谓有多种，如《商周青铜器文饰》一书称之为"花冠龙纹·鸟体式"[3]，《周代钟镈正鼓对称顾龙纹断代》一文称之为"顾龙纹"[4]，《中国青铜器综论》一书称之为"卷鼻夔凤纹"[5]，笔者称之为鸟体龙纹。究竟哪一种称谓更为合理，尚值得探讨。但是，《眉县出土一批西周窖藏青铜乐器》一文所言乙组遂钟"鼓部蟠虺纹"的描述，肯定是不妥的。

最后看旋上纹饰。乙组遂钟（4件，乙组Ⅰ、Ⅱ、Ⅲ、Ⅳ号）的旋上（图3·2·5之17）饰带目纹的横S形窃曲纹。故此，该文所言乙组遂钟"旋上饰云雷纹"的描述是不妥的。

［1］方建军：《中国音乐文物大系·陕西卷》，大象出版社，1996年，第180页，表17。
［2］刘怀君：《眉县出土一批西周窖藏青铜乐器》，《文博》1987年第2期，第18页。
［3］上海博物馆青铜器研究组编：《商周青铜器文饰》，文物出版社，1984年，第120页，图335。
［4］李纯一：《周代钟镈正鼓对称顾龙纹断代》，《中国音乐学》1998年第3期，第43页。
［5］朱凤瀚：《中国青铜器综论》（上），上海古籍出版社，2009年，第363页。标本八号叔旅钟的描述。

（2）《中国音乐文物大系·陕西卷》一书指出，逨钟乙组Ⅰ号的"旋饰云纹，舞饰阴云纹，篆间饰云纹，鼓饰顾夔纹，右侧鼓饰小鸟纹"[1]。《西周乐悬制度的音乐考古学研究》一书对于逨钟乙组Ⅰ号的纹饰描述与《中国音乐文物大系·陕西卷》基本相同[2]。

通过核对该钟的纹饰可知，其旋上（图3·2·5之17）饰带目纹的横S形窃曲纹，舞部（图3·2·5之17）饰横S形窃曲纹，篆带（图3·2·5之18）亦饰横S形窃曲纹。故此，以上两部著作所言逨钟乙组Ⅰ号的"旋饰云纹，舞饰阴云纹，篆间饰云纹"的描述，是不妥的。

（3）《美国收藏的逨钟及相关问题》一文指出："克利夫兰收藏的这件逨钟，……篆间及甬上之旋饰波曲纹，舞饰阴刻云纹。"[3]该文所言的"逨钟"就是本书所言的逨钟。

通过核对该钟（图3·2·5之8）的纹饰可知，其篆带、旋和舞部均饰窃曲纹。故此，该文所言克利夫兰艺术博物馆所藏逨钟"篆间及甬上之旋饰波曲纹，舞饰阴刻云纹"的描述，是不妥的。

第二，逨钟乐器定名错误。

《眉县出土一批西周窖藏青铜乐器》一文谈及乙组逨钟的断代时指出："乙组镈钟，其用语方法与传世的宗周钟接近，而宗周钟为厉王时铸品；其形制又与同时期的兴钟近似，故时代应属夷、厉之世。"[4]乙组逨钟舞部上面置有长甬，属于甬钟；而镈的舞部上面是繁钮。故此，该文将乙组逨钟称为"乙组镈钟"是不对的。

第三，逨钟调音资料错误。

《中国音乐文物大系·陕西卷》一书指出，逨钟乙组Ⅳ号的"内壁有隧8条，

［1］方建军：《中国音乐文物大系·陕西卷》，大象出版社，1996年，第63页。逨钟在该书中被称为"眉县杨家村乙组甬钟"。

［2］王清雷：《西周乐悬制度的音乐考古学研究》，文物出版社，2007年，第149页。

［3］方建军：《美国收藏的逨钟及相关问题》，《天津音乐学院学报（天籁）》2007年第2期，第3页。

［4］刘怀君：《眉县出土一批西周窖藏青铜乐器》，《文博》1987年第2期，第23页。

两铣各1、前壁正鼓1、右侧鼓2；后壁正、侧鼓3”[1]。该书所言的"隧"是指调音槽。

笔者亲自考察过逨钟乙组Ⅳ号的调音情况，该钟钟腔内壁共有调音槽7条（图3·2·5之39），分别位于背面的正鼓部和右侧鼓部、正面的正鼓部和两个侧鼓部、两个铣角，并非如该书所言的"内壁有隧8条"。

第四，有关逨钟的其他错误。

《中国古代青铜器艺术》一书对于逨钟的描述为："逨钟1987年出土于陕西眉县杨家村窖藏，同出青铜钟与青铜镈共18枚，……现已知美国克里弗兰博物馆藏有一枚，属此编8枚中之第2枚。"[2]经笔者核实有关资料，发现该书这一段描述存在2处错误：乙组逨钟的出土时间和克利夫兰艺术博物馆所藏逨钟的序号。

关于乙组逨钟的出土时间，《眉县出土一批西周窖藏青铜乐器》一文指出，眉县杨家村这批青铜乐器出土于"1985年8月"[3]，并不是该书所言的"1987年"。

对于克利夫兰艺术博物馆所藏逨钟的序号，《美国收藏的逨钟及相关问题》一文指出："克利夫兰这件逨钟，应是全套八件逨钟的第一件"[4]，并不是"8枚中之第2枚"。《西周乐悬制度的音乐考古学研究》一文对于逨钟的音列有详细分析，"从测音结果来看（参见表5-8），……整套编钟应为8件，正鼓音可以构成完整有序的音列：羽—宫—角—羽—角—羽—角—羽。加上侧鼓音，可以构成完整的G羽四声音阶：羽—宫—角—徵—羽—宫—角—徵—羽—宫—角—徵—羽—宫，……因此应缺少第一、五、六、七钟"[5]。克利夫兰艺术博物馆所藏逨钟通高70.3厘米[6]，其背面右侧鼓部没有鸾鸟纹（图3·2·5之8），那么该钟肯定为所缺

[1] 方建军：《中国音乐文物大系·陕西卷》，大象出版社，1996年，第63页。逨钟在该书中被称为"眉县杨家村乙组甬钟"。

[2] 吕章申：《中国古代青铜器艺术》，中国社会科学出版社，2011年，第58页。逨钟在该书中被称为"逨钟"。

[3] 刘怀君：《眉县出土一批西周窖藏青铜乐器》，《文博》1987年第2期，第17页。

[4] 方建军：《美国收藏的逨钟及相关问题》，《天津音乐学院学报（天籁）》2007年第2期，第4页。

[5] 王清雷：《西周乐悬制度的音乐考古学研究》，中国艺术研究院博士学位论文，2006年，第74页。逨钟在该文中被称为"眉县杨家村乙组甬钟"。

[6] 同[4]，第3页。

的第1件钟，绝非"8枚中之第2枚"[1]。

例3：逆钟

逆钟共计4件，为"征集品。陕西省咸阳市永寿县西南店头镇好畤河村出土，原藏于咸阳地区文管会，1990年价拨于天津市历史博物馆"[2]。

关于逆钟的断代，目前学界尚有争议，主要4种不同看法，分述如下：

第一，"孝夷"说。《西周青铜器分期断代研究》一书认为逆钟"为西周中期后段器，约当夷孝前后"[3]。

第二，"厉王"说。《西周纪年》一书认为逆钟应为西周晚期厉王元年之器[4]。

第三，"西周晚期"说。持此观点者主要有2部文献，分述如下：

（1）《咸阳地区出土西周青铜器》一文指出："从形制、花纹和铭文字体看，这套编钟的时代当在西周晚期。"[5]

（2）《中国音乐文物大系·天津卷》一书认为："逆钟铭文有明确的纪年、月、日及干支，与西周晚期牧簋和颂鼎铭文中的纪年方式相同，而其形制与纹饰也具有西周晚期钟的形制纹饰特征。该钟当属西周晚期之器。"[6]

第四，"宣王元年"说。《西周青铜器年代综合研究》一书通过对逆钟的纹饰和铭文风格考察，认为逆钟的时代"应在厉宣时"[7]。从逆钟的铭文内容来看，"考虑到其记年为元年，又所记历日也与元年师兑簋相合，故定其元年为宣王元年"[8]。也就是说，逆钟为西周晚期宣王元年所铸。

---

[1] 吕章申：《中国古代青铜器艺术》，中国社会科学出版社，2011年，第58页。逨钟在该书中被称为"逑钟"。

[2] 黄崇文：《中国音乐文物大系·天津卷》，大象出版社，1996年，第201页。

[3] 王世民、陈公柔、张长寿：《西周青铜器分期断代研究》，文物出版社，1999年，第174页。

[4] 刘启益：《西周纪年》，广东教育出版社，2002年，第371页。

[5] 咸阳地区文管会曹发展、陕西省考古研究所陈国英：《咸阳地区出土西周青铜器》，《考古与文物》1981年第1期，第11页。

[6] 同[2]。

[7] 彭裕商：《西周青铜器年代综合研究》，巴蜀书社，2003年，第442页。

[8] 同[7]。

对于以上逆钟的4种不同断代观点，哪一种合理呢？

"按照考古学的常识，判定某器物的年代是着眼于那些显示最晚年代特征的因素。"[1]那么，逆钟"最晚年代特征的因素"体现在哪些方面呢？

先看逆钟的调音。《中国音乐文物大系·天津卷》一书指出："1、2、3号钟体内腔壁都铸有调音槽。"[2]从该书"逆钟尺寸表"[3]中可知，1号逆钟钟腔内壁的正鼓部和侧鼓部均有调音槽，两个铣角没有调音槽。但是一件甬钟的正鼓部有2个，侧鼓部有4个，调音槽的具体位置和数量，表中没有说明。2号逆钟钟腔内壁共有调音槽2条，位于两个铣角，而正鼓部和侧鼓部均没有调音槽。3号逆钟钟腔内壁仅侧鼓部有调音槽，两个正鼓部和铣角均没有调音槽。但是一件甬钟的侧鼓部有4个，调音槽的具体位置和数量，表中没有说明。4号逆钟钟腔内壁没有调音。经笔者查阅逆钟的原始文献《咸阳地区出土西周青铜器》一文，找到了关于4件逆钟调音的更多资料。该文指出："四件钟的内壁都锉有2~8个调音槽。"[4]在4件逆钟的数据表中，还注明了各钟调音槽的数量：咸甲020号（1号）逆钟钟腔内壁有调音槽6条，咸甲017号（2号）逆钟钟腔内壁有调音槽2条，咸甲019号（3号）逆钟钟腔内壁有调音槽6条，咸甲018号（4号）逆钟钟腔内壁有调音槽8条。其中，有些资料与《中国音乐文物大系·天津卷》逆钟条目中的调音资料相矛盾，如3、4号逆钟的调音。究竟孰对孰错，在考察原钟之前尚无法判定。故此，仅从目前所知的逆钟调音情况来看，只能判断逆钟为西周中期孝王之后的产物。若想从调音的视角对逆钟做确切的断代，则需要将来获得逆钟完整的调音资料后方可。

再看逆钟的纹饰。4件逆钟器表的纹饰种类相同：甬部（图3·2·5之42、47、52、57）饰波带纹；旋上（图3·2·5之42、47、52、57）饰横S形窃曲纹，加饰4个小乳丁；篆带（图3·2·5之43、48、53、58）饰横S形窃曲纹；正鼓部（图3·2·5之44、49、54、59）饰工字形云纹。笔者通过全面梳理西周晚期甬钟的资料，可以从逆钟

[1] 张懋镕：《西周青铜器断代两系说刍议》，《考古学报》2005年第1期，第5页。
[2] 黄崇文：《中国音乐文物大系·天津卷》，大象出版社，1996年，第201页。
[3] 同[2]，第202页。
[4] 咸阳地区文管会曹发展、陕西省考古研究所陈国英：《咸阳地区出土西周青铜器》，《考古与文物》1981年第1期，第9页。

的部分纹饰上，找到其中"最晚年代特征的因素"。如，逆钟篆带纹饰与西周晚期宣王之世甬钟的断代标准器——逨钟（乙组Ⅰ、Ⅱ、Ⅲ号，克利夫兰艺术博物馆藏逨钟）的篆带纹饰（图3·2·5之18）相同，均为横S形窃曲纹。又如，逆钟正鼓部（图3·2·5之44、49、54、59）装饰工字形云纹，西周晚期厉王之世的二式晋侯苏钟（12件，73631~73640号，M8:32、33号）[1]的正鼓部（图3·2·2）同样装饰工字形云纹，但是二者的工艺手法不同，逆钟的纹饰工艺手法为阳刻平雕加阴线刻，而二式晋侯苏钟（12件，73631~73640号，M8:32、33号）的纹饰工艺手法为阴刻平雕或阴线单勾，故此逆钟的时代应该晚于厉王之世的二式晋侯苏钟。综合以上纹饰特征，逆钟应该属于西周晚期宣王之世的产物。故此，笔者赞同逆钟的第二种断代观点"宣王元年"说[2]。

对于复古风格青铜器的断代，陈小三教授认为应该聚焦于断代的核心问题，即"存在的共同现象——'貌合神离'"[3]。"所谓'神离'则有两种情形：一是由于制作工艺的变化，后代已经不复流行前代的一些工艺，这种情形下的复古往往表现为在同种工艺的制作上较之前代粗劣；二是所谓复古并不是纯粹地模仿，多数情形下是在模仿的同时又加入了很多当时的元素。"[4]《西周青铜器分期断代研究》一书对于逆钟断代的失误就属于这种情况。笔者最初也是认同该书对于逆钟的断代，后来随着笔者研究的深入，才改变了这一认识。《西周青铜器分期断代研究》一书对于逆钟的断代，仅仅关注到逆钟的纹饰与西周中期一些甬钟纹饰的"貌合"之处，如该书认为逆钟的"篆部和正鼓部云纹均由带阴线的宽条构成"[5]。正是这句话，暴露出该书疏忽了逆钟的两个"神离"之处。其一，逆钟的篆带由"带阴线的宽条构成"，就不再是云纹，而是横S形窃曲纹，如果该书意识到这一

[1] 笔者将二式晋侯苏钟（12件，73631~73640号，M8:32、33号）断为西周晚期厉王之器，详细论证参见王清雷：《西周甬钟篆带云纹研究》，文物出版社，2021年，第113~118页。

[2] 彭裕商：《西周青铜器年代综合研究》，巴蜀书社，2003年，第442页。

[3] 陈小三：《韩城梁带村M27出土卣、尊年代辨析——附论扇形钺与特殊的凤鸟纹饰》，《文博》2011年第1期，第27页。

[4] 同[3]。

[5] 王世民、陈公柔、张长寿：《西周青铜器分期断代研究》，文物出版社，1999年，第174页。

点，就不会再认为逆钟"为西周中期后段器，约当夷孝前后"[1]；其二，正鼓部云纹"由带阴线的宽条构成"，这种纹饰工艺手法为阳刻平雕加阴线刻，与西周中期甬钟正鼓部由阴线单勾而成的工字形云纹并非同一时代的产物，而是比其晚得多。故此，在为西周甬钟断代时，不仅要关注其纹样特征，同时还要关注其工艺手法。"貌合"之处需要看，但"神离"之处才是关键。

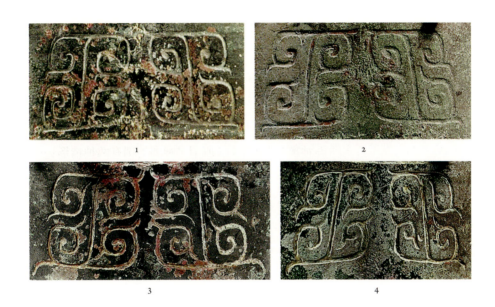

图3·2·2　部分二式晋侯苏钟正鼓部纹饰

1.二式晋侯苏钟73632号背面的正鼓部纹饰[2]　2.二式晋侯苏钟73633号背面的正鼓部纹饰[3]　3.二式晋侯苏钟73635号背面的正鼓部纹饰[4]　4.二式晋侯苏钟73637号背面的正鼓部纹饰[5]

[1] 王世民、陈公柔、张长寿：《西周青铜器分期断代研究》，文物出版社，1999年，第174页。

[2] 马承源：《中国音乐文物大系·上海卷》，大象出版社，1996年，第35页，图1·2·4i。"1.二式晋侯苏钟73632号背面的正鼓部纹饰"由王清雷裁剪自"图1·2·4i"。

[3] 同[2]，第36页，图1·2·4j。"2.二式晋侯苏钟73633号背面的正鼓部纹饰"由王清雷裁剪自"图1·2·4j"。

[4] 同[2]，第37页，图1·2·4m。"3.二式晋侯苏钟73635号背面的正鼓部纹饰"由王清雷裁剪自"图1·2·4m"。

[5] 同[2]，第38页，图1·2·4p。"4.二式晋侯苏钟73637号背面的正鼓部纹饰"由王清雷裁剪自"图1·2·4p"。

逆钟共计4件。除3号逆钟甬部略残之外，余钟保存完好。4件逆钟器表的纹饰种类相同（图3·2·5之40、45、50、55），纹样细部略有差别。器表均覆盖有淡淡的绿锈。平舞，上置圆柱形长甬，甬上（图3·2·5之42、47、52、57）饰波带纹，其工艺手法为阳刻平雕加阴线刻。旋、斡俱全，近方形斡，旋上（图3·2·5之42、47、52、57）饰带乳丁的横S形窃曲纹，其工艺手法为阳刻平雕加阴线刻。钲、篆、枚区各部以粗单阳线弦纹界隔。篆带饰横S形窃曲纹（图3·2·5之43、48、53、58），其组织结构属于二方连续纹样，由2个单元纹样组成，每一个单元纹样均为横S形窃曲纹，两个单元纹样的排列方式为顺序排列，工艺手法为阳刻平雕加阴线刻。正鼓部（图3·2·5之44、49、54、59）饰一对工字形云纹，二者呈镜面对称关系，其工艺手法为阳刻平雕加阴线刻。其中，3、4号两件逆钟的背面右侧鼓部（图3·2·5之54、59）均饰阴线鸾鸟纹，1、2号两件逆钟（图3·2·5之40、45）则没有。李纯一先生指出："依照发展期编甬钟的通例，只发单音（即正侧鼓同音）的首、次二钟侧鼓没有小鸟纹之类的第二基音标志；有此标志的是从发双音的第三钟开始。"[1]故此，这套逆钟应该为8件一套，背面右侧鼓部没有鸾鸟纹的1、2号两钟为这套编钟的前两件，3、4号两钟为第3、4件，后面还缺第5~8件。从4件逆钟的测音数据（表7）和音列分析（表8）来看，也印证了这一点。1、2号两钟的右侧鼓部没有鸾鸟纹，故仅用正鼓音；3、4号两钟的右侧鼓部均有鸾鸟纹，其正鼓音和侧鼓音均可使用。那么，这4件逆钟的正鼓音和侧鼓音所构成的音列为：羽—宫—角—徵—羽—宫，中间没有缺环。后面所缺4件逆钟（5~8号）的音列应为：角—徵—羽—宫—角—徵—羽—宫。这与柞钟（8件）的音列（表4）、中义钟（8件）的音列[2]完全相同。钲部均有铭文（图3·2·5之41、46、51、56）。关于逆钟的调音，《中国音乐文物大系·天津卷》一书指出，除4号逆钟外，其余3件逆钟的钟腔内壁均有调音槽[3]。而《咸阳地区出土西周青铜器》一文指出："四件钟的内壁都锉有2-8个调音槽。"[4]显然，这两部文献对于

［1］李纯一：《中国上古出土乐器综论》，文物出版社，1996年，第188页。

［2］王清雷：《西周乐悬制度的音乐考古学研究》，文物出版社，2007年，第179页，表四〇。

［3］黄崇文：《中国音乐文物大系·天津卷》，大象出版社，1996年，第201页。

［4］咸阳地区文管会曹发展、陕西省考古研究所陈国英：《咸阳地区出土西周青铜器》，《考古与文物》1981年第1期，第11页。

逆钟的调音有不同的认识。只有将来考察原钟之后，才能知晓逆钟的真实调音情况。1~4号逆钟的通高分别58.8、55.8、54.2、50.0厘米，重29.0、26.8、26.8、25.8千克[1]。

表7　逆钟（4件）测音数据表[2]　　　　　　　　　　　　　　　单位：音分

| 编号 | 1 | 2 | 3 | 4 |
|---|---|---|---|---|
| 正鼓音 | a+24 | $c^1$+44 | $e^1$+33 | $a^1$-41 |
| 侧鼓音 | $c^1$+50 | $^{\#}d^1$-30 | $^{\#}g^1$-13 | $^{\#}c^2$-2 |

表8　逆钟（4件）音列分析表[3]　　　　　　　　　　　　　　　单位：音分

| 编号 | | 1 | 2 | 3 | 4 |
|---|---|---|---|---|---|
| 正鼓音 | 音高 | a+24 | $c^1$+44 | $e^1$+33 | $a^1$-41 |
| | 阶名 | 羽 | 宫 | 角 | 羽 |
| 侧鼓音 | 音高 | $c^1$+50 | $d^1$+70 | $g^1$+87 | $c^2$+98 |
| | 阶名 | - | - | 徵 | 宫 |

这里需要指出5处谬误，详述如下：

第一，有关逆钟纹饰的3处错误。

《咸阳地区出土西周青铜器》一文对逆钟的纹饰描述为："甬饰环带纹，干饰目云纹，篆间饰S状云纹，舞部和鼓部饰大朵云纹。"[4]《中国音乐文物大系·天津卷》一书对于逆钟的纹饰描述与《咸阳地区出土西周青铜器》一文几乎相同："甬部较粗大并饰环带纹，斡部饰目云纹，篆间饰以S状云纹，舞部和鼓部饰大朵

---

[1] 黄崇文：《中国音乐文物大系·天津卷》，大象出版社，1996年，第202页。

[2] 同[1]。

[3] 说明：为了便于做音列与调式的分析，笔者将有的测音数据做了等音转换。之所以可以做等音转换，是因为这些测音数据是用当代的软件测算出来，软件的音高标准是按照十二平均律来设计，故此可以做等音转换。

[4] 咸阳地区文管会曹发展、陕西省考古研究所陈国英：《咸阳地区出土西周青铜器》，《考古与文物》1981年第1期，第9页。

云纹。"[1]

在以上两部文献中，旋、篆间的纹饰厘定有误。逆钟旋上（图3·2·5之42、47、52、57）饰带乳丁的横S形窃曲纹，而不是"目云纹"，以上两部文献还误将"旋"称为"干"或"斡"；逆钟篆带（图3·2·5之43、48、53、58）饰横S形窃曲纹，而不是"S状云纹"。

第二，甬钟部位的称谓错误。

《咸阳地区出土西周青铜器》一文对逆钟的纹饰描述为："甬饰环带纹，干饰目云纹……"[2]《中国音乐文物大系·天津卷》一书对于逆钟的纹饰描述为："甬部较粗大并饰环带纹，斡部饰目云纹，……"[3]

在以上两部文献中，出现了一个甬钟部位的名称，《咸阳地区出土西周青铜器》一文称为"干"，《中国音乐文物大系·天津卷》一书称为"斡"，二者是指甬钟的同一部位，后者的称谓"斡"是正确的。

《中国音乐文物大系·天津卷》一书将《咸阳地区出土西周青铜器》一文中的"干"纠正为"斡"，这是正确的，但是却没有将这一错误完全解决。《咸阳地区出土西周青铜器》一文认为逆钟的"干饰目云纹"[4]，《中国音乐文物大系·天津卷》一书认为逆钟的"斡部饰目云纹"[5]。我们观察一下4件逆钟的斡（图3·2·5之42、47、52、57），就会发现其斡上均是素面无纹，而旋上装饰的才是这两部文献所谓的"目云纹"，实际上应该称之为带乳丁的横S形窃曲纹。也就是说，《咸阳地区出土西周青铜器》《中国音乐文物大系·天津卷》这两部文献，均错将"旋"视为"斡"（或干）了。

旋与斡（图3·2·3）曾经是一对谜题，困扰了古今学者很多年，至今在一些青铜器研究文献中仍有错用的现象。《"旋""斡"名实考》一文通过以往研究成果的

［1］黄崇文：《中国音乐文物大系·天津卷》，大象出版社，1996年，第201页。
［2］咸阳地区文管会曹发展、陕西省考古研究所陈国英：《咸阳地区出土西周青铜器》，《考古与文物》1981年第1期，第9页。
［3］同［1］。
［4］同［2］。
［5］同［1］。

全面梳理，对旋与斡的问题进行了深入考辨。该文的结论认为[1]：

《周礼》所载"旋虫谓之斡"中的"斡"字（今被简化为"干"字），应该厘定为斡。程瑶田在《凫氏为钟图说》《凫氏为钟章句图说》这两篇文章中首次明确指出："斡当为斡"。阮元在《周礼注疏》校勘记中云："唐石经诸本同程瑶田云：'斡，当作斡。'说文：'斡，蠡柄也。'然则钟柄亦得名斡亦。"唐兰在《古乐器小记》中亦认为"斡即斡字。"……对于旋的解读：唐兰认为："旋义为环，今目验古钟甬中间均突起似带，周环甬围，其位置正与《考工记》合，是所谓旋也。"这个位于钟甬之上，却被清人程瑶田、王引之及今人马衡、容庚、张维持等学者忽略的环形凸带，终于为唐兰慧眼所识。

图3·2·3　甬钟的"旋"与"斡"标识图[2]

［1］王清雷：《"旋""斡"名实考》，《音乐探索》2021年第3期，第21~23页。
［2］同［1］，第17页，图3之2。

第三，《中国音乐文物大系·天津卷》所载逆钟条目"文献要目"中的篇目错误。

《中国音乐文物大系·天津卷》一书所载"逆钟"条目的"文献要目"有2篇文章。其中，第一篇文章为：曹发展、陈国英：《咸阳地区出土青铜器》，《考古与文物》1981年第1期[1]。笔者经查阅原始文献，发现这篇文章的题目有误，少了"西周"两字，正确应为：《咸阳地区出土西周青铜器》。

例4：克钟

传清光绪十六年（1890年）出土于陕西省扶风县法门寺任村，传世共5件，属于姬姓华氏家族[2]。其中，2件（41525、8107号）藏于上海博物馆，为收购[3]；1件（59.3.151号）藏于天津博物馆，原为山东省日照市丁麟年旧藏，后为天津徐世昌收藏，1958年徐氏后代捐献给国家[4]；另外2件分别藏于日本奈良宁乐美术馆和京都藤井有邻馆。

关于克钟的断代，学界争议很大，主要有6种不同的观点，分述如下：

第一，"孝王"说。持此观点者主要有3部文献，分述如下：

（1）《金文通释》将克钟的时代断为西周中期孝王之世[5]。

（2）在《中国音乐文物大系·上海卷》一书中，关于克钟的时代有两种观点，一是在"克钟（2件）"条目的"时代"中写的是"西周晚期"[6]，二是在"克钟（2件）"条目的"断代"中对克钟的时代进行考证，指出："克所作之器，历来被认为是西周厉王时期的。根据克钟铭文的纪年推以历法，合孝王时历朔。……克钟上所饰重环纹和变形兽纹，孝王时相当流行，可为克钟断代之旁证。"[7]显然，该书"克钟（2件）"条目采用的是"孝王"说，而不是"西周晚期"说。

（3）《夏商周青铜器研究》（西周篇）一书指出："克钟与大克鼎同时出

［1］黄崇文：《中国音乐文物大系·天津卷》，大象出版社，1996年，第202页。

［2］韩巍：《西周金文世族研究》，北京大学博士学位论文，2007年，第153页。

［3］马承源：《中国音乐文物大系·上海卷》，大象出版社，1996年，第41页。

［4］同［1］，第203页。

［5］白川静：《金文通释》卷三（下），白鹤美术馆，1971年，第898页。

［6］同［3］。

［7］同［3］，第42页。

土，为同一人，大克鼎为孝王时器，此钟亦为同时器。"[1]

第二，"夷王"说。持此观点者主要有2部文献，分述如下：

（1）《西周铜器断代》一书指出："克钟一组，应早于善夫克诸器，可能为夷王十六年，也可能为孝王十六年。但《太平御览》卷八十五引《史记》谓'懿王在位二十五年崩'，'孝王在位十五年崩'……然则克钟十六年，不能是孝王，似仍宜为夷王。"[2]

（2）《两周金文辞大系图录考释》将克钟断为西周中期夷王之器[3]。

第三，"厉王"说。持此观点者主要有2部文献，分述如下：

（1）《商周彝器通考》一书将克钟断为西周晚期厉王之器[4]。

（2）《西周青铜器分期断代研究》认为克钟"为西周晚期前段器，约当厉王前后"[5]。

第四，"宣王"说。持此观点者文献最多，主要有7部，分述如下：

（1）《西周铜器断代中的"康宫"问题》一文指出："从克钟铭提供的线索，我们可以确定它属于宣王时代。"[6]

（2）《眉县杨家村新出青铜器研究》一文指出："克钟纪年为十六年，有'王在周康剌(厉)宫'，自属宣王。"[7]

（3）《由眉县单氏家族铜器再论膳夫克铜器的年代附带再论晋侯苏编钟的年代》一文认为："膳夫克另所作的克钟也载有十又六年的完整年代记载（'隹十又六年九月初吉庚寅'）。如上面所述，肯定是宣王时代铜器，年代记载也指公元前812年。"[8]

[1] 陈佩芬：《夏商周青铜器研究》（西周篇下册），上海古籍出版社，2004年，第396页。

[2] 陈梦家：《西周铜器断代》，中华书局，2004年，第260页。

[3] 郭沫若：《两周金文辞大系图录考释》（下），上海书店出版社，1999年，第112页。

[4] 容庚：《商周彝器通考》（重印版），上海人民出版社，2008年，第39页。

[5] 王世民、陈公柔、张长寿：《西周青铜器分期断代研究》，文物出版社，1999年，第176页。

[6] 唐兰：《西周铜器断代中的"康宫"问题》，《考古学报》1962年第1期，第47页。

[7] 李学勤：《眉县杨家村新出青铜器研究》，《文物》2003年第6期，第72页。

[8] 夏含夷：《由眉县单氏家族铜器再论膳夫克铜器的年代附带再论晋侯苏编钟的年代》，《中国古代青铜器国际研讨会论文集》，上海出版社、香港中文大学文物馆，2010年，第176页，注释[22]。

（4）《西周青铜器年代综合研究》一书指出："唐兰先生已指出，'康刺宫'即厉王之庙。按，克盨记'王在周康穆宫'，'穆宫'明显是穆王之庙，不好讲成是其他什么宫，既然如此，'刺宫'也自然应是厉王之庙，所以我们认为唐先生的说法是对的。李学勤先生新近也指出，本器的'刺宫'为厉王之庙。如此，则本器与上器所记均为宣王十六年之历日。"[1]

（5）《西周纪年》一书指出："克钟记：'隹十又六年九月初吉庚寅'，……朔日相合，时代就应一致，故十六年克钟的时代应定为宣王，厉王说是不确切的，应予改正。"[2]

（6）《试论西周青铜器演变的非均衡性问题》一文在对学界诸家关于克钟不同断代观点全面梳理的基础上，认为克钟的时代应为西周晚期宣王之世[3]。

（7）《西周金文世族研究》通过对克器（如克钟、克鼎等）的纹饰与铭文的研究，认为将克器（如克钟、克鼎等）的时代断为宣王之世是合适的[4]。

第五，"西周晚期偏早"说。《中国青铜器综论》一书将克钟的时代断为"西周晚期偏早"[5]。

第六，"西周晚期"说。《中国音乐文物大系·天津卷》一书指出："根据同出器物的铭文推断，克钟铸造于西周晚期。"[6]

关于以上克钟的6种不同断代观点，哪一种合理呢？

"按照考古学的常识，判定某器物的年代是着眼于那些显示最晚年代特征的因素。"[7]那么，克钟"最晚年代特征的因素"体现在哪几个方面呢？

先看克钟的调音。3件克钟（41525、8107、59.3.151号）的钟腔内壁均有调音槽，从于口开始向舞底延伸，呈半棱形，形态规范。其中，克钟41525号钟腔内壁

［1］彭裕商：《西周青铜器年代综合研究》，巴蜀书社，2003年，第452页。

［2］刘启益：《西周纪年》，广东教育出版社，2002年，第386页。

［3］张懋镕：《试论西周青铜器演变的非均衡性问题》，《考古学报》2008年第3期，第350页，续附表第133号克钟。

［4］韩巍：《西周金文世族研究》，北京大学博士学位论文，2007年，第155页。

［5］朱凤瀚：《中国青铜器综论》（上），上海古籍出版社，2009年，第363页。

［6］黄崇文：《中国音乐文物大系·天津卷》，大象出版社，1996年，第203页。

［7］张懋镕：《西周青铜器断代两系说刍议》，《考古学报》2005年第1期，第5页。

有调音槽8条[1]，克钟59.3.151号钟腔内壁有调音槽7条[2]。由此可知，克钟已是"铸调双音"[3]成熟阶段的产物，其时代不会早于西周晚期厉王之世。故此，在以上关于克钟的6种不同断代观点中，第一种"孝王"说和第二种"夷王"说，可以排除了。由于笔者缺乏克钟的具体调音资料，已无法通过调音对其断代再做进一步的研究。

再看克钟的纹饰。经笔者反复观察该钟，发现其"最晚年代特征的因素"主要体现在正鼓部和篆带纹饰上。其与西周晚期厉王之世甬钟的断代标准器——士父钟[4]（图2·1·3之32、38）相比，二者的正鼓部纹饰虽然同为鸟体龙纹，但克钟正鼓部所饰鸟体龙纹已经表现出新的时代特征（图3·2·5之64、70、77），主要体现为两点：其一，龙角上出现了目纹；其二，龙角形态呈鸟首状。显然，克钟的时代应该晚于士父钟所属的西周晚期厉王之世。同时，笔者通过全面梳理西周晚期的甬钟资料，发现克钟正鼓部所饰鸟体龙纹（图3·2·5之64、70、77）与宣王之世的中义钟正鼓部所饰鸟体龙纹（图2·1·5之9）高度雷同；克钟篆带所饰窃曲纹（图3·2·5之63、72、76）与宣王之世甬钟的断代标准器——逑钟（乙组Ⅰ、Ⅱ、Ⅲ号，克利夫兰艺术博物馆藏逑钟）的篆带窃曲纹（图3·2·5之18）相同，均为横S形窃曲纹。故此，笔者认为应将克钟的时代断为西周晚期宣王之世，赞同克钟的第四种断代观点"宣王"说。

在目前所知5件克钟中，除了日本奈良宁乐美术馆和京都藤井有邻馆所藏2件克钟资料不详外，其他3件克钟（41525、8107、59.3.151号）均保存完好。这3件克钟形制、纹饰相同（图3·2·5之60、65、73）。器表均覆盖有淡淡的绿锈。平舞，上置圆柱形长甬。舞部饰S形窃曲纹（图3·2·5之79），其工艺手法为阳刻平雕加阴线刻。旋、斡俱全，近方形斡。旋上（图3·2·5之69）饰带乳丁的燕尾云纹[5]，其工艺手法为阴线双勾；斡上（图3·2·5之69）饰重环纹。钲、篆、枚区各部以粗单阳线弦纹界隔。篆带饰横S形窃曲纹（图3·2·5之63、72、76），其组织结构属于二方连

[1] 马承源：《中国音乐文物大系·上海卷》，大象出版社，1996年，第42页。
[2] 黄崇文：《中国音乐文物大系·天津卷》，大象出版社，1996年，第203页。
[3] 冯光生：《周代编钟的双音技术及应用》，《中国音乐学》2002年第1期，第43页。
[4] 高至喜：《西周士父钟的再发现》，《文物》1991年第5期，第87页。
[5] 王清雷：《西周甬钟篆带云纹研究》，文物出版社，2021年，第69页。

续纹样，由2个单元纹样组成，每一个单元纹样均为横S形窃曲纹，两个单元纹样的排列方式为顺序排列，工艺手法为阳刻平雕加阴线刻。正鼓部（图3·2·5之64、70、77）饰一对鸟体龙纹，二者呈镜面对称关系；鸟体龙纹的龙角上饰有目纹，龙角形态呈鸟首状；其工艺手法为阳刻平雕加阴线刻。背面右侧鼓部（图3·2·5之64、71、77、78）均饰一只鸾鸟纹，作为侧鼓音的演奏标记。背面钲部、左侧鼓部均有铭文（图3·2·5之61、62、66、67、74、75），其中克钟8107号左铣（图3·2·5之67）也铸有铭文。3件克钟钟腔内壁均有调音槽，从于口开始向舞底延伸，呈半梭形，形态规范。其中，克钟41525号钟腔内壁有调音槽8条[1]，克钟59.3.151号钟腔内壁有调音槽7条[2]。3件克钟（41525、8107、59.3.151号）的通高分别53.9、38.5、50.6厘米，重30.7、11.2、27.0千克[3]。

　　关于克钟的编列，《两周青铜乐器铭辞研究》一书认为："第一、二钟（右鼓皆无鸟纹，铭拓见第四章第六节）合全铭81字；三、四钟（右鼓鸟纹）合全铭81字；第五钟（右鼓有鸟纹）33字。从形制上看，前四钟差别不大，每钟字数也相若，第五钟明显减小，其后当不会缺一钟或二钟，因缺一钟难容48字，缺二钟又无此例，最合理的推测当是缺失三钟，全铭组合为'2+2+4'式"[4]《西周青铜器分期断代研究》认为克钟"现存5件，为8件套的前5钟，尚缺后3钟"[5]。以上两部文献所言甚是。笔者查阅了《两周金文辞大系图录考释》所载5件克钟的铭文拓片，初步确认克钟一是指奈良宁乐美术馆所藏克钟，其铭文（图3·2·5之80、81）为上半篇，为第1件；克钟二是指京都藤井有邻馆藏克钟，其铭文（图3·2·5之82、83）为下半篇，为第2件；克钟三是指克钟41525号，其铭文（图3·2·5之61、62）为上半篇，为第3件；克钟四是指克钟59.3.151号，其铭文（图3·2·5之74、75）为下半篇，为第4件；克钟五是指克钟8107号，其铭文（图3·2·5之66、67）为上半篇，为第5件，尚缺第6~8件。

［1］马承源：《中国音乐文物大系·上海卷》，大象出版社，1996年，第42页。

［2］黄崇文：《中国音乐文物大系·天津卷》，大象出版社，1996年，第203页。

［3］a.同［1］。b.同［2］。

［4］陈双新：《两周青铜乐器铭辞研究》，河北大学出版社，2002年，第94页。

［5］王世民、陈公柔、张长寿：《西周青铜器分期断代研究》，文物出版社，1999年，第176页。

　　根据西周中期后段和西周晚期甬钟音列规律，笔者对8件套克钟的完整音列（表9）试做推测。从目前所知3件克钟（41525、59.3.151、8107号）的测音数据[1]来看，其正鼓音和侧鼓音可以构成 ♭B宫四声音列，具体为：角—徵—羽—宫—角—徵。第3件克钟（41525号）正鼓音为"角"，那么第1件、第2件克钟的正鼓音应该分别为"羽""宫"。陈荃有先生指出："西周中晚期乐钟的编列数目则已达到八件成套的规模，其编列是以一种固定模式来安排的，即两件大钟作为单音钟使用，余者六件为双音钟。"[2]故此，第1件、第2件克钟不用侧鼓音。第5件克钟（8107号）的正鼓音和侧鼓音为"角—徵"，由此推测所缺的第6~8件克钟正鼓音和侧鼓音分别为"羽—宫""角—徵""羽—宫"（表9）。这与柞钟（8件）的音列（表4）、中义钟（8件）的音列[3]完全相同。

表9　克钟（8件）音列推测分析表[4]　　　　　　　　　　　　　　　单位：音分

| 序号 | | 1 | 2 | 3 | 4 | 5 | 6 | 7 | 8 |
|---|---|---|---|---|---|---|---|---|---|
| 藏号 | | 宁乐美术馆所藏克钟 | 藤井有邻馆藏克钟 | 41525 | 59.3.151 | 8107 | - | - |
| 正鼓音 | 音高 | $g$ | $^{b}b$ | $d^1$+27 | $g^1$+24 | $d^2$+46 | $g^2$ | $d^3$ | $g^3$ |
| | 阶名 | 羽 | 宫 | 角 | 羽 | 角 | 羽 | 角 | 羽 |
| 侧鼓音 | 音高 | - | - | $f^1$+33 | $^{b}b^1$+84 | $f^2$+55 | $^{b}b^2$ | $f^3$ | $^{b}b^3$ |
| | 阶名 | - | - | 徵 | 宫 | 徵 | 宫 | 徵 | 宫 |

［1］a. 马承源：《中国音乐文物大系·上海卷》，大象出版社，1996年，第42页。b. 黄崇文：《中国音乐文物大系·天津卷》，大象出版社，1996年，第203页。说明：《中国音乐文物大系·上海卷》中克钟41525号的侧鼓音音高数据有误，"f"应该是"f¹"，特此订正。

［2］陈荃有：《繁盛期青铜乐钟的编列研究》（上），《音乐艺术》2001年第2期，第27页。

［3］王清雷：《西周乐悬制度的音乐考古学研究》，文物出版社，2007年，第179页，表四〇。

［4］说明：（1）为了便于做音列与调式的分析，笔者将克钟部分原始测音数据做了等音转换。之所以可以做等音转换，是因为这些测音数据是用当代的软件测算出来，软件的音高标准是按照十二平均律来设计，故此可以做等音转换。（2）第1、2、6~8件克钟的音高和阶名为笔者推测，采用斜体标记。（3）《中国音乐文物大系·上海卷》中克钟41525号的侧鼓音音高数据有误，"f"应该是"f¹"，本表已更正。

这里需要指出一处谬误。《中国音乐文物大系·上海卷》中克钟（41525号）的测音数据有误（图3·2·4）。克钟41525号的正鼓音音高为"$d^1+27$"音分[1]，那么其侧鼓音音高应该为"$f^1+33$"音分，二者的音程关系为小三度。但是《中国音乐文物大系·上海卷》却将克钟41525号的侧鼓音音高错误地写为"$f+33$"音分[2]，正好降低了一个八度，由此导致克钟41525号的侧鼓音音高比其正鼓音音高低了大六度，违背了编钟"一钟双音"的声学原理[3]，显然是错误的。故此，应该将《中国音乐文物大系·上海卷》中克钟41525号的侧鼓音数据"$f+33$"音分，更正为"$f^1+33$"音分。

| 藏号 | 41525 | 8107 |
| --- | --- | --- |
| 正鼓音 | $d^1+27$ | $d^2+46$ |
| 侧鼓音 | $f+33$ | $^\#f^2-45$ |

图3·2·4　上海博物馆藏克钟（2件，41525、8107号）测音数据[4]

### AⅡ式

AⅡ式（有目纹）横S形窃曲纹属于二方连续纹样，其排列方式为顺序排列；每个单元纹样的整体形态呈横S形，在横S形线条的中间位置装饰一个目纹；其工艺手法为阳刻平雕加阴线刻。篆带饰有AⅡ式（有目纹）横S形窃曲纹的西周甬钟主要有如下1例：

例：南宫乎钟

"1979年5月5日，城关公社民工，在南阳公社五岭大队豹子沟修公路时，用炸药炸掉了大山一角，从中出土了完整无损的甬钟一件。"[5]该甬钟就是南宫乎钟

［1］马承源：《中国音乐文物大系·上海卷》，大象出版社，1996年，第42页。
［2］同［1］。
［3］a.马承源：《商周青铜双音钟》，《考古学报》1981年第1期，第131~145页。b.王大钧、陈健、王慧君：《中国乐钟的双音特性》，《力学与实践》2003年第4期，第12~16页。
［4］同［1］。
［5］罗西章：《扶风出土的商周青铜器》，《考古与文物》1980年第4期，第19页。

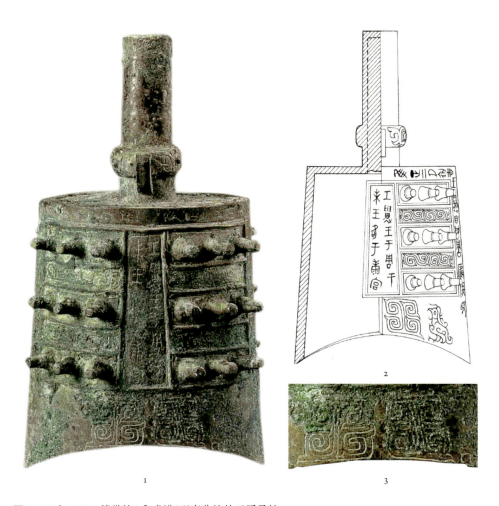

**图3·2·5之1~3　篆带饰AⅠ式横S形窃曲纹的西周甬钟**

1.保利艺术博物馆藏应侯视工钟（小钟）背面[1]　2.保利艺术博物馆藏应侯视工钟（小钟）背面线图[2]　3.保利艺术博物馆藏应侯视工钟（小钟）背面的正鼓部纹饰[3]

[1] 朱凤瀚：《应侯见工钟（两件）》,《保利藏金（续）》,岭南美术出版社,2001年,第156页左钟。该文将此钟称为"应侯见工钟"。

[2] 同［1］,第157页左图。该文将此钟称为"应侯见工钟"。

[3] 同［1］。"3.保利艺术博物馆藏应侯视工钟（小钟）背面的正鼓部纹饰"由王清雷裁剪自第156页左钟。该文将此钟称为"应侯见工钟"。

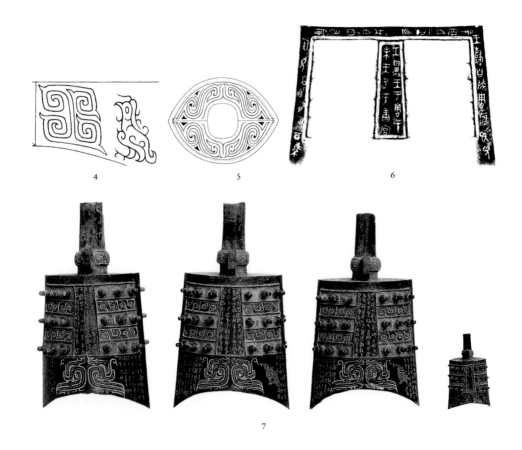

图3·2·5之4～7　篆带饰AⅠ式横S形窃曲纹的西周甬钟

4.保利艺术博物馆藏应侯视工钟（小钟）背面的正鼓部和侧鼓部纹饰线图[1]　5.保利艺术博物馆藏应侯视工钟（小钟）舞部纹饰线图[2]　6.保利艺术博物馆藏应侯视工钟（小钟）背面的铭文拓片[3]
7.乙组逨钟背面（4件，从左至右为Ⅱ、Ⅰ、Ⅲ、Ⅳ号）[4]

---

[1]朱凤瀚：《应侯见工钟（两件）》，《保利藏金（续）》，岭南美术出版社，2001年，第157页左图。"4.保利艺术博物馆藏应侯视工钟（小钟）背面的正鼓部和侧鼓部纹饰线图"由王清雷裁剪自第157页左图。该文将此钟称为"应侯见工钟"。

[2]同[1]。该文将此钟称为"应侯见工钟"。"5.保利艺术博物馆藏应侯视工钟（小钟）舞部纹饰线图"由王清雷裁剪自第157页左图。

[3]同[1]，第159页。该文将此钟称为"应侯见工钟"。

[4]方建军：《中国音乐文物大系·陕西卷》，大象出版社，1996年，第63页，图1·5·20b。逨钟在该书中被称为"眉县杨家村乙组甬钟"。

8    9    10

**图3·2·5之8～10　篆带饰A I 式横S形窃曲纹的西周甬钟**

8.克利夫兰艺术博物馆藏逨钟背面[1]　9.克利夫兰艺术博物馆藏逨钟背面的钲部铭文[2]　10.克利夫兰艺术博物馆藏逨钟背面的正鼓部纹饰[3]

[1] https://www.clevelandart.org/art/1989.3
[2] 同[1]。
[3] 同[1]。

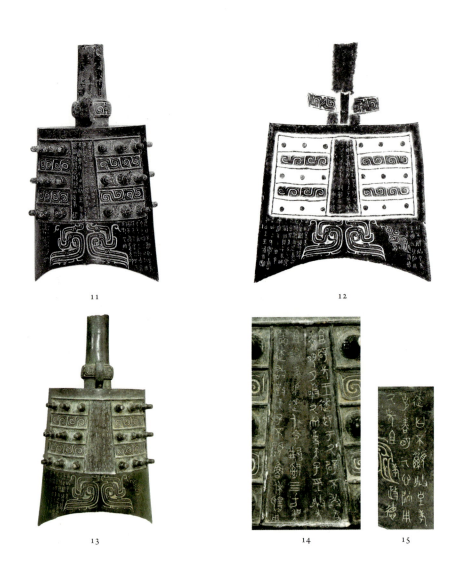

11                                                    12

13                              14                    15

**图3·2·5之11～15    篆带饰AⅠ式横S形窃曲纹的西周甬钟**

11.逨钟乙组Ⅱ号背面[1]    12.逨钟乙组Ⅰ号背面拓片[2]    13.逨钟乙组Ⅰ号背面（王清雷摄）    14.逨钟乙组Ⅰ号背面的钲部铭文（王清雷摄）    15.逨钟乙组Ⅰ号背面的右铣角铭文（王清雷摄）

[1] 方建军：《中国音乐文物大系·陕西卷》，大象出版社，1996年，第63页，图1·5·20b。"11.逨钟乙组Ⅱ号背面"由王清雷裁剪自图1·5·20b。逨钟在该书中被称为"眉县杨家村乙组甬钟"。
[2]《中国音乐文物大系》总编辑部供图。

16         17

18

19

图3·2·5之16～19　篆带饰AⅠ式横S形窃曲纹的西周甬钟

16.逨钟乙组Ⅰ号背面的左侧鼓部铭文（王清雷摄）　17.逨钟乙组Ⅰ号舞部、旋部纹饰（王清雷摄）
18.逨钟乙组Ⅰ号背面的右侧上方篆带纹饰（王清雷摄）　19.逨钟乙组Ⅰ号背面的正鼓部纹饰（王清雷摄）

20                    21

22                    23

图3·2·5之20~23　篆带饰AⅠ式横S形窃曲纹的西周甬钟

20.逨钟乙组Ⅰ号背面的右侧鼓部纹饰（王清雷摄）　21.逨钟乙组Ⅰ号于口（王清雷摄）　22.逨钟乙组Ⅲ号背面[1]　23.逨钟乙组Ⅲ号背面（中国国家博物馆展厅）（王清雷摄）

[1] 方建军：《中国音乐文物大系·陕西卷》，大象出版社，1996年，第63页，图1·5·20b。"22.逨钟乙组Ⅲ号背面"由王清雷裁剪自图1·5·20b。逨钟在该书中被称为"眉县杨家村乙组甬钟"。

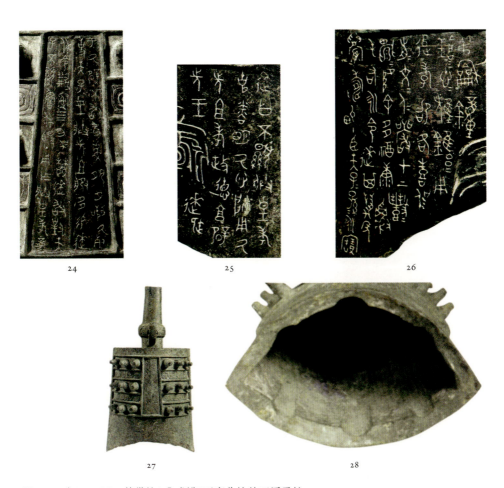

24　　　　　　　　　25　　　　　　　　　　　26

27　　　　　　　　　　28

图3·2·5之24～28　篆带饰AⅠ式横S形窃曲纹的西周甬钟

24.逨钟乙组Ⅲ号背面的钲部铭文[1]　25.逨钟乙组Ⅲ号背面的右铣角铭文[2]　26.逨钟乙组Ⅲ号背面的左侧鼓部铭文[3]　27.首阳斋藏逨钟背面[4]　28.首阳斋藏逨钟于口[5]

[1] 吕章申：《中国古代青铜器艺术》，中国社会科学出版社，2011年，第61页。逨钟在该书中被称为"逨钟"。

[2] 同[1]，第59页。

[3] 同[1]，第61页。

[4] 首阳斋、上海博物馆、香港中文大学文物馆：《首阳吉金：胡盈莹、范季融藏中国古代青铜器》，上海古籍出版社，2008年，第123页。逨钟在该书中被称为"逨钟"。

[5] 同[4]，第122页。

29                    30

31                    32                    33

**图3·2·5之29～33  篆带饰AⅠ式横S形窃曲纹的西周甬钟**

29.首阳斋藏逨钟背面的钲部铭文拓片[1]  30.首阳斋藏逨钟背面的左侧鼓部铭文拓片[2]  31.逨钟乙组
Ⅳ号背面（王清雷摄）  32.逨钟乙组Ⅳ号背面拓片[3]  33.逨钟乙组Ⅳ号背面的钲部铭文（王清雷摄）

---

[1] 首阳斋、上海博物馆、香港中文大学文物馆：《首阳吉金：胡盈莹、范季融藏中国古代青铜器》，
　　上海古籍出版社，2008年，第121页。逨钟在该书中被称为"逨钟"。

[2] 同[1]。

[3] 方建军：《中国音乐文物大系·陕西卷》，大象出版社，1996年，第63页，图1·5·20f。逨钟
　　在该书中被称为"眉县杨家村乙组甬钟"。

图3·2·5之34～39　篆带饰AⅠ式横S形窃曲纹的西周甬钟

34.逨钟乙组Ⅳ号背面的左侧鼓部铭文（王清雷摄）　35.逨钟乙组Ⅳ号舞部纹饰（王清雷摄）　36.逨钟乙组Ⅳ号背面的正鼓部纹饰（王清雷摄）　37.逨钟乙组Ⅳ号背面的右侧鼓部纹饰（王清雷摄）38.逨钟乙组Ⅳ号背面的左侧上方篆带纹饰（王清雷摄）　39.逨钟乙组Ⅳ号于口（王清雷摄）

40

41

图3·2·5之40～42　篆带饰AⅠ式横S形窃曲纹的西周甬钟

40.1号逆钟背面[1]　41.1号逆钟背面的钲部铭文[2]　42.1号逆钟
背面的甬、旋和斡[3]

[1] 黄崇文:《中国音乐文物大系·天津卷》,大象出版社,
1996年,第201页,图1·1·5a。
[2] 同[1]。"41.1号逆钟背面的钲部铭文"由王清雷裁剪自图
1·1·5a。
[3] 同[1]。"42.1号逆钟背面的甬、旋和斡"由王清雷裁剪自
图1·1·5a。

42

43

44

45

46

**图3·2·5之43~46　篆带饰AⅠ式横S形窈曲纹的西周甬钟**

43.1号逆钟背面的左侧篆带纹饰[1]　44.1号逆钟背面的正鼓部纹饰[2]　45.2号逆钟背面[3]　46.2号逆钟背面的钲部铭文[4]

[1] 黄崇文:《中国音乐文物大系·天津卷》,大象出版社,1996年,第201页,图1·1·5a。"43.1号逆钟背面的左侧篆带纹饰"由王清雷裁剪自图1·1·5a。

[2] 同[1]。"44.1号逆钟背面的正鼓部纹饰"由王清雷裁剪自图1·1·5a。

[3] 同[1],图1·1·5b。

[4] 同[1],图1·1·5b。"46.2号逆钟背面的钲部铭文"由王清雷裁剪自图1·1·5b。

**图3·2·5之47～51　篆带饰AⅠ式横S形窃曲纹的西周甬钟**

47.2号逆钟背面的甬、旋和斡[1]　48.2号逆钟背面的左侧篆带纹饰[2]　49.2号逆钟背面的正鼓部纹饰[3]　50.3号逆钟背面[4]　51.3号逆钟背面的钲部铭文[5]

[1] 黄崇文：《中国音乐文物大系·天津卷》，大象出版社，1996年，第201页，图1·1·5b。"47.2号逆钟背面的甬、旋和斡"由王清雷裁剪自图1·1·5b。

[2] 同[1]。"48.2号逆钟背面的左侧篆带纹饰"由王清雷裁剪自图1·1·5b。

[3] 同[1]。"49.2号逆钟背面的正鼓部纹饰"由王清雷裁剪自图1·1·5b。

[4] 同[1]，第202页，图1·1·5c。

[5] 同[1]，第202页，图1·1·5c。"51.3号逆钟背面的钲部铭文"由王清雷裁剪自图1·1·5c。

**图3·2·5之52～56　篆带饰AⅠ式横S形窃曲纹的西周甬钟**

52.3逆钟背面的甬、旋和斡[1]　53.3号逆钟背面的左侧篆带纹饰[2]　54.3逆钟背面的正鼓部和右侧鼓部纹饰[3]　55.4号逆钟背面[4]　56.4号逆钟背面的钲部铭文[5]

---

[1] 黄崇文：《中国音乐文物大系·天津卷》，大象出版社，1996年，第202页，图1·1·5c。"52.3
　　逆钟背面的甬、旋和斡"由王清雷裁剪自图1·1·5c。
[2] 同[1]。"53.3号逆钟背面的左侧篆带纹饰"由王清雷裁剪自图1·1·5c。
[3] 同[1]。"54.3号逆钟背面的正鼓部和右侧鼓部纹饰"由王清雷裁剪自图1·1·5c。
[4] 同[1]，图1·1·5d。
[5] 同[1]，图1·1·5d。"56.4号逆钟背面的钲部铭文"由王清雷裁剪自图1·1·5d。

57

58

59

图3·2·5之57~59　篆带饰AⅠ式横S形窃曲纹的西周甬钟

57.4逆钟背面的甬、旋和斡[1]　58.4号逆钟背面的右侧篆带纹饰[2]　59.4号逆钟背面的正鼓部和右侧鼓部纹饰[3]

［1］黄崇文：《中国音乐文物大系·天津卷》，大象出版社，1996年，第202页，图1·1·5d。"57.4逆钟背面的甬、旋和斡"由王清雷裁剪自图1·1·5d。

［2］同［1］。"58.4号逆钟背面的右侧篆带纹饰"由王清雷裁剪自图1·1·5d。

［3］同［1］。"59.4号逆钟背面的正鼓部和右侧鼓部纹饰"由王清雷裁剪自图1·1·5d。

61          62

60

图3·2·5之60～63　篆带饰AⅠ式横S形窃曲纹的西周甬钟

60.克钟41525号背面[1]　61.克钟41525号背面的钲部铭文拓片[2]　62.克钟41525号背面的左侧鼓部铭文拓片[3]
63.克钟41525号背面的右侧篆带纹饰[4]

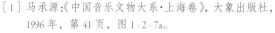

63

[1] 马承源:《中国音乐文物大系·上海卷》,大象出版社,
　　1996年,第41页,图1·2·7a。
[2] 同[1],第42页,图1·2·7b。"61.克钟41525号背
　　面的钲部铭文拓片"由王清雷裁剪自图1·2·7b。
[3] 同[1],第42页,图1·2·7b。"62.克钟41525号背
　　面的左侧鼓部铭文拓片"由王清雷裁剪自图1·2·7b。
[4] 同[1]。"63.克钟41525号背面的右侧篆带纹饰"由
　　王清雷裁剪自图1·2·7a。

图3·2·5之64～67　篆带饰A I 式横S形窃曲纹的西周甬钟

64.克钟41525号背面的正鼓部和右侧鼓部纹饰拓片[1]　65.克钟8107号背面[2]　66.克钟8107号背面的钲部铭文[3]　67.克钟8107号背面的左铣和左侧鼓部铭文拓片[4]

[1]陈佩芬:《夏商周青铜器研究》(西周篇下册),上海古籍出版社,2004年,第397页,图(一)。
　　"64.克钟41525号背面的正鼓部和右侧鼓部纹饰拓片"由王清雷裁剪自"图(一)"。
[2]马承源:《中国音乐文物大系·上海卷》,大象出版社,1996年,第43页,图1·2·7c。
[3]同[2]。"66.克钟8107号背面的钲部铭文"由王清雷裁剪自图1·2·7c。
[4]同[2],图1·2·7d。"67.克钟8107号背面的左铣和左侧鼓部铭文拓片"由王清雷裁剪自图1·2·7d。

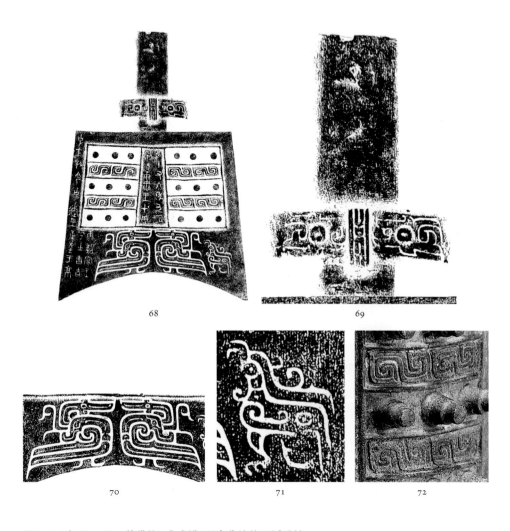

68

69

70

71

72

图3·2·5之68～72　篆带饰AⅠ式横S形窃曲纹的西周甬钟

68.克钟8107号背面拓片[1]　69.克钟8107号背面的旋和斡纹饰拓片[2]　70.克钟8107号背面的正鼓部纹饰拓片[3]　71.克钟8107号背面的右侧鼓部纹饰拓片[4]　72.克钟8107号背面的右侧篆带纹饰[5]

---

[1] 马承源：《中国音乐文物大系·上海卷》，大象出版社，1996年，第43页，图1·2·7d。
[2] 同[1]。"69.克钟8107号背面的旋和斡纹饰拓片"由王清雷裁剪自图1·2·7d。
[3] 同[1]。"70.克钟8107号背面的正鼓部纹饰拓片"由王清雷裁剪自图1·2·7d。
[4] 同[1]。"71.克钟8107号背面的右侧鼓部纹饰拓片"由王清雷裁剪自图1·2·7d。
[5] 同[1]，图1·2·7c。"72.克钟8107号背面的右侧篆带纹饰"由王清雷裁剪自图1·2·7c。

74

73

75

图3·2·5之73~75　篆带饰AⅠ式横S形窃曲纹的西周甬钟

73.克钟59.3.151号背面（王清雷摄）　74.克钟59.3.151号背面的钲部铭文（王清雷摄）　75.克钟
59.3.151号背面的左侧鼓部铭文（王清雷摄）

76

77

78

79

**图3·2·5之76～79　篆带饰AⅠ式横S形窃曲纹的西周甬钟**

　76.克钟59.3.151号背面的左侧篆带纹饰（王清雷摄）　77.克钟59.3.151号背面的正鼓部和右侧鼓部
纹饰（王清雷摄）　78.克钟59.3.151号背面的右侧鼓部纹饰（王清雷摄）　79.克钟59.3.151号舞、
旋、幹纹饰（王清雷摄）

**图3·2·5之80～83　篆带饰AⅠ式横S形窃曲纹的西周甬钟**

80.奈良宁乐美术馆所藏克钟背面的钲部铭文拓片[1]　81.奈良宁乐美术馆所藏克钟背面的左侧鼓部
铭文拓片[2]　82.京都藤井有邻馆藏克钟背面的钲部铭文拓片[3]　83.京都藤井有邻馆藏克钟背面的
左侧鼓部铭文拓片[4]

[1]郭沫若：《两周金文辞大系图录考释》（上），上海书店出版社，1999年，第94页，克钟一。
[2]同[1]。
[3]同[1]，克钟二。
[4]同[1]，克钟二。

（总0081，79Fb910号），属于姬姓南宫氏家族[1]。

关于南宫乎钟（总0081，79Fb910号）的断代，目前学界主要有3种观点，分述如下：

第一，"西周晚期"说。《中国音乐文物大系·陕西卷》一书将南宫乎钟（总0081，79Fb910号）的时代断为"西周晚期"[2]。

第二，"厉王"说。《膳夫山鼎年世的确定》一文认为南宫乎钟的时代"当在厉王晚年的范围"[3]。

第三，"宣王"说。持此观点者主要有5部文献，分述如下：

（1）《中国上古出土乐器综论》一书认为南宫乎钟（总0081，79Fb910号）为"西周宣王时期制品"[4]。

（2）《西周青铜器分期断代研究》一书指出："南宫乎见于山鼎，为该器铭中的右者。此钟年代应依山鼎定为宣王前后。"[5]

（3）《西周青铜器年代综合研究》一书指出："本器器主南宫乎已见于宣王三十七年所作的善夫山鼎，彼时南宫乎为右者，地位已较高，则本器之作似应在其前。本器器形纹饰极近克钟，后者作于宣王十六年。李学勤先生还指出本器纹饰近虢叔旅钟，……该器的年代也属宣王。……由上推测，本器之作似应在宣王前期。"[6]

（4）《西周纪年》一书认为："此器的时代，原报告定为西周晚期，马承源定为宣王。按，此器中的'南宫乎'即卅七年善夫山鼎中的右者（傧相）南宫乎，定为宣王是合宜的。"[7]

（5）《西周金文世族研究》一文认为南宫乎钟的时代应为宣王后期[8]。

[1] 韩巍：《西周金文世族研究》，北京大学博士学位论文，2007年，第117、118页。
[2] 方建军：《中国音乐文物大系·陕西卷》，大象出版社，1996年，第70页。
[3] 李学勤：《膳夫山鼎年世的确定》，《夏商周年代学札记》，辽宁大学出版社，1999年，第217页。
[4] 李纯一：《中国上古出土乐器综论》，文物出版社，1996年，第193页。
[5] 王世民、陈公柔、张长寿：《西周青铜器分期断代研究》，文物出版社，1999年，第181页。
[6] 彭裕商：《西周青铜器年代综合研究》，巴蜀书社，2003年，第474页。
[7] 刘启益：《西周纪年》，广东教育出版社，2002年，第398页。
[8] 同[1]，第124页。

关于以上南宫乎钟的3种不同断代观点，哪一种合理呢？

"按照考古学的常识，判定某器物的年代是着眼于那些显示最晚年代特征的因素。"[1] 那么，南宫乎钟（总0081，79Fb910号）的"最晚年代特征的因素"体现在哪里呢？

从南宫乎钟（总0081，79Fb910号）的调音来看，该钟钟腔内壁共有调音槽7条，形态规范，已经进入"铸调双音"[2] 的成熟阶段，将其时代断为西周晚期是没有问题的。但是，南宫乎钟（总0081，79Fb910号）的时代具体为西周晚期哪个王世呢？由于笔者缺乏该钟详细的调音资料，故从调音视角已无法对其做进一步的断代。

从南宫乎钟（总0081，79Fb910号）的纹饰来看，其"最晚年代特征的因素"主要体现在侧鼓部和篆带纹饰上。南宫乎钟（总0081，79Fb910号）侧鼓部所饰鸟体龙纹（图3·2·6之5）的龙角上出现了目纹，龙角形态呈鸟首状，这是宣王之世甬钟所饰鸟体龙纹的典型特征。南宫乎钟（总0081，79Fb910号）篆带纹饰（图3·2·6之3）与宣王之世甬钟的断代标准器——逨钟（乙组Ⅰ、Ⅱ、Ⅲ号，克利夫兰艺术博物馆藏逨钟）的篆带纹饰（图3·2·5之18）种类相同，均为横S形窃曲纹；二者不同之处在于，南宫乎钟（总0081，79Fb910号）篆带窃曲纹已增饰目纹，显示出其时代更晚的时代特征。故此，笔者认为应将南宫乎钟（总0081，79Fb910号）的时代断为宣王后段更为合理。由此可知，关于南宫乎钟（总0081，79Fb910号）的第三种断代观点"宣王"说是合理的，其中《西周金文世族研究》一文的"宣王后期"断代最为准确。南宫乎钟（总0081，79Fb910号）可以视为宣王之世甬钟的断代标准器。

南宫乎钟（总0081，79Fb910号）（图3·2·6之1、2）保存完好。器表覆盖有淡淡的绿锈，纹饰精美，工艺考究。平舞，上置圆柱形长甬，甬上饰波带纹（图3·2·6之8、9），其工艺手法为阳刻平雕加阴线刻。旋、斡俱全，斡呈兽头形（图3·2·6之9），极富特色。旋上（图3·2·6之8、9）饰带乳丁的横S形窃曲纹，其工艺手法为阳刻平雕加阴线刻。钲、篆、枚区各部以粗单阳线弦纹界隔。篆带饰横S形窃曲纹

---

[1] 张懋镕：《西周青铜器断代两系说刍议》，《考古学报》2005年第1期，第5页。
[2] 冯光生：《周代编钟的双音技术及应用》，《中国音乐学》2002年第1期，第43页。

（图3·2·6之3），其组织结构属于二方连续纹样，由2个单元纹样组成，每一个单元纹样均为横S形窃曲纹，在横S形线条的中间位置装饰一个目纹，目纹上下装饰歧牙，两个单元纹样的排列方式为顺序排列，工艺手法为阳刻平雕加阴线刻。正鼓部（图3·2·6之4）饰一对鸟体龙纹，二者呈镜面对称关系；龙首上的龙角呈燕尾状，具有新的时代特征与艺术审美；其工艺手法为阳刻平雕加阴线刻。背面右侧鼓部（图3·2·6之5）饰一只鸟体龙纹，作为侧鼓音的演奏标记；该鸟体龙纹的龙角上饰有目纹，龙角的形态呈鸟首状。甬上和背面钲部、左侧鼓部均有铭文（图3·2·6之6~8）。钟腔内壁共有调音槽7条，分别位于两个铣角、四个侧鼓部和背面的正鼓部[1]。调音槽从于口开始向舞底延伸，呈半梭形，形态规范。该钟通高53.2厘米，重28.5千克[2]。

这里需要指出1处谬误。关于南宫乎钟（总0081，79Fb910号）的调音，《中国音乐文物大系·陕西卷》一书指出，该钟"内壁有隧7条，前壁正鼓和左侧鼓各1……"[3]《中国上古出土乐器综论》一书指出，该钟"钟口内沿有七隧，二在前，……"[4]通过核对《中国上古出土乐器综论》一书所附的南宫乎钟（总0081，79Fb910号）的于口调音图片[5]，可以确认该钟正面（前壁）的2条调音槽分别位于左、右两个侧鼓部，而正鼓部没有调音槽。故此。《中国音乐文物大系·陕西卷》一书所载"前壁正鼓"有调音槽的描述是错误的，应该将其更正为"前壁右侧鼓部"。

---

[1] 李纯一：《中国上古出土乐器综论》，文物出版社，1996年，第193页。
[2] 方建军：《中国音乐文物大系·陕西卷》，大象出版社，1996年，第70页。
[3] 同[2]。
[4] 同[1]。
[5] 同[1]，第194页，图一一九之3。

图3·2·6之1、2　篆带饰AⅡ式横S形窃曲纹的西周甬钟

1.南宫乎钟背面[1]　2.南宫乎钟背面拓片[2]

[1]《中国音乐文物大系》总编辑部供图。

[2]方建军:《中国音乐文物大系·陕西卷》,大象出版社,1996年,第70页,图1·5·24b。

3                                                        4

5                           6                           7

**图3·2·6之3~7　篆带饰AⅡ式横S形窃曲纹的西周甬钟**

3.南宫乎钟背面的右侧上方篆带纹饰[1]　4.南宫乎钟背面的正鼓部纹饰[2]　5.南宫乎钟背面的右侧鼓部纹饰[3]　6.南宫乎钟背面的钲部铭文拓片[4]　7.南宫乎钟背面的左侧鼓部铭文拓片[5]

---

[1]《中国音乐文物大系》总编辑部供图。

[2] 同 [1]。

[3] 同 [1]。

[4] 方建军：《中国音乐文物大系·陕西卷》，大象出版社，1996年，第70页，图1·5·24b。"6.南宫乎钟背面的钲部铭文拓片"由王清雷裁剪自图1·5·24b。

[5] 同 [4]。"7.南宫乎钟背面的左侧鼓部铭文拓片"由王清雷裁剪自图1·5·24b。

图3·2·6之8、9    篆带饰AⅡ式横S形窃曲纹的西周甬钟

8.南宫乎钟背面的甬、旋纹饰和甬部铭文拓片[1]    9.南宫乎钟背面的甬、旋和斡[2]

[1]方建军：《中国音乐文物大系·陕西卷》，大象出版社，1996年，第70页，图1·5·24b。"8.南宫乎钟背面的甬、旋纹饰和甬部铭文拓片"由王清雷裁剪自图1·5·24b。
[2]《中国音乐文物大系》总编辑部供图。

## （二）B 型（横 G 形窃曲纹）

B 型（横 G 形窃曲纹）窃曲纹属于二方连续纹样，其排列方式为正反颠倒排列；每个单元纹样的整体形态呈横 G 形，在横 G 形线条上装饰一个目纹；其工艺手法为阳刻平雕加阴线刻。篆带饰有 B 型（横 G 形窃曲纹）窃曲纹的西周甬钟主要有 2 例：虢叔旅钟、虢季编钟，详论如下：

例1：虢叔旅钟

虢叔旅钟传出土于陕西长安县河墕。著录7件，现存5件，属于姬姓虢叔氏家族[1]。其中，1件虢叔旅钟藏于故宫博物院，为清阮元旧藏；1件虢叔旅钟（44418号）藏于上海博物馆，为孙鼎捐赠；1件虢叔旅钟（6.560号）藏于山东博物馆，原为胶东文物管理委员会征集，1951年交山东省文物管理委员会；日本京都泉屋博古馆和日本东京书道博物馆各藏1件，剩余2件下落不明。

关于虢叔旅钟的断代，目前学界尚存在分歧，主要有4种不同的观点，分述如下：

第一，"西周晚期"说。《中国音乐文物大系·山东卷》一书认为虢叔旅钟的时代应为"西周晚期"[2]。

第二，"西周晚期偏晚"说。《中国青铜器综论》一书将虢叔旅钟的时代断为"西周晚期偏晚"[3]。

第三，"厉王"说。持此观点者最多，至少有10部文献，分述如下：

（1）《商周彝器通考》一书认为虢叔旅钟铭文中的"虢叔旅即融攸从鼎之虢旅"[4]，故此将虢叔旅钟的时代断为西周晚期厉王之世。

（2）《两周金文辞大系图录考释》一书将虢叔旅钟的时代断为西周晚期厉王之世[5]。

[1] 韩巍：《西周金文世族研究》，北京大学博士学位论文，2007年，第30页。

[2] 周昌富、温增源：《中国音乐文物大系·山东卷》，大象出版社，2001年，第62页。

[3] 朱凤瀚：《中国青铜器综论》（上），上海古籍出版社，2009年，第363页。

[4] 容庚：《商周彝器通考》（重印版），上海人民出版社，2008年，第41页。

[5] 郭沫若：《两周金文辞大系图录考释》（上），上海书店出版社，1999年，第118~123页。

（3）《金文通释》将虢叔旅钟的时代断为西周晚期厉王之世[1]。

（4）《西周青铜器铭文分代史徵》一书认为虢叔旅钟应为西周晚期厉王之器[2]。

（5）《中国音乐文物大系·北京卷》一书根据虢叔旅钟的铭文内容，将其"定为西周厉王时器"[3]。

（6）《中国音乐文物大系·上海卷》一书指出，虢叔旅钟"铭文中之虢叔旅与融从鼎之虢旅为同一人；鼎为西周厉王三十一年器，则此钟的年代应与之相当"[4]。

（7）《膳夫山鼎年世的确定》一文认为大克鼎、小克鼎、融从盨、融从鼎等青铜器"属于厉王世，是公认的，所以虢叔旅钟当在厉王晚年"[5]。

（8）《西周青铜器分期断代研究》一书认为虢叔旅钟的铭文"记述虢叔旅为纪念皇考制作此钟。或以为其人即融从鼎铭中的虢叔，如此则应属西周晚期厉王前后器"[6]。

（9）《夏商周青铜器研究》（西周篇）一书指出："虢叔旅钟铭文中之虢叔旅与融从鼎铭文中虢旅为同一人，融从鼎是厉王三十一年器，则此钟的时代大体也属同时。"[7]

（10）《试论西周青铜器演变的非均衡性问题》一文在对学界诸家断代观点全面梳理的基础上，认为虢叔旅钟的时代应为西周晚期厉王之世[8]。

第四，"宣王"说。持此观点者主要有3部文献，分述如下：

（1）《西周青铜器年代综合研究》一书指出，虢叔旅钟"本器甬部有波带

［1］白川静：《金文通释》卷三（下），白鹤美术馆，1971年，第368页。

［2］唐兰：《西周青铜器铭文分代史徵》，中华书局，1986年，第517页。

［3］袁荃猷：《中国音乐文物大系·北京卷》，大象出版社，1996年，第39页。

［4］马承源：《中国音乐文物大系·上海卷》，大象出版社，1996年，第45页。

［5］李学勤：《膳夫山鼎年世的确定》，《夏商周年代学札记》，辽宁大学出版社，1999年，第217页。

［6］王世民、陈公柔、张长寿：《西周青铜器分期断代研究》，文物出版社，1999年，第178页。

［7］陈佩芬：《夏商周青铜器研究》（西周篇下册），上海古籍出版社，2004年，第596页。

［8］张懋镕：《试论西周青铜器演变的非均衡性问题》，《考古学报》2008年第3期，第351页，续附表第142号虢叔旅钟。

纹，同南宫乎钟和逆钟，南宫乎钟在宣王三十七年的善夫山鼎铭中任'右者'，为宣王时人，逆钟也是宣王时器……本器主铭叔旅，有学者指出即融攸从鼎之叔旅，后者年代属宣王。……就以上各点综合考虑，我们认为本器年代应属宣王。"[1]

（2）《西周纪年》一书认为虢叔旅钟"铭文中的虢叔旅应即卅二年融攸从鼎中的'虢旅'，故钟的时代应定为宣王"[2]。该书对于融攸从鼎的断代，经历了由厉王改为宣王的过程。"我过去采用'三十一年'说，把它的时代定为厉王，现在由于把十六年克钟改订为宣王，因此，重新认识释为三十二年为妥，下面用月相做一检查。……朔日相合，时代就应一致，改订为宣王，是合宜的。"[3]由此可知，正是该书将断代标准器——融攸从鼎的时代由厉王修正为宣王，才会将虢叔旅钟的时代断为宣王。也就是说，融攸从鼎的断代至关重要。

（3）《西周金文世族研究》一文通过对虢叔旅钟的纹饰与铭文的研究，认为将该钟的时代断为宣王之世是正确的，赞同《西周青铜器年代综合研究》《西周纪年》这两部文献对虢叔旅钟的断代意见[4]。

对于以上虢叔旅钟的4种不同断代观点，哪一种合理呢？

从以上诸家从铭文视角对虢叔旅钟的断代来看，其最核心的问题集中在标准器——融从鼎（或称融攸从鼎）的断代上。如果将其断为厉王之器是正确的，那么虢叔旅钟即为厉王之器，此即第三种观点"厉王"说；如果将其断为宣王之器是正确的，那么虢叔旅钟即为宣王之器，此即第四种观点"宣王"说。目前，融从鼎（或称融攸从鼎）的断代尚存在分歧，以此为标准器为虢叔旅钟断代，同样存在分歧。故从铭文视角来看，虢叔旅钟的断代难以确定。

"按照考古学的常识，判定某器物的年代是着眼于那些显示最晚年代特征的因素。"[5]那么，虢叔旅钟"最晚年代特征的因素"何在呢？

[1]彭裕商：《西周青铜器年代综合研究》，巴蜀书社，2003年，第477页。
[2]刘启益：《西周纪年》，广东教育出版社，2002年，第390页。
[3]同[2]，第389页。
[4]韩巍：《西周金文世族研究》，北京大学博士学位论文，2007年，第21、22页。
[5]张懋镕：《西周青铜器断代两系说刍议》，《考古学报》2005年第1期，第5页。

　　从虢叔旅钟的调音情况来看，其调音槽形态规范，已进入"铸调双音"[1]的成熟阶段，将其断为西周晚期之器没有问题。但由于笔者缺乏更为详细的调音资料，故从调音的视角对虢叔旅钟作更为确切的断代尚不可行。现在，我们只能看看在虢叔旅钟的纹饰方面能否找到断代的突破口，在纹饰上找寻其"最晚年代特征的因素"[2]。

　　经笔者反复观察虢叔旅钟，发现其"最晚年代特征的因素"主要体现在甬、篆带和正鼓部的纹饰上，尤其是篆带纹饰。虢叔旅钟与西周晚期厉王之世甬钟的断代标准器——士父钟[3]（图2·1·3之39）相比，二者虽然甬上均饰波带纹，但是虢叔旅钟甬所饰波带纹的下面增饰一周重环纹上（图3·2·7之4、14），这是在钟甬上第一次出现这种组合纹样（波带纹+重环纹），彰显出新的时代特征。二者的篆带纹饰完全不同，虢叔旅钟篆带饰横G形窃曲纹（图3·2·7之5、15），士父钟篆带饰对角两头龙纹（图2·1·3之33、37、44）。二者正鼓部虽然同饰鸟体龙纹，但是局部纹样已经发生变化，如虢叔旅钟正鼓部所饰鸟体龙纹（图3·2·7之6、16）的龙角为分叉的燕尾形，而不是士父钟的半弧长条带形（图2·1·3之32、38、43）；虢叔旅钟正鼓部所饰鸟体龙纹（图3·2·7之6、16）的龙鼻形态非常写实，其工艺手法为阳刻平雕加阴线刻，而士父钟正鼓部所饰鸟体龙纹（图2·1·3之32、38、43）的龙鼻非常写意，仅为一条单阴线构成。显然，虢叔旅钟与士父钟在纹饰方面差异较大，其时代应晚于厉王之世。

　　与宣王之世甬钟的断代标准器——逨钟（乙组Ⅰ、Ⅱ、Ⅲ号，克利夫兰艺术博物馆藏逨钟）相比，其篆带纹饰（图3·2·5之18）与虢叔旅钟篆带纹饰（图3·2·7之5、15）种类相同，均为窃曲纹。不仅逨钟，宣王之世的逆钟（图3·2·5之43、48、53、58）和南宫乎钟（图3·2·6之3）的篆带均饰窃曲纹。虢叔旅钟与这3例西周甬钟篆带窃曲纹的不同之处在于：虢叔旅钟篆带饰横G形窃曲纹，后3例西周甬钟篆带均饰横S形窃曲纹。故此，笔者认为虢叔旅钟应为西周晚期宣王之器，赞同虢叔旅钟的

[1] 冯光生：《周代编钟的双音技术及应用》，《中国音乐学》2002年第1期，第43页。

[2] 张懋镕：《西周青铜器断代两系说刍议》，《考古学报》2005年第1期，第5页。

[3] 高至喜：《西周士父钟的再发现》，《文物》1991年第5期，第87页。

第四种断代观点"宣王"说。如果仔细观察虢叔旅钟的正鼓部鸟体龙纹（图3·2·7之6、16），可以发现其龙角形态与宣王后段的南宫乎钟正鼓部鸟体龙纹的龙角形态高度雷同。故此，笔者认为虢叔旅钟更为精确的年代应为宣王后段。

《两周金文辞大系图录考释》一书收录了7件虢叔旅钟的铭文资料[1]。将这些铭文资料与目前所知的虢叔旅钟实物相对照，可以初步确定故宫博物院藏虢叔旅钟（图3·2·7之1）是第1件，书道博物馆藏虢叔旅钟（图3·2·7之7）为第2件，上海博物馆藏虢叔旅钟（44418号）（图3·2·7之12）为第4件，泉屋博古馆藏虢叔旅钟（图3·2·7之18、21）为第6件，山东博物馆藏虢叔旅钟（6.560号）（图3·2·7之24）为第7件，第3件和第5件虢叔旅钟下落不明。郭沫若先生通过对第7件虢叔旅钟铭文（图3·2·7之25、26）的分析后指出："当尚有一器文方能毕，此器尚未见。"[2]故此，虢叔旅钟的编列应为8件一套，第8件亦不知在何方。

从现存5件虢叔旅钟的资料来看，均保存完整。平舞，上置圆柱形长甬，甬上（图3·2·7之4、14）饰波带纹和重环纹，其工艺手法为阳刻平雕加阴线刻。旋、斡俱全，近方形斡，旋上（图3·2·7之4、14）饰带乳丁的横S形窃曲纹，其工艺手法为阳刻平雕加阴线刻。斡素面。钲、篆、枚区各部以粗单阳线弦纹界隔。篆带饰横G形窃曲纹（图3·2·7之5、15），其组织结构属于二方连续纹样，由2个单元纹样组成，每一个单元纹样均为横G形窃曲纹，在横G形线条上装饰有一个目纹，两个单元纹样的排列方式为正反颠倒排列，工艺手法为阳刻平雕加阴线刻。正鼓部（图3·2·7之6、16、22）饰一对鸟体龙纹，二者呈镜面对称关系；龙首上的龙角呈分叉的燕尾形，具有新的时代特征与艺术审美；其工艺手法为阳刻平雕加阴线刻。第1件和第2件虢叔旅钟的背面右侧鼓部没有鸾鸟纹，第4、6、7件虢叔旅钟的背面右侧鼓部均有鸾鸟纹（图3·2·7之16、23、24）。关于虢叔旅钟的调音，目前笔者仅有第4件虢叔旅钟（上海博物馆藏，44418号）的调音资料。该钟钟腔内壁共有调音槽5条，分别位于正面和背面的左侧鼓部、背面的正鼓部以及两个铣角；其中，两个铣

[1] 郭沫若：《两周金文辞大系图录考释》（上），上海书店出版社，1999年，第118~123页。
[2] 同[1]，第123页。

角的调音槽较宽且长，几乎延伸至舞底；其余3条调音槽长约20.0厘米[1]。从《两周金文辞大系图录考释》一书收录的7件虢叔旅钟的铭文资料来看[2]，除了第4件虢叔旅钟（上海博物馆藏，44418号）的铭文位于背面钲部、左侧鼓部和左铣（图3·2·7之13）之外，其余6件虢叔旅钟的铭文均位于背面钲部和左侧鼓部（图3·2·7之2、3、8、9、10、11、17、19、20、25、26）。第1件虢叔旅钟（故宫博物院藏）通高64.1厘米，重34.6千克[3]；第4件虢叔旅钟（上海博物馆藏，44418号）通高53.0厘米，重28.6千克[4]；第6件虢叔旅钟（泉屋博古馆藏）通高40.0厘米，重12.58千克[5]；第7件虢叔旅钟（山东博物馆藏，6.560号）通高26厘米，重4.0千克[6]；剩余3件虢叔旅钟的数据未知。

这里需要指出1处谬误，为虢叔旅钟纹饰的定名问题。《中国音乐文物大系·山东卷》一书认为虢叔旅钟"甬上部饰环带纹与波纹"[7]。《中国青铜器综论》一书同样认为虢叔旅钟"甬上部饰环带纹与波纹"[8]。那么何谓"环带纹与波纹"呢？

笔者通过梳理大量的青铜器研究文献及图片资料可知，所谓的"环带纹与波纹"其实指的是同一种纹饰，而不是两种不同的纹饰。这种纹饰，在《商周彝器通考》一书中被称为"环带纹"[9]（图1·2·9），在《殷周青铜器通论》一书中被称为"波纹"[10]，在《商周青铜器文饰》一书中被称为"波曲纹"[11]（图

[1] 马承源：《中国音乐文物大系·上海卷》，大象出版社，1996年，第45页。

[2] 郭沫若：《两周金文辞大系图录考释》（上），上海书店出版社，1999年，第118~123页。

[3] 袁荃猷：《中国音乐文物大系·北京卷》，大象出版社，1996年，第39页。

[4] 同[1]。

[5] 容庚：《颂斋吉金图录·颂斋吉金续录·海外吉金图录》，中华书局，2012年，第813页。在此书中，虢叔旅钟被称为"虢叔编钟"。

[6] 周昌富、温增源：《中国音乐文物大系·山东卷》，大象出版社，2001年，第62页。

[7] 同[6]。

[8] 朱凤瀚：《中国青铜器综论》（上），上海古籍出版社，2009年，第363页。

[9] 容庚：《商周彝器通考》（重印版），上海人民出版社，2008年，第106页。

[10] 容庚、张维持：《殷周青铜器通论》，文物出版社，1984年，第108页。

[11] 马承源：《商周青铜器纹饰综述》，《商周青铜器文饰》，文物出版社，1984年，第25页。

1·2·8），在《中国青铜器综论》一书中被称为"波带纹"[1]（图1·2·10）。《中国青铜器综论》一书指出：波带纹"或称'波曲纹'、'波线纹'、'环带纹'、'山纹'、'幛纹'。……其状如一条宽阔的（或几条窄而并列的）带子，呈现波状起伏现象，波峰间的空隙常填有近似于眉、口的纹样。"[2]故此，《中国音乐文物大系·山东卷》《中国青铜器综论》这两部著作对于虢叔旅钟"甬上部饰环带纹与波纹"[3]的描述，是错误的。通过观察虢叔旅钟的甬部（图3·2·7之4、14），可以发现上面确实装饰有2种不同的纹饰，分别为波带纹和重环纹。

例2：虢季编钟

1990年，虢季编钟（8件）出土于河南省三门峡市上村岭虢国墓地北区M2001，属于姬姓虢季氏家族[4]。《三门峡上村岭虢国墓地M2001发掘简报》指出，该墓为一座大型长方竖穴土坑墓，随葬铜礼器为列鼎7件，簋6件。随葬乐器除编钟（8件）外，还有编磬（10件）、钲。从出土青铜器的铭文可知，墓主为虢国的国君虢季[5]。《河南三门峡市虢国墓地M2001墓主考》一文通过对有关文献和金文资料的梳理与分析，进一步指出"M2001墓主虢季应为周宣王时期的虢文公"[6]。《浅议虢季氏家族青铜器兼论西周晚期卿权》一文亦持此说[7]。《关于虢国墓地的年代和M2001、M2009的墓主问题》一文则有不同看法，认为M2001墓主应为东周初期的虢公翰[8]。

关于虢季编钟的断代，目前学界尚存在分歧，主要有2种不同的观点，分述如下：

第一，"春秋早期"说。《中国音乐文物大系·河南卷》一书指出："西周末

[1] 朱凤瀚：《中国青铜器综论》（上），上海古籍出版社，2009年，第581页。
[2] 同[1]。
[3] a.周昌富、温增源：《中国音乐文物大系·山东卷》，大象出版社，2001年，第62页。b.同[1]，第363页。
[4] 韩巍：《西周金文世族研究》，北京大学博士学位论文，2007年，第30页。
[5] 河南省文物研究所、三门峡市文物工作队：《三门峡上村岭虢国墓地M2001发掘简报》，《华夏考古》1992年第3期，第111、112页。
[6] 张彦修：《河南三门峡市郭国墓地M2001墓主考》，《考古》2004年第2期，第76页。
[7] 田率：《浅议虢季氏家族青铜器兼论西周晚期卿权》，《四川文物》2013年第2期，第58页。
[8] 贾洪波：《关于虢国墓地的年代和M2001、M2009的墓主问题》，《中原文物》2014年第6期，第24页。

犬戎西侵，平王东迁洛阳，虢国可能于此时亦东迁到今河南三门峡一带。公元前655年虢国被晋国所灭，故此虢季墓当属于春秋早期。"[1]故此，该书将虢季编钟断为春秋早期之器。

第二，"西周晚期后段"说。《三门峡上村岭虢国墓地M2001发掘简报》一文通过对M2001出土青铜器的形制、纹饰与铭文的综合分析，"认为该墓的入葬年代应为西周晚期"[2]。《三门峡虢国墓》一书对于M2001的年代判定更为具体，认为该墓"应为西周晚期的晚段，即宣、幽时期"[3]。虢季编钟的时代与墓葬的时代相当，亦为西周晚期晚段的宣、幽时期。《西周青铜器分期断代研究》一书亦持此说，认为虢季编钟属于"西周晚期后段器"[4]。

对于以上虢季编钟的2种不同断代观点，哪一种合理呢？

从虢季编钟的调音情况来看，8件钟钟腔内壁均有调音槽，2~8条不等[5]，其调音槽形态规范（图3·2·7之37），说明其已经进入"铸调双音"[6]的成熟阶段——西周晚期。这种挖隧调音的手法，一直延续至春秋早期。由于笔者缺乏虢季编钟的详细调音资料，故从调音的视角尚无法判断其属于西周晚期后段还是春秋早期。

那么，在虢季编钟的纹饰方面是否可以找到断代需要的"最晚年代特征的因素"[7]呢？经笔者反复观察虢季编钟，发现其旋、正鼓部和舞部的纹饰均体现出晚于宣王之世的形态特征。

先看虢季编钟的旋部纹饰（图3·2·7之31）。与宣王之世甬钟的断代标准器——逨钟（乙组Ⅰ、Ⅱ、Ⅲ号，克利夫兰艺术博物馆藏逨钟）相比，其旋部纹饰（图

[1] 赵世纲：《中国音乐文物大系·河南卷》，大象出版社，1996年，第82页。

[2] 河南省文物研究所、三门峡市文物工作队：《三门峡上村岭虢国墓地M2001发掘简报》，《华夏考古》1992年第3期，第112页。

[3] 河南省文物考古研究所、三门峡市文物工作队：《三门峡虢国墓》（第一卷）上册，文物出版社，1999年，第225页。

[4] 王世民、陈公柔、张长寿：《西周青铜器分期断代研究》，文物出版社，1999年，第178页。

[5] 河南省文物考古研究所、三门峡市文物工作队：《三门峡虢国墓》（第一卷）上册，文物出版社，1999年，第72页。

[6] 冯光生：《周代编钟的双音技术及应用》，《中国音乐学》2002年第1期，第43页。

[7] 张懋镕：《西周青铜器断代两系说刍议》，《考古学报》2005年第1期，第5页。

3·2·5之17）与虢季编钟旋上纹饰（图3·2·7之31）种类相同，均为窃曲纹。不仅逨钟，宣王之世的逆钟（图3·2·5之42、47、52、57）和南宫乎钟（图3·2·6之8、9）的旋部同样装饰窃曲纹。虢季编钟与这3例宣王之世的甬钟旋部窃曲纹的不同之处在于：虢季编钟旋部为燕尾C形窃曲纹，后者旋部均为横S形窃曲纹。同时，虢季编钟旋上所饰燕尾C形窃曲纹，是第一次出现于甬钟旋上的新纹样，彰显出新的时代特征；仔细观察并反复揣摩这种纹饰会发现，这种窃曲纹是对之前甬钟旋上所饰燕尾云纹[1]的一种模仿，具有复古的风格，二者的区别在于工艺手法的不同：虢季编钟旋上所饰燕尾C形窃曲纹的工艺手法为阳刻平雕加阴线刻，之前甬钟旋上所饰燕尾云纹的工艺手法为阴线双勾。

再看虢季编钟的正鼓部纹饰（图3·2·7之30、36、40）。经笔者全面梳理西周晚期甬钟资料可知，与虢季编钟正鼓部鸟体龙纹形态最为接近的是南宫乎钟（图3·2·6之4）和虢叔旅钟正鼓部（图3·2·7之6、16、22）所饰鸟体龙纹。但是，与宣王之世的南宫乎钟和虢叔旅钟正鼓部所饰鸟体龙纹相比，虢季编钟正鼓部鸟体龙纹形态已经呈现出新的时代特征，主要表现在两个方面：其一，虢季编钟正鼓部鸟体龙纹（图3·2·7之30、36、40）的龙角形态为横C形，而南宫乎钟（图3·2·6之4）和虢叔旅钟正鼓部所饰鸟体龙纹（图3·2·7之6、16、22）的龙角为分叉燕尾形；其二，虢季编钟正鼓部鸟体龙纹的龙鼻呈L形，鼻孔朝上，而南宫乎钟和虢叔旅钟正鼓部所饰鸟体龙纹的龙鼻约呈S形，鼻孔朝下。整个鸟体龙纹的线条生硬滞拙，纹样线条拐弯处均呈圆角形，而非流畅的弧线形，构图拘谨，缺乏生机与气度。

最后看虢季编钟的舞部纹饰（图3·2·7之28、35、42）。经笔者全面梳理西周晚期甬钟资料可知，虢季编钟的舞部纹饰与宣王之世的中义钟60·0·187号舞部纹饰（图2·1·5之3）高度雷同。二者的舞部纹饰都是分为4个单元，每个单元纹样均为一条两头龙纹。为了充分展示二者舞部纹饰的高度雷同性，笔者择取二者舞部的一个单元纹样进行对比（图3·2·7之43），清晰可见两头龙纹的一个龙头上饰一个分叉燕尾形龙角；龙的龙舌较短，上卷呈勾喙形；上唇较长，上卷呈分叉燕尾形。二者的最大

[1] 王清雷：《西周甬钟篆带云纹研究》，文物出版社，2021年，第69页。

区别为，虢季编钟舞部所饰两头龙纹的龙身中间增饰目纹，彰显出新的时代特征，其时代应该晚于宣王之世。

另外，虢季编钟的钟腔内壁均有调音；通过对虢季编钟测音数据[1]的分析，其音列仅有宫—角—徵—羽四声，五声缺商，为墓主虢季生前所用的实用器。故此，虢季编钟的铸造时间肯定要早于墓葬的时代。

综上所论，笔者认为虢季编钟的时代应为西周晚期幽王之世，尚未进入春秋初期。

8件虢季编钟的器型和纹饰基本相同，大小依次递减，但递减幅度不同。平舞，舞部纹饰分为4个单元，每个单元纹样均为一条两头龙纹；其中前5件钟的两头龙纹龙身中间饰有目纹（图3·2·7之28、35、42、47），后3件钟由于钟体太小，两头龙纹龙身中间的目纹减省（图3·2·7之53），其工艺手法为阳刻平雕加阴线刻。旋、幹俱全，近方形幹，旋上饰有带乳丁的燕尾C形窃曲纹（图3·2·7之31），其工艺手法为阳刻平雕加阴线刻。甬、幹素面无纹。钲、篆、枚区各部以粗单阳线弦纹界隔。篆带饰横G形窃曲纹（图3·2·7之29），其组织结构属于二方连续纹样，由2个单元纹样组成，每一个单元纹样均为横G形窃曲纹，前7件钟在横G形线条上装饰一个目纹，第8件钟有些横G形线条上省略了目纹（图3·2·7之52），两个单元纹样的排列方式为正反颠倒排列，工艺手法为阳刻平雕加阴线刻（最小2件钟省略了阴线）。正鼓部（图3·2·7之30、36、40）饰一对鸟体龙纹，二者呈镜面对称关系；龙首上的龙角呈横C形；龙鼻呈L形，鼻孔朝上；龙的龙舌穿过龙颈，这些均彰显出新的时代特征与艺术审美；其工艺手法为阳刻平雕加阴线刻；纹饰线条生硬，由此导致整个鸟体龙纹缺乏生气，显得呆板。前2件钟的背面右侧鼓部没有鸾鸟纹（图3·2·7之27、32），后6件钟的背面右侧鼓部均有鸾鸟纹（图3·2·7之39、41、45、48、50、52）。8件钟均有铭文，从铭文内容可知器主为虢季。钟腔内壁有调音槽2~8条不等，调音槽形态规范（图3·2·7之37）。各钟不同之处分述如下：

虢季编钟M2001:45号（第1件）（图3·2·7之27）：钟甬衡部残损，以致范土外露（图3·2·7之28）；钟体破裂，已修复，致该钟无法发声。铭文位于背面钲部和左

---

[1] 赵世纲：《中国音乐文物大系·河南卷》，大象出版社，1996年，第82页。

侧鼓部，共计9行51字，内容为"隹十月初吉丁亥，虢季乍为……用乐用享，季氏受福无疆。"[1]钟腔内壁有调音槽4条，分别位于两个正鼓部和两个铣角，其中两个铣角和一个正鼓部的调音槽较宽且深。该钟通高58.7厘米，重30.1千克[2]。

虢季编钟M2001:49号（第2件）（图3·2·7之32）：钟甬衡部局部微残（图3·2·7之35）。铭文位于背面钲部（图3·2·7之33）和左侧鼓部（图3·2·7之34），共计9行51字，铭文内容与M2001:45号（第1件）相同。钟腔内壁有调音槽4条，分别位于两个正鼓部和两个铣角，其中两个铣角和一个正鼓部的调音槽较宽且深。该钟通高56.6厘米，重30.35千克[3]。

虢季编钟M2001:48号（第3件）（图3·2·7之38、39）：钟甬衡部残损，以致范土外露。从该钟开始，背面右侧鼓部饰有鸾鸟纹（图3·2·7之40），作为侧鼓音的演奏标记。铭文位于背面钲部和左侧鼓部，共计9行51字，铭文内容与M2001:45号（第1件）相同。钟腔内壁有调音槽8条，分别位于两个正鼓部、四个侧鼓部和两个铣角。该钟通高56.0厘米，重33.1千克[4]。

虢季编钟M2001:44号（第4件）（图3·2·7之41）：钟甬衡部残损，以致范土外露（图3·2·7之42）。铭文位于背面钲部和左侧鼓部，共计9行51字，铭文内容与M2001:45号（第1件）相同。钟腔内壁有调音槽2条，分别位于两个铣角。该钟通高51.7厘米，重27.9千克[5]。

虢季编钟M2001:50号（第5件）（图3·2·7之44、45）：钟甬衡部微残（图3·2·7之47）。铭文位于背面钲部（图3·2·7之46），共计2行8字，内容为"虢季乍宝，用享追孝"。钟腔内壁有调音槽8条，分别位于两个正鼓部、四个侧鼓部和两个铣角。该钟通高38.5厘米，重10.23千克[6]。

[1] 河南省文物考古研究所、三门峡市文物工作队：《三门峡虢国墓》（第一卷）上册，文物出版社，1999年，第72页。
[2] 同[1]。
[3] 同[1]。
[4] 同[1]，第72、73页。
[5] 同[1]，第73、74页。
[6] 同[1]，第75页。

虢季编钟M2001:51号（第6件）（图3·2·7之48）：保存完好。铭文位于背面钲部（图3·2·7之49），共计2行8字，铭文内容与M2001:50号（第5件）相同。钟腔内壁有调音槽6条，分别位于一个正鼓部、三个侧鼓部和两个铣角，这6条调音槽均较深且宽。该钟通高34.5厘米，重8.12千克[1]。

虢季编钟M2001:46号（第7件）（图3·2·7之50）：钟甬衡部残损严重，以致范土外露。铭文位于背面钲部（图3·2·7之51），共计1行4字，内容为"虢季乍宝"。钟腔内壁有调音槽6条，分别位于两个正鼓部、两个铣角和一面的两个侧鼓部，这6条调音槽均较深且宽。该钟通高24.8厘米，重3.1千克[2]。

虢季编钟M2001:47号（第8件）（图3·2·7之52）：钟甬衡部微残（图3·2·7之53）。铭文位于背面钲部，共计1行4字，内容为"虢季乍宝"。钟腔内壁有调音槽4条，分别位于两个铣角和一面的正鼓部、一个侧鼓部。该钟通高22.7厘米，重2.85千克[3]。

这里需要指出4处谬误，分述如下：

第一，纹饰定名错误。《三门峡虢季墓》一书认为虢季编钟"舞部饰四组双龙首S形平目（或无目）窃曲纹"[4]。笔者认为，该书对于舞部纹饰的定名值得商榷。窃曲纹是古代青铜器上常见的一种纹饰，诸多的青铜器研究文献中均对其有专门的阐述，并附有大量的例图，如《商周彝器通考》[5]《殷周青铜器通论》[6]《西周青铜器分期断代研究》[7]《西周青铜器年代综合研究》[8]《中国青铜器综论》[9]《西周青铜器窃曲纹研究》[10]《青铜器窃曲纹的来源及分型》[11]，

[1] 河南省文物考古研究所、三门峡市文物工作队：《三门峡虢国墓》（第一卷）上册，文物出版社，1999年，第76页。
[2] 同[1]。
[3] 同[1]，第77页。
[4] 同[1]，第72页。
[5] 容庚：《商周彝器通考》（重印版），上海人民出版社，2008年。
[6] 容庚、张维持：《殷周青铜器通论》，文物出版社，1984年。
[7] 王世民、陈公柔、张长寿：《西周青铜器分期断代研究》，文物出版社，1999年。
[8] 彭裕商：《西周青铜器年代综合研究》，巴蜀书社，2003年。
[9] 朱凤瀚：《中国青铜器综论》，上海古籍出版社，2009年。
[10] 彭裕商：《西周青铜器窃曲纹研究》，《考古学报》2002年第4期。
[11] 张德良：《青铜器窃曲纹的来源及分型》，《文物》2009年第4期。

等等。通过对这些文献的梳理与研习，可以明确地知道虢季编钟舞部纹饰（图
3·2·7之28、35、42、47）并不属于窃曲纹的范畴，而是属于龙纹的范畴。根据
这种龙纹的形态特征，应该称之为"两头龙纹"[1]。笔者在第一章第一节的
"（一）西周甬钟篆带两头龙纹定名考"中，对两头龙纹有详细考辨，这里不
再赘述。

第二，《中国音乐文物大系·河南卷》一书认为前4件虢季编钟的每篇钟铭
"计53字"[2]，这个统计字数是不对的，应为51字[3]。

第三，《中国音乐文物大系·河南卷》一书中"虢季编钟（8件）"条目所配
图片有误。该条目的图1·7·4b的图注为"虢季编钟·6号钟正面"[4]。经笔者阅读
该条目的资料可知，这里所谓的"虢季编钟·6号钟"并不是虢季编钟的馆藏号或
出土号，而是按照8件钟的音高从低到高的顺序编的序号。经笔者核实虢季编钟原
件，发现该书的（图1·7·4b）应该是虢季编钟第5件（M2001:50号）背面（图3·2·7之
44），而不是"6号钟正面"，需要订正。

第四，形制数据有误。《中国音乐文物大系·河南卷》[5]《三门峡上村岭虢
国墓地M2001发掘简报》[6]这两部文献均记述虢季编钟（8件）中最小的一件是
M2001:46号。经笔者查阅《三门峡虢国墓》一书可知，虢季编钟M2001:46号通高
24.8厘米，重3.1千克[7]；虢季编钟M2001:47号通高22.7厘米，重2.85千克[8]。显
然，虢季编钟（8件）中最小的一件是M2001:47号，而不是M2001:46号，故此《中

[1] 马承源：《商周青铜器纹饰综述》，《商周青铜器文饰》，文物出版社，1984年，第8页。
[2] 赵世纲：《中国音乐文物大系·河南卷》，大象出版社，1996年，第82页。
[3] 河南省文物考古研究所、三门峡市文物工作队：《三门峡虢国墓》（第一卷）上册，文物出版
社，1999年，第72页。
[4] 同[2]，图1·7·4b。
[5] 同[2]。
[6] 河南省文物研究所、三门峡市文物工作队：《三门峡上村岭虢国墓地M2001发掘简报》，《华
夏考古》1992年第3期，第111页。
[7] 同[3]，第76页。
[8] 同[3]，第77页。

国音乐文物大系·河南卷》[1]《三门峡上村岭虢国墓地M2001发掘简报》[2]这两部文献的记述有误，需要订正。

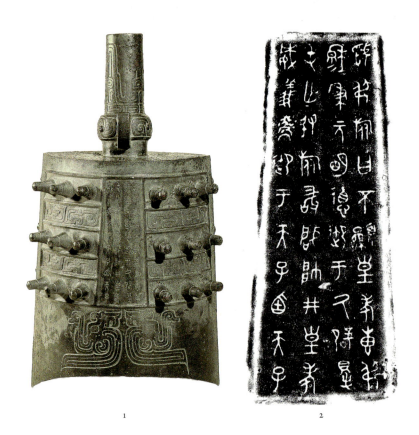

1　　　　　　　　　　　　　2

图3·2·7之1、2　篆带饰B型窃曲纹的西周甬钟

1.虢叔旅钟一（故宫博物院藏）背面[3]　2.虢叔旅钟一（故宫博物院藏）背面的钲部铭文拓片[4]

［1］赵世纲：《中国音乐文物大系·河南卷》，大象出版社，1996年，第82页。

［2］河南省文物研究所、三门峡市文物工作队：《三门峡上村岭虢国墓地 M2001 发掘简报》，《华夏考古》1992年第3期，第111页。

［3］袁荃猷：《中国音乐文物大系·北京卷》，大象出版社，1996年，第39页，图1·5·3a。

［4］同［3］，图1·5·3b。

3

4

5

6

**图3·2·7之3～6　篆带饰B型窃曲纹的西周甬钟**

3.虢叔旅钟一（故宫博物院藏）背面的左侧鼓部铭文拓片[1]　4.虢叔旅钟一（故宫博物院藏）背面的甬、旋和斡[2]　5.虢叔旅钟一（故宫博物院藏）背面的右侧上方篆带纹饰[3]　6.虢叔旅钟一（故宫博物院藏）背面的正鼓部纹饰[4]

[1] 袁荃猷：《中国音乐文物大系·北京卷》，大象出版社，1996年，第39页，图1·5·3c。

[2] 同[1]，图1·5·3a。"4.虢叔旅钟一（故宫博物院藏）背面的甬、旋和斡"由王清雷剪裁自"图1·5·3a"。

[3] 同[1]，图1·5·3a。"5.虢叔旅钟一（故宫博物院藏）背面的右侧上方篆带纹饰"由王清雷剪裁自"图1·5·3a"。

[4] 同[1]，图1·5·3a。"6.虢叔旅钟一（故宫博物院藏）背面的正鼓部纹饰"由王清雷剪裁自"图1·5·3a"。

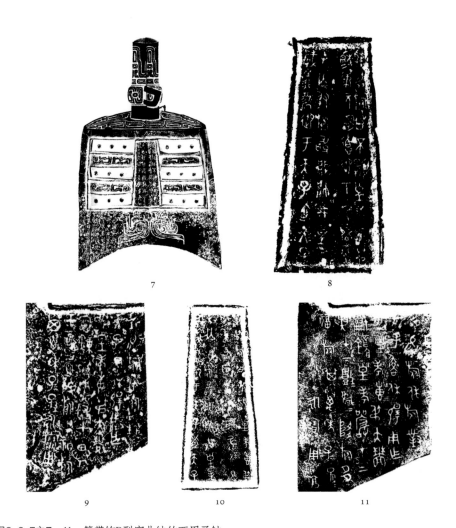

7　　　　　　　　　　8

9　　　　　　10　　　　　　11

图3·2·7之7~11　篆带饰B型窃曲纹的西周甬钟

7.虢叔旅钟二（书道博物馆藏）背面的拓片[1]　8.虢叔旅钟二（书道博物馆藏）背面的钲部铭文拓片[2]

9.虢叔旅钟二（书道博物馆藏）背面的左侧鼓部铭文拓片[3]　10.虢叔旅钟三的钲部铭文拓片[4]　11.虢叔旅钟三的左侧鼓部铭文拓片[5]

---

[1] https://www.meipian.cn/1nlu9430

[2] 郭沫若：《两周金文辞大系图录考释》（上），上海书店出版社，1999年，第120页。

[3] 同[2]。

[4] 同[2]，第121页。

[5] 同[2]，第121页。

12                 13            14     15

**图3·2·7之12～15 篆带饰B型窃曲纹的西周甬钟**

12.虢叔旅钟四（上海博物馆藏）背面[1] 13.虢叔旅钟四（上海博物馆藏）背面的钲部、左侧鼓部和左铣铭文拓片[2] 14.虢叔旅钟四（上海博物馆藏）背面的甬、旋和斡[3] 15.虢叔旅钟四（上海博物馆藏）背面的右侧篆带纹饰[4]

---

[1] 马承源：《中国音乐文物大系·上海卷》，大象出版社，1996年，第45页，图1·2·9a。

[2] 同［1］，图1·2·9b。

[3] 同［1］。"14.虢叔旅钟四（上海博物馆藏）背面的甬、旋和斡"由王清雷剪裁自"图1·2·9a"。

[4] 同［1］。"15.虢叔旅钟四（上海博物馆藏）背面的右侧篆带纹饰"由王清雷剪裁自"图1·2·9a"。

16

17

18

图3·2·7之16~18  篆带饰B型窃曲纹的西周甬钟

16.虢叔旅钟四（上海博物馆藏）背面的正鼓部和右侧鼓部纹饰[1]  17.虢叔旅钟五的钲部和左侧鼓部铭文（摹本）[2]  18.虢叔旅钟六（泉屋博古馆藏）背面[3]

[1] 马承源：《中国音乐文物大系·上海卷》，大象出版社，1996年，第45页，图1·2·9a。"16.虢叔旅钟四（上海博物馆藏）背面的正鼓部和右侧鼓部纹饰"由王清雷剪裁自"图1·2·9a"。

[2] 郭沫若：《两周金文辞大系图录考释》（上），上海书店出版社，1999年，第123页。

[3] 容庚：《颂斋吉金图录·颂斋吉金续录·海外吉金图录》，中华书局，2012年，第715页，图一三四。在此书中，虢叔旅钟被称为"虢叔编钟"。

19

20

21

图3·2·7之19～23　篆带饰B型窃曲纹的西周甬钟

19. 虢叔旅钟六（泉屋博古馆藏）背面的钲部铭文拓片[1]　20. 虢叔旅钟六（泉屋博古馆藏）背面的左侧鼓部铭文拓片[2]　21. 虢叔旅钟六（泉屋博古馆藏）背面拓片[3]　22. 虢叔旅钟六（泉屋博古馆藏）背面的正鼓部纹饰拓片[4]　23. 虢叔旅钟六（泉屋博古馆藏）背面的右侧鼓部纹饰拓片[5]

22

[1] 郭沫若：《两周金文辞大系图录考释》（上），上海书店出版社，1999年，第123页。

[2] 同[1]。

[3] 国家图书馆金石拓片组（编）：《国家图书馆藏陈介祺藏古拓本选编》（青铜卷），浙江古籍出版社，2008年，第6页。

[4] 同[3]。"22. 虢叔旅钟六（泉屋博古馆藏）背面的正鼓部纹饰拓片"由王清雷剪裁自第6页图片。

[5] 同[3]。"23. 虢叔旅钟六（泉屋博古馆藏）背面的右侧鼓部纹饰拓片"由王清雷剪裁自第6页图片。

23

**图3·2·7之24～28　篆带饰B型窃曲纹的西周甬钟**

24.虢叔旅钟七（山东博物馆藏）背面[1]　25.虢叔旅钟七（山东博物馆藏）背面的钲部铭文拓片[2]
26.虢叔旅钟七（山东博物馆藏）背面的左侧鼓部铭文拓片[3]　27.虢季编钟M2001:45号背面拓片[4]
28.虢季编钟M2001:45号的甬和舞部（魏旭爽摄）

[1] 周昌富、温增源：《中国音乐文物大系·山东卷》，大象出版社，2001年，第62页，图1·5·4。
[2] 郭沫若：《两周金文辞大系图录考释》（上），上海书店出版社，1999年，第124页。
[3] 同[2]。
[4] 河南省文物考古研究所、三门峡市文物工作队：《三门峡虢国墓》（第一卷）上册，文物出版
　　社，1999年，第73页，图六五之2。

29

30

31

32

图3·2·7之29～33　篆带饰B型窃曲纹的西周甬钟

29.虢季编钟M2001:45号背面的篆带纹饰拓片[1]　30.虢季编钟
M2001:45号背面的正鼓部纹饰拓片[2]　31.虢季编钟M2001:49号旋和
斡（魏旭爽摄）　32.虢季编钟M2001:49号背面拓片[3]　33.虢季编钟
M2001:49号背面的钲部铭文（王清雷摄）

[1] 河南省文物考古研究所、三门峡市文物工作队:《三门峡虢国墓》
（第一卷）上册，文物出版社，1999 年，第73页，图六五之2。"29.
虢季编钟 M2001:45 号背面的篆带纹饰拓片"由王清雷剪裁自"图
六五之2"。

[2] 同［1］。"30.虢季编钟 M2001:45 号背面的正鼓部纹饰拓片"由王
清雷剪裁自"图六五之2"。

[3] 同［1］，第74页，图六六之2。

33

34

35

36

37

图3·2·7之34～37　篆带饰B型窃曲纹的西周甬钟

34.虢季编钟M2001:49号背面的左侧鼓部铭文（王清雷摄）　35.虢季编钟M2001:49号的甬和舞部（魏旭爽摄）　36.虢季编钟M2001:49号背面的正鼓部纹饰（王清雷摄）　37.虢季编钟M2001:48号于口[1]

38　　　　　　　　　　　39

40

图3·2·7之38～40　篆带饰B型窃曲纹的西周甬钟

38.虢季编钟M2001:48号背面（魏旭爽摄）　39.虢季编钟M2001:48号背面拓片[1]　40.虢季编钟
M2001:48号背面的正鼓部和右侧鼓部纹饰[2]

[1] 河南省文物考古研究所、三门峡市文物工作队：《三门峡虢国墓》（第一卷）上册，文物出版
　　社，1999年，第75页，图六七之2。
[2] 同[1]。"40.虢季编钟M2001:48号背面的正鼓部和右侧鼓部纹饰"由王清雷剪裁自"图六七之2"。

41

42

43

图3·2·7之41～43    篆带饰B型窃曲纹的西周甬钟

41.虢季编钟M2001:44号背面拓片[1]    42.虢季编钟M2001:44号的甬和舞部（魏旭爽摄）    43.虢季编钟（M2001:44号）舞部纹饰[2]与中义钟（60·0·187号）舞部纹饰（王清雷摄）单元纹样对比图

[1] 河南省文物考古研究所、三门峡市文物工作队：《三门峡虢国墓》（第一卷）上册，文物出版社，1999年，第76页，图六八之2。

[2] 同[1]，图六八之2局部。

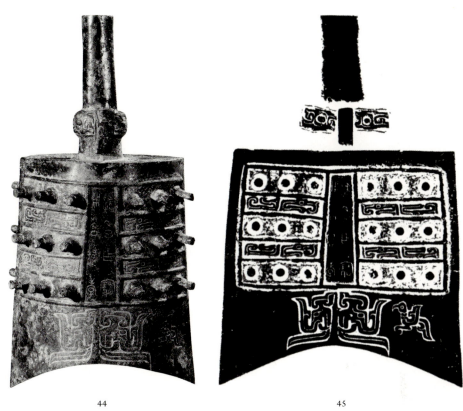

44                                                    45

**图3·2·7之44～46　篆带饰B型窃曲纹的西周甬钟**

44.虢季编钟M2001:50号背面[1]　45.虢季编钟M2001:50号背面拓片[2]
46.虢季编钟M2001:50号背面的钲部铭文（王清雷摄）

[1] 赵世纲：《中国音乐文物大系·河南卷》，大象出版社，1996年，
　　第82页，图1·7·4b。该图图注为"虢季编钟·6号钟正面"。经
　　笔者核实虢季编钟原件，该钟应为虢季编钟5号钟（第5件，
　　M2001:44号）背面，而不是"6号钟正面"，该书图注有误，特
　　此说明。

[2] 河南省文物考古研究所、三门峡市文物工作队：《三门峡虢国墓》
　　（第一卷）上册，文物出版社，1999年，第77页，图六九之2。

46

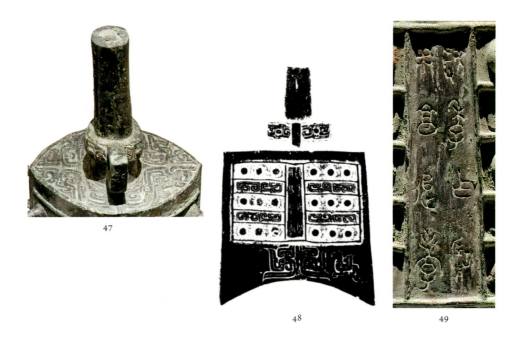

图3·2·7之47～50　篆带饰B型窃曲纹的西周甬钟

47.虢季编钟M2001:50号的甬和舞部（魏旭爽摄）
48.虢季编钟M2001:51号背面拓片[1]　49.虢季编钟
M2001:51号背面的钲部铭文（王清雷摄）　50.虢季编
钟M2001:46号背面拓片[2]

[1] 河南省文物考古研究所、三门峡市文物工作队：
　　《三门峡虢国墓》（第一卷）上册，文物出版社，
　　1999年，第78页，图七〇之2。
[2] 同[1]，图七一之2。

51

52

53

**图3·2·7之51～53　篆带饰B型窃曲纹的西周甬钟**

51.虢季编钟M2001:46号背面的钲部铭文（王清雷摄）　52.虢季编钟M2001:47号背面拓片[1]　53.虢季编钟M2001:47号的甬和舞部（魏旭爽摄）

[1] 河南省文物考古研究所、三门峡市文物工作队：《三门峡虢国墓》（第一卷）上册，文物出版
社，1999年，第78页，图七二之2。

## 第三节

# 西周甬钟篆带窃曲纹的
# 类型学分析

　　在第二节中，笔者在充分继承前人研究成果的基础上，根据篆带窃曲纹整体
形态的不同，将西周甬钟篆带窃曲纹分为两型：A型（横S形窃曲纹）和B型（横G
形窃曲纹）。按照窃曲纹纹样中目纹的有无，将A型（横S形窃曲纹）分为两式，
列举代表性西周甬钟实物共5例。B型（横G形窃曲纹）不分式，列举代表性西周甬
钟实物共2例。详细统计资料参见下表（表10）：

## （一）型式分析

　　根据篆带窃曲纹整体形态的不同，笔者将西周甬钟篆带窃曲纹分为两型：A型
（横S形窃曲纹）和B型（横G形窃曲纹）。其中，A型（横S形窃曲纹）分为两式，
B型（横G形窃曲纹）不分式。下面，笔者仅对A型（横S形窃曲纹）的型式演变试
做探讨。

　　按照窃曲纹纹样中目纹的有无，笔者将A型（横S形窃曲纹）分为两式：AⅠ
式（无目纹）、AⅡ式（有目纹）。AⅠ式（无目纹）横S形窃曲纹初见于厉王之
世的保利艺术博物馆藏应侯视工钟（小钟）篆带（图1·2·3之7），其组织结构属

表10 西周甬钟篆带窃曲纹型式与范例一览表

| 型式 | | 甬钟名称 | 时代 | 来源及器主 | 国别、族属 |
|---|---|---|---|---|---|
| A | AⅠ | 1. 保利艺术博物馆藏应侯视工钟（小钟） | 厉王 | 由保利艺术博物馆收购，器主为应侯视工。应为陕西蓝田所出。 | 应国，姬姓。 |
| | | 2. 逨钟 | 宣王 | 1985年出土于陕西眉县杨家村一处西周青铜器窖藏，器主为单逨。 | 姬姓单氏家族 |
| | | 3. 逆钟 | 宣王 | 征集品。出土于陕西咸阳市永寿县店头公社好畤河村。器主为逆。 | 未知 |
| | | 4. 克钟 | 宣王 | 传清光绪十六年（1890年）出土于陕西扶风县法门寺任村，器主为克。 | 姬姓华氏家族 |
| | AⅡ | 南宫乎钟 | 宣王后段 | 1979年出土于陕西扶风南阳公社豹子沟。器主为南宫乎。 | 姬姓南宫氏家族 |
| B | | 1. 虢叔旅钟 | 宣王后段 | 传出土于陕西长安县河壖。器主为虢叔旅。 | 虢国，姬姓虢叔氏。 |
| | | 2. 虢季编钟 | 幽王 | 1990年，出土于河南省三门峡上村岭虢国墓地M2001。器主为虢季。 | 虢国，姬姓虢季氏。 |

于二方连续纹样，由2个单元纹样组成，每一个单元纹样均为横S形窃曲纹，两个单元纹样的排列方式为顺序排列，工艺手法为阳刻平雕。至宣王之世的逨钟（图3·2·5之18）、逆钟（图3·2·5之43、48、53、58）和克钟（图3·2·5之63、72、76），其篆带横S形窃曲纹的形态、组织结构、排列方式均没有任何变化，只有工艺手法变为阳刻平雕加阴线刻，但个别小钟会省略阴线，如逨钟乙组Ⅳ号篆带（图3·2·5之32、38）。至宣王后段的南宫乎钟，其篆带横S形窃曲纹（图3·2·6之3）的组织结

构、排列方式和工艺手法均没有任何变化，但纹样形态出现新的元素，其在横S形窃曲纹的中间增饰目纹，目纹上下装饰歧牙，由此演变为AⅡ式（有目纹）横S形窃曲纹。

## （二）时代分析

通过对西周甬钟篆带窃曲纹型式与范例资料的统计（表10）与时代分期（表11）的研究，笔者初步得出如下两点认识：

1.AⅠ式（无目纹）横S形窃曲纹出现于厉王之世，一直沿用至宣王之世；AⅡ式（有目纹）横S形窃曲纹仅见于宣王后段；B型（横G形窃曲纹）窃曲纹出现于宣王后段，沿用于幽王之世。这些均为篆带饰有窃曲纹的西周甬钟断代，提供了一个可供参考的时代标尺。为了能够给予所研甬钟以准确地断代，还需紧密结合所研甬钟不同部位的纹饰细节以及铭文（如果有的话）、调音等综合元素，才能保证所研甬钟断代的准确性。

2.篆带饰有窃曲纹的西周甬钟实物主要有7例（表10），它们的时代均为西周晚期（表11）。由此可知，篆带饰有窃曲纹的西周甬钟全部流行于西周晚期。在7

表11　西周甬钟篆带窃曲纹型式分期表

| 时期 ＼ 型式 | | A | | B |
| --- | --- | --- | --- | --- |
| | | AⅠ | AⅡ | |
| 西周早期 | | | | |
| 西周中期 | | | | |
| 西周晚期 | 厉王 | | | |
| | 共和 | | | |
| | 宣王 | | | |
| | 幽王 | | | |

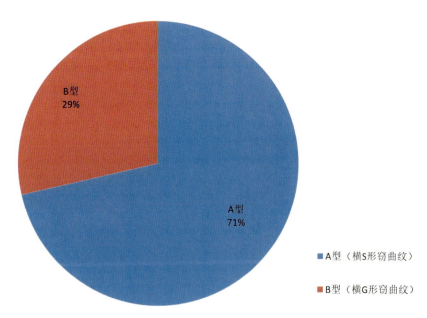

图3·3·1　西周甬钟篆带窃曲纹标本统计图（张玲玲制图）

例篆带饰有窃曲纹的西周甬钟中，篆带饰A型窃曲纹（横S形窃曲纹）的有5例，占总数的71%；篆带饰B型窃曲纹（横G形窃曲纹）的有2例，占总数的29%。由此可知，A型窃曲纹（横S形窃曲纹）是西周甬钟篆带窃曲纹的主流纹样。

## （三）地域与族属分析

通过对西周甬钟篆带窃曲纹型式与范例资料（表10）的统计与分析，笔者初步得出如下两点认识：

1.从西周甬钟篆带窃曲纹型式与范例一览表（表10）来看，有6例西周甬钟出自陕西宗周之地，有1例西周甬钟（虢季编钟）出自姬姓虢国之地三门峡。故此，笔者认为篆带饰有窃曲纹的西周甬钟应为宗周礼乐文化的产物。

2.从西周甬钟篆带窃曲纹型式与范例一览表（表10）来看，除了1例西周甬钟（逆钟）的族属未知外，其他6例西周甬钟均为姬姓家族所用，这应该不是一种偶合现象。"名以出信，信以守器，器以藏礼。"[1]是否可以这样推测：在西周晚期宣幽之世，甬钟篆带装饰窃曲纹已经成为姬姓贵族的一种礼乐文化特色与标志。由此，不同诸侯国、不同等级的同一宗族，通过在享用的礼乐重器的某一位置装饰某一种带有自己宗族礼乐文化特征的纹饰，以此作为一种维系、巩固和加强一个宗族共同政治利益集团的手段。

[1]《左传·成公二年》，《春秋左传正义》卷二十五，《十三经注疏》，中华书局，1980年，第1894页。

# 结 语

本书结语共分为两个部分：一是陈述本书主要的结论与突破点，二是陈述本书尚存在的问题以及解决途径。详述如下：

## 一　本书主要的结论与突破点

### （一）西周甬钟篆带动物纹的定名

青铜器纹饰定名的不统一、不规范的问题由来已久，积弊甚多，李学勤先生早在19年前就指出了这一严重问题。"这一学科分支有大量专有名词，包括纹饰，但诸家分歧很多，容易造成混淆紊乱。在翻译成外文的时候，问题更是复杂，莫衷一是。"[1]刘绪先生于2017年在中国艺术研究院硕士论文《河南所见周代编钟正鼓部纹饰研究》[2]的评阅书上指出："对青铜器纹饰的称谓，学术界比较混乱，即使专门研究青铜器的专家，对同一纹饰的称谓亦往往彼此互不相同，给读者带来很

[1] 李学勤：《< 商周青铜器幻想动物纹研究 >·序》，上海古籍出版社，2003 年，第 2 页。
[2] 陈洁：《河南所见周代编钟正鼓部纹饰研究》，中国艺术研究院硕士学位论文，2017 年。

大不便。"如果学科的基础理论问题都难以科学化、统一化、规范化和体系化，又如何落实习近平总书记关于《建设中国特色中国风格中国气派的考古学，更好认识源远流长博大精深的中华文明》的讲话精神呢？又如何构建有中国特色、中国风格、中国气派的中国考古学话语体系呢？尤其是在全球学科视野下的当今，其必将成为制约学科大数据建设难以突破的一个瓶颈。基于此种现状，本书第一章对西周甬钟篆带所饰动物纹及其异名做了全面地梳理与考辨，希冀能在青铜器纹饰定名的统一与规范性方面有所推进。

1.西周甬钟篆带"两头龙纹"及其异名考

"两头龙纹"的称谓，最早出自《商周青铜器文饰》一书："两头龙纹，纹饰特点是单个兽体的两端各有一个龙形或兽形的头。"[1]篆带饰"两头龙纹"的西周甬钟实物主要有11例。对于这11例西周甬钟篆带所饰"两头龙纹"，学界尚有多种不同的称谓。据笔者目前初步统计，"两头龙纹"及其异名至少有18种之多，如两头夔纹、斜角夔纹、斜角两头夔纹、斜角变体夔纹、双头连身的夔纹、两头兽纹、横S状双头兽纹、斜角双头兽纹、对角双头兽纹、对角兽头纹、双兽首纹、两头龙纹、双头龙纹、顾首龙纹、S形顾龙纹、S状纹、斜角双首共体龙纹、斜角龙纹等。笔者通过对"两头龙纹"及其17种不同称谓的逐一剖析，指出各自命名的问题所在，最后指出《商周青铜器文饰》一书提出的"两头龙纹"[2]的命名最为妥当。

2.西周甬钟篆带"斜角龙纹"及其异名考

"斜角龙纹"的称谓最早出自《商周青铜器文饰》一书[3]，但无具体界定。篆带饰"斜角龙纹"的西周甬钟实物主要有3例。关于这3例西周甬钟篆带所饰"斜角龙纹"，学界主要有7种不同的称谓，如双头斜角夔纹、斜向双头夔纹、斜角兽纹、斜角双头兽纹、双首顾龙纹、双三角顾龙纹、斜角回首龙纹。通过对"斜角龙纹"的7种异名的逐一考辨，指出各自命名的问题所在，笔者认为"斜角龙纹"的

---

[1] 马承源：《商周青铜器纹饰综述》，《商周青铜器文饰》，文物出版社，1984年，第8页。

[2] 同[1]。

[3] 同[1]。

称谓最为妥当。

3.西周甬钟篆带"窃曲纹"及其异名考

目前所知，篆带饰窃曲纹的西周甬钟实物主要有7例，所饰窃曲纹有两种：横S形窃曲纹和横G形窃曲纹。对于这7例西周甬钟篆带所饰窃曲纹，学界尚有多种不同的称谓。据笔者初步统计，至少有8种，如云纹、横向S形云纹、S状云纹、云雷纹、兽体卷曲纹·卷体式、变形兽纹、夔纹和波曲纹。笔者通过对窃曲纹的8种异名逐一考辨，指出各自命名的问题所在，最终厘定窃曲纹才是其最为恰当的命名。

4.首次提出"对角两头龙纹"的命名并对该纹样特点进行界定

"两头龙纹"的命名，最早出自《商周青铜器文饰》一书，即："两头龙纹，纹饰特点是单个兽体的两端各有一个龙形或兽形的头。"[1]但该书所言"两头龙纹"的身躯有"斜线或曲折形线"[2]两种，而西周甬钟篆带所饰"两头龙纹"只是身躯呈"斜线"的样式，所以还需再加一个限定词来体现这一特点，以使这种纹饰定名具有科学性、准确性、具象性和唯一性。通过反复分析西周甬钟篆带"两头龙纹"的纹样形态，笔者将其定名为"对角两头龙纹"，并将这种纹饰的特点具体界定为：由一条龙构成；单体龙身两端各有一个龙头，两个龙头呈对角关系；共用的龙身呈现出一条对角线的形态（图1·1·9）。

5.首次界定西周甬钟篆带"斜角龙纹"的纹样特征

"斜角龙纹"的命名最早出自《商周青铜器文饰》一书[3]，但该书对其并无具体界定，学界也就无从知晓这种纹样具体有哪些独有的特点，由此就会导致"名同而实异"的错误。如《西周青铜器分期断代研究》一书中就有"斜角龙纹"的称谓，指的是师㝊钟[4]（图1·1·2之1）、梁其钟[5]（图1·1·2之14）的篆带纹饰。但是，经过仔细观察师㝊钟和梁其钟的篆带纹样就会发现，这种纹饰应为"对角两头龙纹"，并不是"斜角龙纹"。笔者通过反复考察西周甬钟篆带"斜角龙纹"的纹

---

[1] 马承源：《商周青铜器纹饰综述》，《商周青铜器文饰》，文物出版社，1984年，第8页。

[2] 同[1]。

[3] 同[1]。

[4] 王世民、陈公柔、张长寿：《西周青铜器分期断代研究》，文物出版社，1999年，第173页。

[5] 同[4]，第176页。

样特点（图1·1·10），将这种纹饰特点具体界定为：由两条独立的龙构成，两条龙呈逆对称关系；每条龙的龙尾向龙头的一侧回折，与龙头相对，龙尾与龙身形成一个斜角；两条龙的龙头均回顾，在一条篆带内呈对角关系；两条龙的龙身基本呈平行线的关系。

### 6. "窃曲纹"名实考辨

窃曲纹作为一种青铜器纹饰的名称，首见于《商周彝器通考》一书。该书云："窃曲纹 《吕氏春秋》云：'周鼎有窃曲，状甚长，上下皆曲'。"[1]由此可见，窃曲纹的命名源自《吕氏春秋·适威》。之后，笔者在阅读《殷周青铜器通论》《西周青铜器分期断代研究》《西周青铜器年代综合研究》《中国青铜器综论》等研究文献后发现一个共同的问题，那就是窃曲纹的命名均源自《吕氏春秋·适威》中的这一句，即："周鼎有窃曲，状甚长，上下皆曲，以见极之败也。"但是，笔者在阅读《吕氏春秋集释》《吕氏春秋注疏》《吕氏春秋新校释》等研究《吕氏春秋》的代表性著作时发现，其对于这一句的点校均与以上几部青铜器研究著作的点校不同。如《吕氏春秋集释》对这一句的点校为："'周鼎有窃，曲状甚长，上下皆曲，以见极之败也。'未闻。旧校云：'"窃"一作"穷"。'孙锵鸣曰：'窃，未详何物。"有"必是"著"之误。'"[2]《吕氏春秋注疏》对这一句的点校为："周鼎著窃，曲状甚长，上下皆曲，以见极之败也。"[3]《吕氏春秋新校释》对这一句的点校为："周鼎有窃，曲状甚长，上下皆曲，以见极之败也。"[4]由此可知，"窃曲"竟然不是一个词语，"窃"是前一句的句尾，"曲"是后一句的句头，"窃曲"一词竟然根本不存在。文博考古界使用了数十年的"窃曲纹"竟然是历史上并不存在的一种青铜器纹饰，而是一个由于不同研究领域的学者对于古代文献不同的点校而导致的讹误。从文献学的视角而言，窃曲纹这一命名难以成立。

---

［1］容庚：《商周彝器通考》（重印版），上海人民出版社，2008年，第108页。

［2］许维遹撰、梁运华整理：《吕氏春秋集释》，中华书局，2009年，第五三二页。

［3］王利器：《吕氏春秋注疏》，巴蜀书社，2002年，第二三七三页。

［4］陈奇猷：《吕氏春秋新校释》，上海古籍出版社，2002年，第一二九一页。

　　但是，如果我们从语言学的视角再来审视窃曲纹的名实问题，则有完全不同的认识。战国时期的《荀子·正名篇》对"名实"问题有深入阐述，其中，最重要的一点就是"约定俗成"的命名原则。《荀子·正名篇》云："名无固宜，约之以命。约定俗成谓之宜，异于约则谓之不宜。名无固实，约之以命实，约定俗成谓之实名。名有固善，径易而不拂，谓之善名。"[1]《中国语言学史》《中国小学史》等著作对荀子的"约定俗成"命名原则均有深入解读与研究。由此可知，名实之辨首先是一个语言学领域的学术问题。"在创制语词之时，名与实之间没有绝对的联系，带有任意性"[2]，"事物的命名，无所谓合理不合理，只要人们共同约定就行了"[3]。初看这条"不讲理"的原则，着实令人难以理解。语言学家索绪尔从语言学的视角对"约定俗成"命名原则有全面的解读。索绪尔指出："能指和所指的联系是任意的，或者，因为我们所说的符号是指能指和所指相联结所产生的整体，我们可以更简单地说：语言符号是任意的。"[4]"事实上，一个社会所接受的任何表达手段，原则上都是以集体习惯，或者同样可以说，以约定俗成为基础的。"[5]对于"任意性"的问题，索绪尔指出："任意性这个词还要加上一个注解……我们的意思是说，它是不可论证的，即对现实中跟它没有任何自然联系的所指来说是任意的。"[6]对于窃曲纹而言，文献学的考辨已经证实，"窃曲"是一个并不存在的词语，故其也就没有任何"所指"，也就更不是我国"周鼎"上的一种纹饰，但它却成为今天文博考古界基本已达成共识的一种青铜器纹饰的"能指"。这充分体现了"能指"与"所指"的"不可论证"和"任意性"，也即《荀子·正名篇》所言的"名无固宜"，"名无固实"[7]。但自从容庚在《商周彝器通考》一书中首次将"窃曲纹"（即：名或"能指"）与容庚所认为的15

[1]［清］王先谦撰，沈啸寰、王星贤点校：《荀子集解》，中华书局，1988年，第四二○页。

[2]胡奇光：《中国小学史》，上海人民出版社，2005年，第36页。

[3]王力：《中国语言学史》，山西人民出版社，1981年，第5页。

[4]［瑞士］费尔迪南·德·索绪尔著、高名凯译：《普通语言学教程》，商务印书馆，1980年，第102页。

[5]同[4]，第103页。

[6]同[4]，第104页。

[7]同[1]。

种纹饰（即：实或"所指"）联系在一起之后[1]，得到了学术界的广泛认同。在当今的青铜器研究领域，如果说起窃曲纹，学者们对其大都是清楚而明白的。由此，窃曲纹就成为一种集体性的"约定俗成"。"约定俗成以后，也就是名实相符了。"[2]不仅如此，按照《荀子·正名篇》所云："名有固善，径易而不拂，谓之善名。"[3]即"名称也有好坏之分，如果说出名称来，人们很容易知道它的意义，那就是好的名称。"[4]。以此观之，窃曲纹不仅是"名实相符"，还属于"善名"之列。

### （二）西周甬钟篆带动物纹的类型学研究及断代意义

郭沫若先生指出："大凡一时代之器必有一时代之花纹与形式。今时如是，古亦如是。故花纹形式在决定器物之时代上占有极重要之位置，其可依据，有时过于铭文，在无铭文之器则直当以二者为考订时代之唯一线索。……余谓凡今后研究殷、周彝器者，当以求出花纹形式之历史系统为其最主要之事业。"[5]但是，距离郭先生提出这一高屋建瓴的宏论91年之后的当下，在西周礼乐重器——编钟的研究领域，关于纹饰的类型学研究依然非常薄弱。故此，本书的第二章和第三章通过对西周甬钟篆带龙纹、窃曲纹的类型学研究，为西周甬钟的断代工作尽一点绵薄之力。

1.西周甬钟篆带龙纹的类型学研究及断代意义

根据篆带龙纹主体纹样的不同，笔者将西周甬钟篆带龙纹分为两型：A型（对角两头龙纹）、B型（斜角龙纹）。根据龙纹的龙舌是否穿过龙颈，笔者将A型（对角两头龙纹）分为两个亚型：Aa亚型（龙舌没有穿过龙颈）、Ab亚型（龙舌穿过龙颈）。根据龙纹上唇形态的不同，笔者将Aa亚型分为Aa I 式（上唇上卷呈斜角形）、Aa II 式（上唇上卷呈象鼻形）。根据龙纹龙身形态的不同，笔者将Ab

---

[1] 容庚：《商周彝器通考》（重印版），上海人民出版社，2008年，第108页。

[2] 王力：《中国语言学史》，山西人民出版社，1981年，第5页。

[3]［清］王先谦撰，沈啸寰、王星贤点校：《荀子集解》，中华书局，1988年，第四二○页。

[4] 同[2]。

[5] 郭沫若：《毛公鼎之年代》，《金文丛考》，人民出版社，1954年，第306、307页。原载于《东方杂志》1931年第二十八卷第十三期。

亚型分为Ab Ⅰ式（龙身被龙角穿过）、Ab Ⅱ式（龙身完整）和Ab Ⅲ式（龙身饰目纹）。根据斜角龙纹工艺手法的不同，笔者将B型（斜角龙纹）分为三式：B Ⅰ式（阴线刻纹饰）、B Ⅱ式（阳线纹饰）、B Ⅲ式（阳刻平雕加阴线刻纹饰）（图2·1·1）。

从"西周甬钟篆带龙纹型式分期表"（表6）来看，Aa Ⅰ式（上唇上卷呈斜角形）对角两头龙纹出现于西周中期孝王之世，一直沿用至西周晚期厉王之世；Ab Ⅰ式（龙身被龙角穿过）对角两头龙纹仅见于西周中期夷王之世；Ab Ⅱ式（龙身完整）对角两头龙纹、B Ⅱ式（阳线纹饰）斜角龙纹均仅见于西周晚期厉王之世；Aa Ⅱ式（上唇上卷呈象鼻形）对角两头龙纹、Ab Ⅲ式（龙身饰目纹）对角两头龙纹和B Ⅲ式（阳刻平雕加阴线刻纹饰）斜角龙纹均仅见于西周晚期宣王之世。这些均为篆带饰有龙纹的西周甬钟断代，提供了一个可供参考的时代标尺。

2.西周甬钟篆带窃曲纹的类型学研究及断代意义

根据篆带窃曲纹整体形态的不同，笔者将西周甬钟篆带窃曲纹分为两型：A型（横S形窃曲纹）和B型（横G形窃曲纹）。按照窃曲纹纹样中目纹的有无，将A型（横S形窃曲纹）分为两式：A Ⅰ式（无目纹）、A Ⅱ式（有目纹）。B型（横G形窃曲纹）不分式（图3·2·1）。

从"西周甬钟篆带窃曲纹型式分期表"（表11）来看，A Ⅰ式（无目纹）横S形窃曲纹出现于厉王之世，一直沿用至宣王之世；A Ⅱ式（有目纹）横S形窃曲纹仅见于宣王后段；B型（横G形窃曲纹）窃曲纹出现于宣王后段，沿用于幽王之世。这些均为篆带饰有窃曲纹的西周甬钟断代，提供了一个可供参考的时代标尺。

（三）使用"多重断代法"对西周甬钟的断代

对西周甬钟篆带所饰龙纹或窃曲纹做类型学分析之前，先要对所选择的西周甬钟实物标本做断代研究，否则无法对篆带所饰龙纹或窃曲纹做型式演变与分期研究。本书选择了20例纹饰清晰、来源可靠、资料完整的西周甬钟作为不同型式的实物标本。对于每一例甬钟，笔者先梳理出学界不同的断代观点。在此基础上，笔者充分利用音乐考古学交叉学科的优势，使用"多重断代法"，即以编钟的调音和纹饰为核心断代元素，再结合其测音数据、铭文、纹饰工艺手法、器型、编列、音列等多种断代元素对编钟进行断代。这里仅陈述笔者的结论，详细论证见本书的相关章节，此不赘述。择要试举如下12例：

例1：三式兴钟（4件，76FZH1:8、30、16、33号）

关于其断代，目前学界主要有7种观点：第一，"西周中期"说；第二，"懿、孝、夷王"说；第三，"孝夷以至厉王前半"说；第四，"孝夷"说；第五，"共王"说；第六，"孝王"说；第七，"厉王"说。笔者通过对其调音情况和测音数据的分析，将其断为西周中期孝王之器。

例2：柞钟

关于其断代，目前学界主要有7种观点：第一，"西周晚期"说；第二，"夷厉"说；第三，"夷王"说；第四，"厉王"说；第五，"宣王"说；第六，"幽王"说；第七，"宣幽"说。笔者通过对柞钟调音情况和测音数据的分析，再结合其正鼓部和侧鼓部的纹样特征，将柞钟断为西周晚期厉王之器。

例3：鲁遵钟

关于其断代，目前学界主要有4种观点：第一，"夷王"说；第二，"西周晚期"说；第三，"厉王"说；第四，"春秋早期"说。笔者通过对鲁遵钟调音的分析，再结合其正鼓部和侧鼓部的纹样特征，将鲁遵钟断为西周晚期厉王之器。

例4：中义钟（4件，60·0·187、182、188、189号）

关于其断代，目前学界主要有3种观点：第一，"西周晚期"说；第二，"厉王"说；第三，"夷厉"说。笔者通过对该钟正鼓部和舞部纹样特征的分析，将其断为西周晚期宣王之器。

例5：井人安钟

关于其断代，目前学界主要有7种观点：第一，"西周后期"说；第二，"西周晚期"说；第三，"夷王"说；第四，"厉王"说；第五，"夷厉"说；第六，"宣王"说；第七，"共和"说。笔者通过对井人安钟调音的分析，再结合其正鼓部、侧鼓部、篆带的纹样特征，将井人安钟断为西周中期夷王之器。

例6：师奂钟

关于其断代，目前学界主要7种观点：第一，"懿王"说；第二，"懿孝"说；第三，"夷王"说；第四，"夷厉"说；第五，"厉王"说；第六，"西周中期"说；第七，"西周晚期"说。笔者通过对师奂钟舞部纹样特征的分析，再结合其调音情况与测音数据，将师奂钟断为西周晚期厉王之器。

例7：梁其钟

关于其断代，目前学界主要有7种观点：第一，"西周中期"说；第二，"西周晚期"说；第三，"西周晚期前段"说；第四，"夷王"说；第五，"夷厉"说；第六，"厉王"说；第七，"宣王晚期至幽王"说。笔者通过对梁其钟调音的分析，再结合其正鼓部的纹样特征，将梁其钟断为西周晚期宣王之器。

例8：河南洛阳西工编钟

关于其断代，目前学界主要有2种观点：第一，"西周"说；第二，"西周晚期"说。笔者通过对该钟正鼓部纹样特征的分析，将其断为西周晚期宣王晚段之器。

例9：保利艺术博物馆藏应侯视工钟（小钟）

关于其断代，目前学界主要有4种观点：第一，"共王"说；第二，"共王或懿王"说；第三，"孝王、夷王时期"说；第四，"厉王"说。笔者通过对其调音情况的分析，将其断为西周晚期厉王早期之器。

例10：逆钟

关于其断代，目前学界主要4种观点：第一，"孝夷"说；第二，"厉王"说；第三，"西周晚期"说；第四，"宣王"说。笔者通过对逆钟的篆带和正鼓部纹样特征的分析，再结合纹饰的工艺手法，将其断为西周晚期宣王之器。

例11：克钟

关于其断代，目前学界主要有6种观点：第一，"孝王"说；第二，"夷王"说；第三，"厉王"说；第四，"宣王"说；第五，"西周晚期偏早"说；第六，"西周晚期"说。笔者通过对克钟调音的分析，再结合其正鼓部和篆带的纹样特征，将克钟断为西周晚期宣王之器。

例12：虢叔旅钟

关于其断代，目前学界主要有4种观点：第一，"西周晚期"说；第二，"西周晚期偏晚"说；第三，"厉王"说；第四，"宣王"说。笔者通过对虢叔旅钟的甬、篆带和正鼓部的纹样特征分析，将其断为西周晚期宣王后段之器。

（四）篆带饰动物纹的西周甬钟之地域与族属分析

1.从篆带饰有A型龙纹（对角两头龙纹）的10例西周甬钟的地域（表5）来看，除了1例（鲁遣钟）来源地不详之外，其余9例均出自陕西扶风宗周京畿之地。从"西周甬钟篆带窃曲纹型式与范例一览表"（表10）来看，有6例西周甬钟出自陕西宗周之地，有1例西周甬钟（虢季编钟）出自姬姓虢国之地三门峡。这些新认识，为判断那些来源不清的篆带饰有A型龙纹（对角两头龙纹）或窃曲纹的西周甬钟之地域属性，提供了可供参考的判断依据。

2.从"西周甬钟篆带窃曲纹型式与范例一览表"（表10）来看，除了1例西周甬钟（逆钟）的族属未知外，其他6例西周甬钟均为姬姓家族所用，这为判断那些族属不明的篆带饰有窃曲纹的西周甬钟之宗族属性，提供了可供参考的依据。"名以出信，信以守器，器以藏礼。"[1]是否可以这样推测：在西周晚期宣幽之世，甬钟篆带装饰窃曲纹已经成为姬姓贵族的一种礼乐文化特色与标志。

（五）从西周甬钟篆带动物纹管窥多元一体的宗周礼乐文化特征

从"西周甬钟篆带龙纹型式与范例一览表"（表5）来看，凡是出自陕西宗周京畿之地篆带饰有龙纹的西周甬钟，其篆带龙纹均被统一为A型龙纹（对角两头龙纹）。同时，在篆带饰有A型龙纹（对角两头龙纹）的10例西周甬钟中，除了1例（井人安钟）（图2·1·6之1、7）之外，其余9例西周甬钟的钲、篆、枚区均以粗单阳线弦纹界隔；除了1例（师奂钟）（图2·1·7之1、4）之外，其余9例西周甬钟的正鼓部均饰一对鸟体龙纹。由此可见，从西周中期后段开始至西周晚期，宗周京畿之地的甬钟器表纹样形态基本形成统一的风格：钲、篆、枚区以粗单阳线弦纹界隔，篆带饰A型龙纹（对角两头龙纹），正鼓部饰一对鸟体龙纹。至此，真正代表宗周礼乐文化的周系甬钟终于成型，并进入自己的成熟阶段。这应该与西周晚期厉王之世的"厉始革典"，有着密切的关系。溯本求源，篆带饰有A型龙纹（对角两头龙纹）的周系甬钟中，最早的一例（三式兴钟）是出自殷遗民子姓微氏家族。张懋镕

---

[1]《左传·成公二年》，《春秋左传正义》卷二十五，《十三经注疏》，中华书局，1980年，第1894页。

先生指出："最典型的殷遗民是微史家族人，如折、丰等，他们世代是周王臣，备受朝廷信任，然而殷文化恰恰在他们那里更多地保留下来。"[1]也就是说，A型龙纹（对角两头龙纹）并不是源自姬周文化，而是出自殷文化。

篆带饰B型龙纹（斜角龙纹）的西周甬钟主要有3例。其中，最早的一例为西周中期懿孝之世的江西鹰潭甬钟（图2·1·9之1），其属于百越之地。由此可见，篆带所饰B型龙纹（斜角龙纹）源自百越文化。至西周晚期宣王之世，这种篆带纹样的甬钟已经传入成周之地洛阳，如河南洛阳西工编钟（4件）（图2·1·11之1、2），其篆带饰BⅢ斜角龙纹（图2·1·11之3）。但是，河南洛阳西工编钟（4件）已经体现出浓郁的宗周礼乐文化特征，如：钲、篆和枚区以粗单阳线弦纹界隔，正鼓部饰一对鸟体龙纹（图2·1·11之4、5），属于典型的周系甬钟。而其篆带BⅢ斜角龙纹则是源自百越文化，体现出多元文化融合的特征。

从"西周甬钟篆带窃曲纹型式与范例一览表"（表10）来看，除了1例西周甬钟（逆钟）的族属未知外，其他6例西周甬钟均为姬姓家族所用，这显然不是一种偶合现象。篆带饰有窃曲纹的西周甬钟应为宗周礼乐文化的产物。溯本求源，我们看看窃曲纹的源头，《西周青铜器年代综合研究》一书认为窃曲纹"实际上都是饕餮纹和所谓象鼻龙纹的变形"[2]。《西周青铜器分期断代研究》一书认为窃曲纹应该源自双夔合目纹、分尾夔纹、分尾鸟纹和象鼻龙纹[3]。《中国青铜器综论》一书则认为："窃曲纹卷曲的条状当是取形于夔纹、顾龙纹之身躯，但其构造、布局则不仅取形于诸种龙纹，而且借鉴了饕餮纹与上述变形饕餮纹图案构形手法。"[4]显然，窃曲纹的源头是殷文化，而不是周文化。

综上所论，我们不难发现西周甬钟篆带所饰龙纹和窃曲纹均非源自姬周文化，而是源自殷文化和百越文化。但是到了西周晚期，均成为代表宗周礼乐文化的周系甬钟器表纹饰的有机组成部分，体现出多元一体的宗周礼乐文化特征。

[1] 张懋镕：《西周青铜器断代两系说刍议》，《考古学报》2005年第1期，第18页。
[2] a.彭裕商：《西周青铜器年代综合研究》，巴蜀书社，2003年，第557页。b.彭裕商：《西周青铜器窃曲纹研究》，《考古学报》2002年第4期，第426页。
[3] 王世民、陈公柔、张长寿：《西周青铜器分期断代研究》，文物出版社，1999年，第192页。
[4] 朱凤瀚：《中国青铜器综论》（上），上海古籍出版社，2009年，第579页。

## 二　本书尚存在的问题以及解决途径

本书选择了20例纹饰清晰、来源可靠、资料完整的西周甬钟（表5、10），作为西周甬钟篆带动物纹不同型式的实物标本。在对西周甬钟篆带所饰龙纹或窃曲纹做类型学分析之前，笔者先要对这20例西周甬钟实物标本做断代研究，否则无法对篆带所饰龙纹或窃曲纹做型式演变与分期研究。

在断代过程中，笔者使用的是"多重断代法"，即将编钟的调音、测音数据、纹饰及其工艺手法、器型、铭文等多种断代元素相结合对编钟进行断代。其中，编钟的调音情况是至关重要的断代元素，对于有些西周甬钟的断代非常有效。如三式兴钟（76FZH1:8、30、16、33号）的断代。从其调音情况和测音数据来看，这4件三式兴钟尚处于"铸调双音"[1]的初期探索阶段，故笔者将其断为西周中期孝王之器[2]。再如逨钟的断代。《中国音乐文物大系·陕西卷》将逨钟（乙组 I 、Ⅱ、Ⅲ、Ⅳ号）的时代断为"西周中期"[3]。但从其调音情况来看，调音槽的形态规范，调音手法成熟，故逨钟应为"铸调双音"[4]成熟阶段的产物，属于西周晚期之器，《中国音乐文物大系·陕西卷》的断代是不能成立的。再结合逨钟的纹饰，笔者将其断为西周晚期宣王之器[5]。又如应侯视工钟的断代。韧松、樊维岳先生在1975年发表的《记陕西蓝田县新出土的应侯钟》一文中，将应侯视工钟断为西周中期共王之器。其后学界诸多文献多沿用此说，如《中国音乐文物大系·陕西卷》[6]《晋侯苏钟的音乐学研究》[7]《应侯见工钟（两件）》[8]《西周乐悬制

---

[1] 冯光生：《周代编钟的双音技术及应用》，《中国音乐学》2002年第1期，第43页。

[2] 对三式兴钟（76FZH1:8、30、16、33号）断代的详细论述，参见第二章第一节 Aa I 式对角两头龙纹"例1：三式兴钟（4件，76FZH1:8、30、16、33号）"。

[3] 方建军：《中国音乐文物大系·陕西卷》，大象出版社，1996年，第63页。逨钟在该书中被称为"眉县杨家村乙组甬钟"。

[4] 同[1]。

[5] 对逨钟断代的详细论述，参见第三章第二节 A I 式（无目纹）窃曲纹"例2：逨钟"。

[6] 方建军：《中国音乐文物大系·陕西卷》，大象出版社，1996年，第35页。

[7] 王子初：《晋侯苏钟的音乐学研究》，《文物》1998年第5期，第26页。

[8] 朱凤瀚：《应侯见工钟（两件）》，《保利藏金（续）》，岭南美术出版社，2001年，第159页。

度的音乐考古学研究》[1]《先秦大型组合编钟研究》[2]《探源溯流——青铜编钟谱写的历史》[3]《西周青铜器分期断代研究》[4]。由此，学界多将应侯视工钟视为西周共王之世的断代标准器。但是，笔者仅从应侯视工钟的调音情况就可以判定，其绝非共王之世的产物。其调音槽的形态较为规范，说明其刚刚步入"铸调双音"[5]成熟阶段，故笔者将其断为西周晚期厉王早期之器[6]。

通过以上3例西周甬钟的断代可知，编钟的调音是"多重断代法"中极为重要的断代要素，且证明行之有效。但是，在本书选择的20例西周甬钟实物标本（表5、10）中，笔者仅拥有5例西周甬钟（三式兴钟、士父钟、柞钟、中义钟、乙组逨钟）详细的第一手调音资料，其他15例仅有不详细的二手调音资料或者就没有任何调音资料，这给西周甬钟的断代工作带来了一定的困难或不确定因素。将来如有机会，笔者将去有关博物馆搜集这些西周甬钟调音的第一手详细资料。同时，笔者也殷切期望文博考古界在发表或出版涉及编钟资料的文章和著作时，能够附上编钟钟腔内壁调音的详细图片资料，以共同推进西周甬钟的断代研究工作。

笔者自知学术水平有限，只能选择《西周甬钟篆带动物纹研究》这么一个小题目，做一点力所能及的研究。希望在学界前辈的指引下，能为中国编钟研究乃至中国青铜器的研究添块砖、加片瓦。本书中所谓的一些"新认识""突破点"仅是在现有资料的基础上，笔者做出的初步探索和粗浅认识而已，错讹与疏漏之处在所难免，恳请学界前辈和朋友不吝赐教与斧正。

---

[1] 王清雷：《西周乐悬制度的音乐考古学研究》，文物出版社，2007年，第230页。
[2] 王友华：《先秦大型组合编钟研究》，中国艺术研究院博士学位论文，2009年，第72页。
[3] 关晓武：《探源溯流——青铜编钟谱写的历史》，大象出版社，2013年，第84页。
[4] 王世民、陈公柔、张长寿：《西周青铜器分期断代研究》，文物出版社，1999年，第173页。
[5] 冯光生：《周代编钟的双音技术及应用》，《中国音乐学》2002年第1期，第43页。
[6] 对应侯视工钟断代的详细论述，参见第三章第二节ＡⅠ式（无目纹）窃曲纹"例1：保利艺术博物馆藏应侯视工钟（小钟）"。

# 附　录

## 一　插图目录

10.扶风齐家村甬钟甲背面的篆带纹饰

11.士父钟（小钟，故宫博物院藏）背面的篆带纹饰

12.井人安钟背面的篆带纹饰

13.鲁邍钟背面的篆带纹饰

14.梁其钟（44043号）背面的篆带纹饰

图1·1·3　《商周彝器通考》所载两头兽纹图例 / 046

1.颂壶纹饰

2.克盨纹饰

3.芮大子伯壶纹饰

4.两头兽纹壶纹饰一

5.两头兽纹壶纹饰二

6.叔朕簠纹饰

7.两头兽纹钟纹饰

图1·1·4　《商周青铜器文饰》所载两头龙纹的部分图例 / 052

1.两头龙纹（同向式，保卣颈部）

2.两头龙纹（相顾式，两头龙纹尊腹部）

3.两头龙纹（相顾式，子父丁卣颈部）

4.两头龙纹（相顾式，梁其钟篆带）

5.两头龙纹（相顾式，鲁邍钟篆带）

6.两头龙纹（向背式，井人安钟篆带）

7.两头龙纹（向背式，卷龙纹钟篆带）

8.两头龙纹（向背式，两头龙纹瓿腹部）

图1·1·5　《西周青铜器年代综合研究》所载E型横S形顾首龙纹图例（胏簋） / 055

图1·1·6　《西周青铜器年代综合研究》所载B型"水草型顾首龙纹"（一身双首式）图例 / 056

1.保卣颈部纹饰（双首同向）

2.子父丁卣颈部纹饰（双首相对）

7.应侯视工钟（保利艺术博物馆藏，小钟）背面的篆带纹饰线图

8.虢季编钟（M2001:45号）背面右侧篆带拓片

图1·2·4　应侯视工钟（保利艺术博物馆藏，大钟）背面的篆带纹饰线图 / 084

图1·2·5　《殷周青铜器通论》所载 S 形云纹图例 / 085

图1·2·6　《西周青铜器年代综合研究》所载 Bb 亚型窃曲纹图例 / 086

1.Bb I 式窃曲纹（殷句壶盖沿纹饰拓片）

2.Bb II 式窃曲纹（邢姜簠口下纹饰拓片）

3.Bb III 式窃曲纹（莫伯盨口下纹饰拓片）

图1·2·7　克利夫兰博物馆藏逑钟背面左侧上方篆带纹饰 / 091

图1·2·8　《商周青铜器文饰》的波带纹部分例图 / 092

1.伯康簋颈部饰波带纹

2.小克鼎腹部饰波带纹

3.几父壶颈部饰波带纹

4.叔硕父甐腹壁饰波带纹

5.虢季子白盘腹部饰波带纹

6.禾簋禁壁饰波带纹

图1·2·9　《商周彝器通考》的环带纹例图 / 093

1.颂壶饰环带纹（一）

2.环带纹簋饰环带纹（二）

3.环带纹壶饰环带纹（三）

4.孟辛父鬲饰环带纹（四）

5.窗妏鬲饰环带纹（五）

6.口侯壶饰环带纹（六）

7.殷句壶饰环带纹（七）

18.三式兴钟76FZH1:33号背面

19.三式兴钟76FZH1:33号背面的钲部铭文

20.三式兴钟76FZH1:33号背面的篆带纹饰

21.三式兴钟76FZH1:33号背面的正鼓部纹饰

22.三式兴钟76FZH1:33号背面的右侧鼓部纹饰

23.三式兴钟76FZH1:33号于口

24.龢钟背面

25.龢钟背面的钲部铭文

26.龢钟铭文拓片

27.龢钟背面的篆带纹饰

28.龢钟旋斡

29.龢钟背面的正鼓部纹饰

30.故宫博物院藏士父钟（大）背面

31.故宫博物院藏士父钟（大）背面的钲部铭文拓片

32.故宫博物院藏士父钟（大）背面的左侧鼓部铭文和正鼓部纹饰拓片

33.故宫博物院藏士父钟（大）背面的篆带纹饰

34.故宫博物院藏士父钟（小）背面

35.故宫博物院藏士父钟（小）背面的钲部铭文拓片

36.故宫博物院藏士父钟（小）背面的左侧鼓部铭文拓片

37.故宫博物院藏士父钟（小）背面右侧篆带纹饰

38.故宫博物院藏士父钟（小）背面的正鼓部和右侧鼓部纹饰

39.故宫博物院藏士父钟（小）甬、旋和斡

40.故宫博物院藏士父钟（小）于口

41.湖南省博物馆藏士父钟（25047号）背面

42.湖南省博物馆藏士父钟（25047号）背面的钲部铭文拓片

43.湖南省博物馆藏士父钟（25047号）背面的左侧鼓部铭文与正鼓部纹饰拓片

44.湖南省博物馆藏士父钟（25047号）背面的篆带纹饰

45.湖南省博物馆藏士父钟（25047号）于口

46.湖南省博物馆藏士父钟（25047号）背面的正鼓部和右侧鼓部纹饰

47.陕西扶风齐家村甬钟甲背面

48.陕西扶风齐家村甬钟甲背面左侧篆带纹饰

49.陕西扶风齐家村甬钟甲背面的正鼓部和右侧鼓部纹饰拓片

50.柞钟60·0·175号背面

51.柞钟60·0·175号背面的钲部铭文

52.柞钟60·0·175号背面的正鼓部纹饰与左侧鼓部铭文

53.柞钟60·0·175号旋斡

54.柞钟60·0·175号舞部纹饰

55.柞钟60·0·175号于口

56.柞钟60·0·176号于口

57.柞钟60·0·176号背面

58.柞钟60·0·176号背面的钲部铭文

59.柞钟60·0·176号背面的正鼓部纹饰与左侧鼓部铭文

60.柞钟60·0·178号背面

61.柞钟60·0·178号背面的钲部铭文

62.柞钟60·0·178号背面的正鼓部纹饰与左侧鼓部铭文

63.柞钟60·0·178号于口

64.柞钟60·0·177号于口

65.柞钟60·0·177号背面

66.柞钟60·0·177号背面的钲部铭文

67.柞钟60·0·177号背面的左侧鼓部铭文和正鼓部、右侧鼓部纹饰

68.柞钟60·0·177号背面的右侧篆带纹饰

69.柞钟60·0·177号背面的右侧鼓部纹饰

70.柞钟60·0·179号背面

71.柞钟60·0·179号背面的钲部铭文

72.柞钟60·0·179号于口

73.柞钟60·0·180号于口

74.柞钟60·0·180号背面

75.柞钟60·0·180号背面的钲部铭文

76.柞钟60·0·180号背面的正鼓部和右侧鼓部纹饰

77.柞钟60·0·181号于口

78.柞钟60·0·181号背面

79.柞钟60·0·181号背面的钲部铭文

80.鲁遣钟（24431号）背面

81.鲁遣钟（24431号）背面的钲部铭文拓片

82.鲁邍钟（24431号）背面的正鼓部和右侧鼓部纹饰

83.鲁邍钟（24431号）背面的右侧鼓部纹饰拓片

84.鲁邍钟（24431号）篆带纹饰拓片

## 图 2·1·4　无铭柞钟 60·0·190 号 / 156

1.无铭柞钟60·0·190号背面

2.无铭柞钟60·0·190号舞部纹饰

3.无铭柞钟60·0·190号背面的正鼓部和右侧鼓部纹饰

4.无铭柞钟60·0·190号于口

## 图 2·1·5　篆带饰 Aa Ⅱ 式对角两头龙纹的西周甬钟 / 161

1.中义钟60·0·187号背面

2.中义钟60·0·187号背面的钲部铭文

3.中义钟60·0·187号舞部纹饰

4.中义钟60·0·187号于口

5.中义钟60·0·182号背面

6.中义钟60·0·182号背面的钲部铭文

7.中义钟60·0·182号背面右侧篆带纹饰

8.中义钟60·0·182号舞部纹饰

9.中义钟60·0·182号背面的正鼓部纹饰

10.中义钟60·0·182号于口

11.中义钟60·0·188号背面

12.中义钟60·0·188号背面的钲部铭文

13.中义钟60·0·188号背面的篆带纹饰

14.中义钟60·0·188号背面的正鼓部和右侧鼓部纹饰

15.中义钟60·0·188号舞部纹饰

16.中义钟60·0·188号舞部局部纹饰

17.中义钟60·0·188号于口

18.中义钟60·0·189号于口

19.中义钟60·0·189号背面

20.中义钟60·0·189号背面的钲部铭文

图 2·1·8　篆带饰 Ab Ⅲ 式对角两头龙纹的西周甬钟　/ 185

1.上海博物馆藏梁其钟背面（44043号）

2.上海博物馆藏梁其钟（44043号）背面的钲部铭文

3.上海博物馆藏梁其钟（44043号）背面的左侧鼓部铭文

4.上海博物馆藏梁其钟（44043号）背面左侧篆带纹饰

5.上海博物馆藏梁其钟（44043号）背面的正鼓部纹饰

6.上海博物馆藏梁其钟（27222号）背面

7.上海博物馆藏梁其钟（27222号）背面的钲部铭文

8.上海博物馆藏梁其钟（27222号）背面的左侧鼓部铭文

9.上海博物馆藏梁其钟（27222号）背面左侧篆带纹饰

10.上海博物馆藏梁其钟（27222号）背面的正鼓部纹饰

11.上海博物馆藏梁其钟（27222号）背面的右侧鼓部纹饰

12.上海博物馆藏梁其钟（27591号）背面的正鼓部和右侧鼓部纹饰

13.上海博物馆藏梁其钟（44043号）舞部纹饰

14.上海博物馆藏梁其钟（44043号）背面的钲部铭文拓片

15.上海博物馆藏梁其钟（44043号）背面的左侧鼓部铭文拓片

16.上海博物馆藏梁其钟（27222号）背面的钲部铭文拓片

17.上海博物馆藏梁其钟（27222号）背面的左侧鼓部铭文拓片


图 2·1·9　篆带饰 B Ⅰ 式斜角龙纹的西周甬钟　/ 192

1.江西鹰潭甬钟背面

2.江西鹰潭甬钟背面左侧篆带纹饰

3.江西鹰潭甬钟背面正鼓部和右侧鼓部纹饰


图 2·1·10　篆带饰 B Ⅱ 式斜角龙纹的西周甬钟　/ 195

1.泉屋博古馆藏2号楚公豪钟背面

2.泉屋博古馆藏2号楚公豪钟背面拓片

3.泉屋博古馆藏2号楚公豪钟背面的钲部铭文拓片

4.泉屋博古馆藏2号楚公豪钟旋斡拓片

5.泉屋博古馆藏2号楚公豪钟背面的正鼓部纹饰拓片

6.泉屋博古馆藏2号楚公豪钟背面的右侧鼓部纹饰拓片

2.一式兴钟（76FZH1:64号）背面右侧篆带纹饰

1.《青铜器窃曲纹的来源及分型》的ⅡA2式窃曲纹·伯公父壶盖纹饰拓片
2.《青铜器窃曲纹的来源及分型》的ⅡC2式窃曲纹·单叔鬲纹饰拓片

1.二式晋侯苏钟73632号背面的正鼓部纹饰
2.二式晋侯苏钟73633号背面的正鼓部纹饰
3.二式晋侯苏钟73635号背面的正鼓部纹饰
4.二式晋侯苏钟73637号背面的正鼓部纹饰

1.保利艺术博物馆藏应侯视工钟（小钟）背面
2.保利艺术博物馆藏应侯视工钟（小钟）背面线图
3.保利艺术博物馆藏应侯视工钟（小钟）背面的正鼓部纹饰
4.保利艺术博物馆藏应侯视工钟（小钟）背面的正鼓部和侧鼓部纹饰线图
5.保利艺术博物馆藏应侯视工钟（小钟）舞部纹饰线图
6.保利艺术博物馆藏应侯视工钟（小钟）背面的铭文拓片
7.乙组逨钟背面（4件，从左至右为Ⅱ、Ⅰ、Ⅲ、Ⅳ号）
8.克利夫兰艺术博物馆藏逨钟背面
9.克利夫兰艺术博物馆藏逨钟背面的钲部铭文
10.克利夫兰艺术博物馆藏逨钟背面的正鼓部纹饰
11.逨钟乙组Ⅱ号背面

12.逨钟乙组Ⅰ号背面拓片

13.逨钟乙组Ⅰ号背面

14.逨钟乙组Ⅰ号背面的钲部铭文

15.逨钟乙组Ⅰ号背面的右铣角铭文

16.逨钟乙组Ⅰ号背面的左侧鼓部铭文

17.逨钟乙组Ⅰ号舞部、旋部纹饰

18.逨钟乙组Ⅰ号背面的右侧上方篆带纹饰

19.逨钟乙组Ⅰ号背面的正鼓部纹饰

20.逨钟乙组Ⅰ号背面的右侧鼓部纹饰

21.逨钟乙组Ⅰ号于口

22.逨钟乙组Ⅲ号背面

23.逨钟乙组Ⅲ号背面（中国国家博物馆展厅）

24.逨钟乙组Ⅲ号背面的钲部铭文

25.逨钟乙组Ⅲ号背面的右铣角铭文

26.逨钟乙组Ⅲ号背面的左侧鼓部铭文

27.首阳斋藏逨钟背面

28.首阳斋藏逨钟于口

29.首阳斋藏逨钟背面的钲部铭文拓片

30.首阳斋藏逨钟背面的左侧鼓部铭文拓片

31.逨钟乙组Ⅳ号背面

32.逨钟乙组Ⅳ号背面拓片

33.逨钟乙组Ⅳ号背面的钲部铭文

34.逨钟乙组Ⅳ号背面的左侧鼓部铭文

35.逨钟乙组Ⅳ号舞部纹饰

36.逨钟乙组Ⅳ号背面的正鼓部纹饰

37.逨钟乙组Ⅳ号背面的右侧鼓部纹饰

38.逨钟乙组Ⅳ号背面的左侧上方篆带纹饰

39.逨钟乙组Ⅳ号于口

40.1号逆钟背面

41.1号逆钟背面的钲部铭文

42.1号逆钟背面的甬、旋和斡

43.1号逆钟背面的左侧篆带纹饰

44.1号逆钟背面的正鼓部纹饰

45.2号逆钟背面

46.2号逆钟背面的钲部铭文

47.2号逆钟背面的甬、旋和斡

48.2号逆钟背面的左侧篆带纹饰

49.2号逆钟背面的正鼓部纹饰

50.3号逆钟背面

51.3号逆钟背面的钲部铭文

52.3逆钟背面的甬、旋和斡

53.3号逆钟背面的左侧篆带纹饰

54.3号逆钟背面的正鼓部和右侧鼓部纹饰

55.4号逆钟背面

56.4号逆钟背面的钲部铭文

57.4逆钟背面的甬、旋和斡

58.4号逆钟背面的右侧篆带纹饰

59.4号逆钟背面的正鼓部和右侧鼓部纹饰

60.克钟41525号背面

61.克钟41525号背面的钲部铭文拓片

62.克钟41525号背面的左侧鼓部铭文拓片

63.克钟41525号背面的右侧篆带纹饰

64.克钟41525号背面的正鼓部和右侧鼓部纹饰拓片

65.克钟8107号背面

66.克钟8107号背面的钲部铭文

67.克钟8107号背面的左铣和左侧鼓部铭文拓片

68.克钟8107号背面拓片

69.克钟8107号背面的旋和斡纹饰拓片

70.克钟8107号背面的正鼓部纹饰拓片

71.克钟8107号背面的右侧鼓部纹饰拓片

72.克钟8107号背面的右侧篆带纹饰

73.克钟59·3·151号背面

74.克钟59·3·151号背面的钲部铭文

75.克钟59·3·151号背面的左侧鼓部铭文

11.虢叔旅钟三的左侧鼓部铭文拓片

12.虢叔旅钟四（上海博物馆藏）背面

13.虢叔旅钟四（上海博物馆藏）背面的钲部、左侧鼓部和左铣铭文拓片

14.虢叔旅钟四（上海博物馆藏）背面的甬、旋和斡

15.虢叔旅钟四（上海博物馆藏）背面的右侧篆带纹饰

16.虢叔旅钟四（上海博物馆藏）背面的正鼓部和右侧鼓部纹饰

17.虢叔旅钟五的钲部和左侧鼓部铭文（摹本）

18.虢叔旅钟六（泉屋博古馆藏）背面

19.虢叔旅钟六（泉屋博古馆藏）背面的钲部铭文拓片

20.虢叔旅钟六（泉屋博古馆藏）背面的左侧鼓部铭文拓片

21.虢叔旅钟六（泉屋博古馆藏）背面拓片

22.虢叔旅钟六（泉屋博古馆藏）背面的正鼓部纹饰拓片

23.虢叔旅钟六（泉屋博古馆藏）背面的右侧鼓部纹饰拓片

24.虢叔旅钟七（山东博物馆藏）背面

25.虢叔旅钟七（山东博物馆藏）背面的钲部铭文拓片

26.虢叔旅钟七（山东博物馆藏）背面的左侧鼓部铭文拓片

27.虢季编钟M2001:45号背面拓片

28.虢季编钟M2001:45号的甬和舞部

29.虢季编钟M2001:45号背面的篆带纹饰拓片

30.虢季编钟M2001:45号背面的正鼓部纹饰拓片

31.虢季编钟M2001:49号旋和斡

32.虢季编钟M2001:49号背面拓片

33.虢季编钟M2001:49号背面的钲部铭文

34.虢季编钟M2001:49号背面的左侧鼓部铭文

35.虢季编钟M2001:49号的甬和舞部

36.虢季编钟M2001:49号背面的正鼓部纹饰

37.虢季编钟M2001:48号于口

38.虢季编钟M2001:48号背面

39.虢季编钟M2001:48号背面拓片

40.虢季编钟M2001:48号背面的正鼓部和右侧鼓部纹饰

41.虢季编钟M2001:44号背面拓片

42.虢季编钟M2001:44号的甬和舞部

## 二　表格目录

# 参考文献

[B]

白川静：《金文通释》卷三（下），白鹤美术馆，1971年。

[C]

曹　玮：《周原出土青铜器》，巴蜀书社，2005年。

陈　畅：《三位中国考古学家类型学研究之比较》，《四川文物》2005年第6期。

陈公柔、张长寿：《殷周青铜容器上鸟纹的断代研究》，《考古学报》1984年第3期。

陈建立、刘　煜：《商周青铜器的陶范铸造技术研究》，文物出版社，2011年。

陈　洁：《河南所见周代编钟正鼓部纹饰研究》，中国艺术研究院硕士学位论文，2017年。

陈梦家：《西周铜器断代》，中华书局，2004年。

陈佩芬：《夏商周青铜器研究》（西周篇下册），上海古籍出版社，2004年。

陈荃有：《繁盛期青铜乐钟的编列研究》（上），《音乐艺术》2001年第2期。

陈双新：《两周青铜乐器铭辞研究》，河北大学出版社，2002年。

陈小三：《韩城梁带村M27出土卣、尊年代辨析——附论扇形钺与特殊的凤鸟纹饰》，《文博》2011年第1期。

陈英杰：《容庚青铜器学》，学苑出版社，2015年。

陈　垣：《校勘学释例》，中华书局，2016年。

陈振裕：《中国古代青铜器造型纹饰》，湖北美术出版社，2001年。

**[D]**

杜廼松：《中国青铜器发展史》，紫禁城出版社，1995年。

杜　勇、沈长云：《金文断代方法探微》，人民出版社，2002年。

段绍嘉：《扶风齐家村出土西周青铜器简介》，《扶风齐家村青铜器群》，文物出版社，1963年。

段　勇：《商周青铜器幻想动物纹研究》，上海古籍出版社，2003年。

**[F]**

方建军：《中国音乐文物大系·陕西卷》，大象出版社，1996年。

方建军：《美国收藏的逑钟及相关问题》，《天津音乐学院学报（天籁）》2007年第2期。

方建军：《应侯钟的音列结构及有关问题》，《音乐研究》2011年第6期。

[瑞士]费尔迪南·德·索绪尔著，高名凯译：《普通语言学教程》，商务印书馆，1980年。

冯光生：《周代编钟的双音技术及应用》，《中国音乐学》2002年第1期。

冯光生：《合谋与互动——谈音乐考古学与考古学的关系》，《音乐研究》2012年第5期。

**[G]**

高西省：《北方西周早期甬钟的特点及甬钟起源探索》，《西周青铜器研究》，陕西人民出版社，2005年。

高西省：《楚公编钟及有关问题》，《文物》2015年第1期。

高至喜：《西周士父钟的再发现》，《文物》1991年第5期。

高至喜：《晋侯墓出土楚公逆编钟的几个问题》，《晋侯墓地出土青铜器国际学术研讨会论文集》，上海书画出版社，2002年。

高至喜、熊传薪：《中国音乐文物大系Ⅱ·湖南卷》，大象出版社，2006年。

故宫博物院：《故宫青铜器》，紫禁城出版社，1999年。

关晓武：《探源溯流——青铜编钟谱写的历史》，大象出版社，2013年。

郭宝钧：《商周铜器群综合研究》，文物出版社，1981年。

国家图书馆金石拓片组（编）：《国家图书馆藏陈介祺藏古拓本选编》（青铜卷），浙江古籍出版社，2008年。

郭沫若：《毛公鼎之年代》，《金文丛考》，人民出版社，1954年。原载于《东方杂志》1931年第二十八卷第十三期。

郭沫若：《扶风齐家村器群铭文汇释》，《扶风齐家村青铜器群》，文物出版社，1963年。

郭沫若：《两周金文辞大系图录考释》，上海书店出版社，1999年。

【H】

韩宝强：《编钟声学特性及其在音乐中的应用》，《演艺设备与科技》2008年第1期。

韩宝强：《音的历程——现代音乐声学导论》，人民音乐出版社，2016年。

韩　鼎：《对<吕氏春秋>所载青铜器纹饰名称的几点看法》，《考古与文物》2011年第3期。

韩　巍：《西周金文世族研究》，北京大学博士学位论文，2007年。

韩　巍：《单逨诸器铭文习语的时代特点和断代意义》，《南开学报（哲学社会科学版）》2008年第6期。

河南省文物研究所、三门峡市文物工作队：《三门峡上村岭虢国墓地M2001发掘简报》，《华夏考古》1992年第3期。

河南省文物考古研究所：《河南商周青铜器纹饰与艺术》，河南美术出版社，1995年。

河南省文物考古研究所、三门峡市文物工作队：《三门峡虢国墓》（第一卷）上册，文物出版社，1999年。

胡奇光：《中国小学史》，上海人民出版社，2005年。

黄崇文：《中国音乐文物大系·天津卷》，大象出版社，1996年。

黄锦前：《师㝴钟及相关铜器系联研究》，《文博》2019年第1期。

黄锡全、于柄文：《山西晋侯墓地所出楚公逆钟铭文初释》，《考古》1995年第2期。

黄盛璋：《西周微家族窖藏铜器群初步研究》，《西周微氏家族青铜器群研究》，文物出版社，1992年。

【J】

贾洪波：《关于虢国墓地的年代和M2001、M2009的墓主问题》，《中原文物》2014年第6期。

【K】

《考古与文物》编辑部：《宝鸡眉县杨家村窖藏单氏家族青铜器群座谈纪要》，《考古与文物》2003年第3期。

孔义龙：《两周编钟音列研究》，中国艺术研究院博士学位论文，2005年。

【L】

李纯一：《中国上古出土乐器综论》，文物出版社，1996年。

李纯一：《周代甬钟正鼓云纹断代》，《音乐研究》1996年第3期。

李纯一：《周代钟镈正鼓对称顾龙纹断代》，《中国音乐学》1998年第3期。

李纯一：《东周钟镈正鼓蟠龙纹和兽面纹的断代》，《"宁慢爬，勿稍歇"——李纯一先生九五华诞学术研讨会文集》，中国文联出版社，2019年。

李纯一：《关于一些中原地区东周钟鼓部纹饰的思索》，《"宁慢爬，勿稍歇"——李纯一先生九五华诞学术研讨会文集》，中国文联出版社，2019年。

李纯一：《周代钟镈正鼓对夔纹和蟠虺纹断代》，《"宁慢爬，勿稍歇"——李纯一先生九五华诞学术研讨会文集》，中国文联出版社，2019年。

李恒贤、彭适凡：《西周甬钟》，《文物工作资料》1976年2月1日（总61期）。

李　零：《读杨家村出土的虞逑诸器》，《中国历史文物》2003年第3期。

李伯谦：《眉县杨家村出土青铜器与晋侯墓地若干问题的研究》，《古代文明》（第3卷），2004年。

李学勤：《西周中期青铜器的重要标尺——周原庄白、强家两处青铜器窖藏的综合研究》，《中国历史博物馆馆刊》1979年第1期。

李学勤：《试论楚公逆编钟》，《文物》1995年第2期。

李学勤：《膳夫山鼎年世的确定》，《夏商周年代学札记》，辽宁大学出版社，1999年。

李学勤：《试说宣王早年历日》，《夏商周年代学札记》，辽宁大学出版社，1999年。

李学勤：《眉县杨家村新出青铜器研究》，《文物》2003年第6期。

李学勤：《<商周青铜器幻想动物纹研究>·序》，《商周青铜器幻想动物纹研究》，上海古籍出版社，2003年。

李学勤：《庄白兴器的再考察》，《华学》（第八辑），紫禁城出版社，2006年。

李学勤：《论应侯视工诸器的时代》，《文物中的古文明》，商务印书馆，2008年。

李晓东：《文物学》，学苑出版社，2005年。

刘怀君：《眉县出土一批西周窖藏青铜乐器》，《文博》1987年第2期。

刘启益：《西周纪年》，广东教育出版社，2002年。

刘士莪、尹盛平：《铜器的形制、纹饰与铭文》，《西周微氏家族青铜器群研究》，文物出版社，1992年。

刘士莪、尹盛平：《微氏家族铜器断代》，《西周微氏家族青铜器群研究》，文物出版社，1992年。

刘　绪：《晋侯邦父墓与楚公逆编钟》，《长江流域青铜文化研究》，科学出版社，2002年。

刘　绪：《夏商周考古》，山西人民出版社，2021年。

[日]林巳奈夫著，[日]广濑薰雄、近藤晴香译，郭永秉润文：《殷周青铜器综览（第二

卷）：殷周时代青铜器纹饰之研究》，上海古籍出版社，2019年。

廖　军、吴晓兵：《装饰图案基础》，高等教育出版社，2007年。

娄金山、马新民、祝　容：《应侯见工诸器年代略考》，《中原文物》2012年第5期。

[美]罗泰著，吴长青等译：《宗子维城：从考古材料的角度看公元前1000至前250年的中国社会》，上海古籍出版社，2017年。

罗西章：《扶风出土的商周青铜器》，《考古与文物》1980年第4期。

罗西章：《陕西周原新出土的青铜器》，《考古》1999年第4期。

吕章申：《中国古代青铜器艺术》，中国社会科学出版社，2011年。

[战国]吕不韦著，陈奇猷校释：《吕氏春秋新校释》，上海古籍出版社，2002年。

## [M]

马承源：《商周青铜双音钟》，《考古学报》1981年第1期。

马承源：《商周青铜器纹饰综述》，《商周青铜器文饰》，文物出版社，1984年。

马承源：《商周青铜器铭文选》（三），文物出版社，1988年。

马承源：《中国音乐文物大系·上海卷》，大象出版社，1996年。

马承源：《中国青铜器》（修订版），上海古籍出版社，2003年。

马鸿藻：《考古器物绘图》，北京大学出版社，2008年。

马今洪：《首阳斋藏逨钟及其相关问题》，《中国古代青铜器国际研讨会论文集》，上海出版社、香港中文大学文物馆，2010年。

马无咎：《中国金石学概要》，台北艺文印书馆，1978年。

## [P]

彭适凡：《赣江流域出土商周铜铙和甬钟概述》，《南方文物》1998年第1期。

彭适凡、王子初：《中国音乐文物大系 II·江西卷》，大象出版社，2009年。

彭裕商：《西周青铜器窃曲纹研究》，《考古学报》2002年第4期。

彭裕商：《西周青铜器年代综合研究》，巴蜀书社，2003年。

## [Q]

秦　序：《半个世纪以来的中国古代音乐史学研究》，《南京艺术学院学报（音乐与表演）》2005年第2期。

裘锡圭：《甲骨文中的见与视》，《甲骨文发现一百周年学术研讨会论文集》，（台北）文史哲出版社，1998年。

曲文静：《功能·隐喻·观念：青铜纹饰在音乐考古学研究中的功用——以郑国祭祀遗址编钟为例》，《交响（西安音乐学院学报）》2020年第2期。

**[R]**

韧　松、樊维岳：《记陕西蓝田县新出土的应侯钟》，《文物》1975年第10期。

韧　松：《<记陕西蓝田县新出土的应侯钟>一文补正》，《文物》1977年第8期。

容　庚、张维持：《殷周青铜器通论》，文物出版社，1984年。

容　庚：《商周彝器通考》（重印版），上海人民出版社，2008年。

容　庚：《颂斋吉金图录·颂斋吉金续录·海外吉金图录》，中华书局，2012年。

［清］阮　元（校刻）：《春秋左传正义》，《十三经注疏》，中华书局，1980年。

**[S]**

陕西省考古研究所、宝鸡市考古工作队、眉县文化馆联合考古队：《陕西眉县杨家村西周青铜器窖藏》，《考古与文物》2003年第3期。

陕西省考古研究所、宝鸡市考古工作队、眉县文化馆杨家村联合考古队：《陕西眉县杨家村西周青铜器窖藏发掘简报》，《文物》2003年第6期。

山西省考古研究所、北京大学考古系：《天马——曲村遗址北赵晋侯墓地第四次发掘》，《文物》1994年第8期。

山西省考古研究所侯马工作站：《山西侯马牛村古城晋国祭祀建筑遗址》，《考古》1988年第10期。

陕西周原考古队：《陕西扶风庄白一号西周青铜器窖藏发掘简报》，《文物》1978年第3期。

上海博物馆青铜器研究组：《商周青铜器文饰》，文物出版社，1984年。

首阳斋、上海博物馆、香港中文大学文物馆：《首阳吉金：胡盈莹、范季融藏中国古代青铜器》，上海古籍出版社，2008年。

[清]孙诒让撰、孙启治点校：《墨子间诂》，《新编诸子集成》，中华书局，2001年。

**[T]**

唐　兰：《西周铜器断代中的"康宫"问题》，《考古学报》1962年第1期。

唐　兰：《西周青铜器铭文分代史徵》，中华书局，1986年。

田　率：《浅议虢季氏家族青铜器兼论西周晚期卿权》，《四川文物》2013年第2期。

田自秉、王淑生、田　青：《中国纹样史》，高等教育出版社，2003年。

[W]

王安石：《答司马谏议书》，《临川先生文集》（卷七十三），复旦大学出版社，2016年。

王大钧、陈　健、王慧君：《中国乐钟的双音特性》，《力学与实践》2003年第4期。

王　力：《中国语言学史》，山西人民出版社，1981年。

王　力：《汉语史稿》，中华书局，2004年。

王利器：《吕氏春秋注疏》，巴蜀书社，2002年。

王龙正、刘晓红、曹国朋：《新见应侯见工簋铭文考释》，《中原文物》2009年第5期。

王清雷：《西周乐悬制度的音乐考古学研究》，中国艺术研究院博士学位论文，2006年。

王清雷：《也谈兴钟的堵与肆》，《音乐研究》2007年第1期。

王清雷：《西周乐悬制度的音乐考古学研究》，文物出版社，2007年。

王清雷：《西周甬钟的考古类型学研究述评》，《音乐艺术》2018年第4期。

王清雷：《试论音乐考古田野工作——以两例考古新发现为例》，《中国音乐学》2020年第3期。

王清雷、陈伟岸、曹葳蕤：《当代编钟铸造的实地考察与思考》，《人民音乐》2020年第7期。

王清雷：《"旋""幹"名实考》，《音乐探索》2021年第3期。

王清雷：《西周甬钟篆带云纹研究》，文物出版社，2021年。

王世民、陈公柔、张长寿：《西周青铜器分期断代研究》，文物出版社，1999年。

王世民：《应侯见工钟的组合与年代》，《保利藏金（续）》，岭南美术出版社，2001年。

王世民：《略说首阳斋收藏的西周编钟》，《中国古代青铜器国际研讨会论文集》，上海出版社、香港中文大学文物馆，2010年。

［清］王先谦撰，沈啸寰、王星贤点校：《荀子集解》，中华书局，1988年。

王友华：《先秦大型组合编钟研究》，中国艺术研究院博士学位论文，2009年。

王子初：《中国音乐文物大系·湖北卷》，大象出版社，1996年。

王子初：《中国音乐文物大系·江苏卷》，大象出版社，1996年。

王子初：《晋侯苏钟的音乐学研究》，《文物》1998年第5期。

王子初：《中国音乐考古学》，福建教育出版社，2003年。

王子初：《中国青铜乐钟的音乐学断代——钟磬的音乐考古学断代之二》，《中国音乐学》2007年第1期。

吴宝安：《小议"头"与"首"的词义演变》，《语言研究》2011年第2期。

伍士谦：《微氏家族铜器群年代初探》，《西周微氏家族青铜器群研究》，文物出版社，1992年。

吴　山：《中国纹样全集：新石器时代和商·西周·春秋卷》，山东美术出版社，2009年。

吴镇烽、雒忠如：《陕西省扶风县强家村出土的西周铜器》，《文物》1975年第8期。

吴镇烽：《商周青铜器铭文暨图像集成》（第27卷），上海古籍出版社，2012年。

## [X]

夏含夷：《由眉县单氏家族铜器再论膳夫克铜器的年代附带再论晋侯苏编钟的年代》，《中国古代青铜器国际研讨会论文集》，上海出版社、香港中文大学文物馆，2010年。

咸阳地区文管会曹发展、陕西省考古研究所陈国英：《咸阳地区出土西周青铜器》，《考古与文物》1981年第1期。

项　阳、陶正刚：《中国音乐文物大系·山西卷》，大象出版社，2000年。

许倬云：《西周史》，三联书店，1994年。

许维遹撰、梁运华整理：《吕氏春秋集释》（新编诸子集成），中华书局，2009年。

## [Y]

杨　宽：《西周史》，上海人民出版社，2003年。

杨世铁：《"首"与"头"的历时考察》，《淮北师范大学学报（哲学社会科学版）》2013年第5期。

杨晓能：《另一种古史：青铜器纹饰、图形文字与图像铭文的解读》，三联书店，2012年。

陕西周原考古队 尹盛平：《西周微氏家族青铜器群研究》，文物出版社，1992年。

袁荃猷：《中国音乐文物大系·北京卷》，大象出版社，1996年。

## [Z]

张德良：《青铜器窃曲纹的来源及分型》，《文物》2009年第4期。

张光直：《商周青铜器与铭文的综合研究》，《中研院历史语言研究所专刊》六十二），1973年。

张光直：《李济文集》（卷四），上海人民出版社，2006年。

张玲玲：《山东所见周代编钟鼓部纹饰的音乐考古学研究》，中国艺术研究院硕士学位论文，2020年。

张懋镕：《西周青铜器断代两系说刍议》，《考古学报》2005年第1期。

张懋镕：《试论西周青铜器演变的非均衡性问题》，《考古学报》2008年第3期。

张天恩：《从逨盘铭文谈西周单氏家族的谱系及相关铜器》，《文物》2003年第7期。

张彦修：《河南三门峡市虢国墓地M2001墓主考》，《考古》2004年第2期。

赵宾福：《学术张忠培：考古人生八十年》，《中国文物报》2014年10月21日第3版。

赵世纲：《中国音乐文物大系·河南卷》，大象出版社，1996年。

周昌富、温增源：《中国音乐文物大系·山东卷》，大象出版社，2001年。

周　文：《新出土的几件西周铜器》，《文物》1972年第7期。

朱凤瀚：《古代中国青铜器》，南开大学出版社，1995年。

朱凤瀚：《应侯见工钟（两件）》，《保利藏金（续）》，岭南美术出版社，2001年。

朱凤瀚：《中国青铜器综论》，上海古籍出版社，2009年。

朱文玮、吕琪昌：《先秦乐钟之研究》，台湾南天书局，1994年。

朱载堉：《乐律全书》卷二十一，《四库全书》经部，乐类。

邹　衡：《夏商周考古学论文集（续集）》，科学出版社，1998年。

# 后　记

终于熬到了写后记的日子，这就意味着距离书稿进出版社的时间近在眼前了。

本书作为《西周甬钟篆带云纹研究》[1]的姊妹篇，前期资料的搜集与整理始于2008年，正式撰写始于2018年，到今日成书交付出版社，历时约14年。

作为一位学者，还是先谈两点自己这几年撰写两本书的体会吧，希望能对学界朋友有所启发。

第一，关于书名的不断变更与选题的不断缩小

2018年7月，在前期案头工作基本就绪的情况下，我开始着手撰写一本编钟纹饰的研究专著。最初，我确定的书名为《西周编钟纹饰研究》，并按照编钟不同位置的纹饰和种类等设计书稿大纲。但是进入具体的撰写阶段我才发现，同一种纹饰在不同的文献中有着不同的称谓。如"两头龙纹"及其异名至少有18种之多，这是本书现在的统计数据。记得当时我统计的"两头龙纹"及其异名更多，竟然有26种。作为一本专著中的同一种纹饰，必须统一用同一种名称，这是学术规范。所以，我首先要对"两头龙纹"及其26种异名逐一考辨。这就需要去查询、研读大量

---

[1] 王清雷：《西周甬钟篆带云纹研究》，文物出版社，2021年。

的青铜器纹饰的研究文献，逐一给予合理的商榷理由。特别令我头疼的是，有的纹饰查遍诸多文献，却没有发现合理的命名，竟然需要我自己去给予重新定名，顿时感觉重任在肩，压力山大。然后就是反复观察所研纹饰的纹样结构与形态，反复揣摩、推敲诸多青铜器纹饰研究文献中每一种纹饰的定名原理及限定性词汇，梳理辨析每一种纹饰分型分式的标准与逻辑关系。

不知不觉间，时间就到了2019年的暑假，发现自己仍然停留于甬钟篆带龙纹的定名考辨阶段。再看自己设计的书稿大纲，完成的部分还不到十分之一，可时间已经过去了1年多，这得写到何年何月才能完稿呢？于是，我果断决定瘦身，这是我当年撰写博士论文时得出的经验。当初我的博士论文开题时，论文大纲有9章，而到最后毕业答辩的时候，我的博士论文其实就是由当初的第一章扩充而成，篇幅约21万字。照方抓药，我重新审视第一次书稿《西周编钟纹饰研究》的大纲，看看哪一章具有扩充成一本书的潜质。根据我第一年的撰写体会，从图片资料的支撑、学术价值和已经完成的内容，第一次将书名改为《西周甬钟篆带纹饰研究》，然后重新设计书稿大纲。

2019年9月，我开始新书稿《西周甬钟篆带纹饰研究》的撰写。大约寒假的时候，我终于完成第一章第一节"西周甬钟篆带动物纹定名考"，开始第二节"西周甬钟篆带云纹定名考"的撰写。在这一节中，我按照云纹形态的不同，将西周甬钟篆带云纹分为6组，其中有3组西周甬钟篆带云纹的名称，在目前所见青铜器研究文献中找不到妥当的称谓，需要我予以重新定名。对于西周甬钟篆带云纹的类型学研究，我选择了45例西周甬钟实物标本，对于每一例甬钟实物标本必须要在梳理前人断代研究成果的基础上，做出自己的断代。特别令人烧脑的是，这些编钟多为拼合之器，即虽然为同一墓葬或窖藏出土，但纹饰不同，时代各异，如湖北宜昌万福垴编钟（12件）、陕西扶风五郡西村窖藏编钟（5件）、兴钟（21件）、晋侯苏钟（16件），等等。往往一组（套）编钟的断代，就耗费一两周乃至数周的时间。由于编钟的断代是后期篆带纹饰分型分式和分期断代的前提，这一环节如果出了问题，那么后面的所有研究必然会出现问题。所以，在编钟的断代环节必须一丝不苟、认真对待，万万马虎不得。但是，编钟的断代又绝非一件容易的事。仅就晋侯苏钟的断代而言，如将前人的断代研究成果汇总起来，完全可以编成一本著作了。

故此，当我面对45例篆带饰有云纹的西周甬钟标本的断代时，令人窒息的压迫感扑面而来。再看看《西周甬钟篆带纹饰研究》的书稿大纲，后面还有雷纹、波带纹、重环纹等几何纹样，还有龙纹、窃曲纹、蝉纹等动物纹样，每一种纹饰的类型学研究都会涉及一些西周甬钟标本的断代问题。霎时间觉得自己这本书稿，就像漂泊在学术海洋上的一叶孤舟，何时可以到达完稿的彼岸，成为一个未知数。

2020年2月，经再三考虑，我决定再次瘦身，选择西周甬钟篆带纹饰中数量最多的纹饰——云纹作为自己的研究对象，第二次将书名改为《西周甬钟篆带云纹研究》。至此，书名已经改了3次。接着就是重新设计书稿大纲，开始撰写。毛泽东同志说过："集中优势兵力，各个歼灭敌人"。经过两次缩小选题之后，对于西周甬钟篆带云纹而言，我还是具有"优势兵力"的。在书稿的撰写过程中，难啃的硬骨头会经常遇到，然后我就"集中优势兵力"歼灭之。2021年4月，《西周甬钟篆带云纹研究》[1]（约26万字，图片368幅）终于完成并交付出版社。

在第一个西周甬钟篆带纹饰的"根据地"成功建立的鼓舞下，为了完成西周甬钟篆带纹饰的体系性研究，我又开始第二本书《西周甬钟篆带动物纹研究》的撰写。虽然已经有了第一本书的撰写经验，使我大大提升了对纹饰研究的认知水平。但是，动物纹和云纹毕竟属于完全不同的两种纹饰，涉及的西周甬钟实物标本也完全不同，相当于再建立一个新的"根据地"。撰写过程中，依然会经常遇到一些难啃的硬骨头。幸好"优势兵力"还在，逐个歼灭之。今年2月中旬，终于完成书稿（约24万字，图片416幅），进入通校阶段。

以今天的体会来看，幸亏我在开始的时候，根据书稿的实际进度和难度一次次瘦身，将选题一次次缩小。《西周甬钟篆带云纹研究》和《西周甬钟篆带动物纹研究》这两部著作的文字加起来合计约50万字，图片784幅。回想一下，如果让我一次完成这样一本体量的书稿，肯定是坚持不下来的。因为我没有了"优势兵力"，伤敌八百，自损一千，失败是早晚的事。即便如此，现在的我其实已经接近强弩之末。所以，我建议学界朋友如果写专著，一定要根据研究的实际进展情况不断调整选题，控制好篇幅，这样才能保证按期完稿。否则选题再好，如果摊子铺得过大，

---

[1] 王清雷：《西周甬钟篆带云纹研究》，文物出版社，2021年。

战线拉得过长，恐怕最终难以完成，毕竟人的精力和能力是有限的。

第二，谈谈本书的"小题大做"

应该说，"西周甬钟篆带纹饰研究"这一选题已经很小了，因为西周甬钟纹饰还包括甬部纹饰、旋上纹饰、斡上纹饰、舞部纹饰、正鼓部纹饰和侧鼓部纹饰。但是我把"西周甬钟篆带纹饰研究"这一很小的选题又分为两本专著《西周甬钟篆带云纹研究》《西周甬钟篆带动物纹研究》来完成，可能有些读者会提出质疑：这是否过于"小题大做"？其学术价值究竟何在？我试从宏观和微观两个视角来谈这个问题。

其一，宏观视角的小题大做

在《出土文献与古文字研究青年学者访谈013：陈英杰》一文中，首都师范大学文学院教授陈英杰先生指出："很多学者都一再强调要确定自己的研究领地，因此，写文章忌四面开花，要围绕一个中心精耕细作，逐步形成自己的研究特色。"[1]所谓的"精耕细作"，就是要将你的中心研究选题分解成几个小题目去深入系统研究，这样才能逐步构建自己的学术体系，"形成自己的研究特色"。这样的"小题大做"也有学术价值。如果是"四面开花"型的"小题大做"，互不关联，其学术价值就会大打折扣。对于本书的选题而言，我的目的是以"西周甬钟篆带动物纹"为切入点，结合已经出版的《西周甬钟篆带云纹研究》一书，从而完成对西周甬钟纹饰的体系性研究，在此基础上，将来再做西周甬钟的考古类型学与分期断代研究，而最终研究成果是完成西周甬钟的音乐考古学研究，这就是我的"一个中心"选题。对于西周的礼乐重器——甬钟而言，如果仅有全面的音乐学研究，而缺乏深入的考古类型学研究，又怎能称之为音乐"考古"学的研究呢？所以，对于"小题大做"型专著，一定要有一个宏观的设计，所谓宏观把握，小处着手，这样就可以一步步完成一个具有体系化的专题研究了。

其二，微观视角的"小题大做"

本书的研究对象虽然是西周甬钟篆带所饰的动物纹。但是，在全书的研究中，绝非仅仅局限于西周甬钟篆带所饰动物纹，而是涉及甬钟的方方面面。比如，对西

---

[ 1 ] http://www.360doc.com/content/20/0817/10/31427089_930742028.shtml

周甬钟篆带动物纹做类型学分析之前，先要对所选择的西周甬钟实物标本做断代研究，否则无法对西周甬钟篆带动物纹分型分式，更无法做进一步的型式演变与分期研究。本书选择了20例纹饰清晰、来源可靠、资料完整的西周甬钟作为不同型式的实物标本。对于每一例甬钟，我先梳理出学界不同的断代观点。以虢叔旅钟的断代为例，目前学界主要有4种不同的观点："西周晚期"说、"西周晚期偏晚"说、"厉王"说和"宣王"说，这些观点分别出自15部文献，分别为《商周彝器通考》[1]《两周金文辞大系图录考释》[2]《西周青铜器铭文分代史徵》[3]《中国青铜器综论》[4]《西周青铜器分期断代研究》[5]等。然后，我需要逐一研读每一部文献，分析其断代依据何在，内容涉及编钟的纹饰、铭文、器型等，找到其断代的合理或者不合理之处。显然，这些问题仅仅通过研究甬钟篆带纹饰是远远解决不了的。在充分研读和吸收前人研究成果的基础上，我还要做出自己的断代，而不是选择其中某一位权威专家的观点而从之。在我断代的时候，要仔细分析该钟的调音情况，有时候还要结合测音数据；再反复观察该钟每个部位的纹饰，如甬、旋、斡、舞部、篆带、正鼓部和侧鼓部的纹饰，特别要关注每个部位纹饰形态的细节变化和工艺手法，确定它们各自"貌合神离"[6]之所在。"按照考古学的常识，判定某器物的年代是着眼于那些显示最晚年代特征的因素。"[7]故此，在对每一件甬钟的调音、纹饰等断代元素做到了然于胸之后，还需要再与其他西周甬钟做历时的比对，找到其"最晚年代特征的因素"之所在，最终得出自己认为合理的断代结论，这显然也是仅仅通过研究甬钟篆带纹饰所远远解决不了的。这就是从微观视角而言的"小题大做"。

[1] 容庚：《商周彝器通考》（重印版），上海人民出版社，2008年，第41页。

[2] 郭沫若：《两周金文辞大系图录考释》（上），上海书店出版社，1999年，第118~123页。

[3] 唐兰：《西周青铜器铭文分代史徵》，中华书局，1986年，第517页。

[4] 朱凤瀚：《中国青铜器综论》（上），上海古籍出版社，2009年，第363页。

[5] 王世民、陈公柔、张长寿：《西周青铜器分期断代研究》，文物出版社，1999年，第178页。

[6] 陈小三：《韩城梁带村M27出土卣、尊年代辨析——附论扇形钺与特殊的凤鸟纹饰》，《文博》2011年第1期，第27页。

[7] 张懋镕：《西周青铜器断代两系说刍议》，《考古学报》2005年第1期，第5页。

　　学术研究属于创造性劳动，而非工厂生产线上的产品可以批量生产，每一部专著都是多年学术积累的结果。这里面既包含着我多年的心血，更与老师们的悉心指导和诸多朋友的热心帮助密切相关。下面，就是我真诚的致谢！

　　诚挚感谢北京大学考古文博学院孙华教授。孙先生在百忙之中，能为本书赐序，我感到十分荣幸。在收到序言的那一晚，我失眠了。一是因为先生在序言的第一段言道："我答应写这篇书序的首要原因，是清雷是刘绪先生的弟子，刘绪先生不幸离开了我们，我算是清雷的师叔，代替清雷的老师给他的新书作序，也是理所当然的。"这句话一下子使我陷入对恩师刘绪先生深深的思念中，先生的音容笑貌如在眼前，先生的谆谆教诲如在耳畔，我不禁悲从中来，泪流不止。二是因为孙先生对本书的评价，令我十分感动。在序言中，先生认为本书的选题"无疑是恰当的"；在本书的论证过程中，"清雷对相关纹样铜钟年代的新见不时涌现，一些被误判或存疑的西周铜甬钟，都重新得到了更正"，"其学术意义是不言而喻的"，等等。这些肯定的话语，使我近几个月惴惴不安的内心终于平复下来，瞬间觉得自己十几年的辛苦付出都是值得的。三是因为先生在序言中还言道："读完清雷《西周甬钟篆带动物纹研究》的研究专著后，感触良多，不仅想应清雷要求给该书写篇书序，还想将该书及其姊妹篇《西周甬钟篆带云纹研究》一书合在一起，写一篇书评。"当初先生答应为本书赐序，我已经被感动得一塌糊涂，欣喜的心情久久不能平复。如今先生又提出要为拙著撰写书评，我真是感到荣幸之至。四是因为先生的厚重期许。先生在序言的最后两段言道："清雷是一个勤奋的学者，我相信在不久的将来，他就可以按计划陆续完成自己的系列研究……写出一部更全面和更丰富的音乐考古论著。我会一直期待着。"我虽然已经制定了未来的写作规划，但先生一句"我会一直期待着"，顿时令我产生了一种学术使命感。在今后的学术生涯中，我定全力以赴，专心学术，以不辜负先生的厚爱与期许。

　　诚挚感谢南京大学艺术学院黄厚明教授。2021年初，承蒙黄厚明教授抬爱，邀请我担任他即将申报的国家社科基金艺术学重大项目《中国艺术考古资料整理与研究》一个子课题的负责人。在详细了解课题情况之后，我欣然应允。2021年7月2日，该项目成功获批2021年国家社科基金艺术学重大项目（立项号：21ZD09），我担任其中子课题《音乐考古与中国礼乐文明研究》的负责人。本书的研究对象西周甬钟篆带动物纹，是中国艺术考古资料的有机组成部分。对西周甬钟篆带动物纹资料的整理与研究，可以管窥中国礼乐文明多元一体的文化特征。故此，项目首席专家黄厚明教授同意本书作为课题的阶段性成果出版。

诚挚感谢李纯一先生。正是李先生两篇研究编钟纹饰的文章（《周代甬钟正鼓云纹断代》[1]《周代钟镈正鼓对称顾龙纹断代》[2]），才使我知道编钟纹饰也属于音乐考古学的研究范畴，从而使我的研究领域逐步由编钟的乐学、律学与礼制研究，拓展到编钟的纹饰研究；也正是李先生的这2篇文章，使我初步了解了如何对编钟的纹饰做分析研究，并成为我研究编钟纹饰的"红宝书"。

诚挚感谢我的导师王子初先生。是子初先生引领我进入音乐考古学的研究领域，给予我多年的关爱与提携。子初先生为我提供了《中国音乐文物大系》这个重要的研究工作平台，使我接触到大量的编钟、编磬等定音乐器类音乐文物，从而在乐学、律学与音乐声学等音乐学研究方面打下了坚实的学术基础。子初先生特别重视出土乐器的音乐学断代，强调音乐考古学独有的研究方法，特别是《中国青铜乐钟的音乐学断代——钟磬的音乐考古学断代之二》[3]一文，对于我的西周甬钟断代研究具有高屋建瓴的指导意义与切实可行的应用价值。

诚挚感谢我的博士副导师、北京大学考古文博学院教授刘绪先生。从认识刘先生的第一天开始一直到去年9月26日先生仙逝，先生一直牵挂着我的事业发展和学术成长。去年上半年，我数次去看望先生，当面汇报山西陶寺北两周墓地出土乐器的资料采录与整理工作的进展情况，先生先后说起山西垣曲北白鹅墓地、四川广汉三星堆8号坑出土乐器之事，并推荐我去测音，还详细告知找谁联系和方式等。先生还特意说了一句："以后去考古工地测音，打着我的旗号就行啦！"当时我并没有在意这句话。现在想来，先生似乎已经有了某种预感，说这句话其实是别有深意的，其中既饱含着信任，还有对未来的嘱托。我和先生相识已18年有余。在和先生

[1] 李纯一 :《周代甬钟正鼓云纹断代》,《音乐研究》1996 年第 3 期。

[2] 李纯一 :《周代钟镈正鼓对称顾龙纹断代》,《中国音乐学》1998 年第 3 期。

[3] 王子初 :《中国青铜乐钟的音乐学断代——钟磬的音乐考古学断代之二》,《中国音乐学》2007 年第 1 期。

相处的18年中，我从来没有听过先生标榜过自己。例如，先生从来没有和学生聊过自己发表过哪些重要的文章，出版过哪些重量级的著作，提出过哪些重要的学术观点，在学界有何重要的影响，自己在文博考古界居于何等重要的地位等；在一些考古工地和开会现场，先生从来没有和大家聊过自己见过哪些大人物，参加过哪些重要的国际会议，参与过哪些考古文博方面的国家决策，当过哪些重大国家项目的评委等。回忆和先生相处的日子，始终感觉先生是如此的普通，如此的平凡。从先生身上，让我真切地认识到什么才是真正的低调与谦和，何为温润如玉的谦谦君子。我曾经希望先生能够长命百岁，希望自己能像一个永远长不大的孩子，一直生活在先生的羽翼下，享受着先生的学术指导与精神指引。听到先生仙逝的消息时，我的大脑一片空白，瞬间泪崩。我最爱的学术导师和心灵导师就这样走了，永远地走了。有关先生的任何一个帖子都会勾起我的许多回忆，陷入与先生的往事之中，然后就是控制不住的泪流满面。对于一个奔五的人，一个自认为很理性的大男人，竟然像林黛玉一样的脆弱与多愁善感，我自己都觉得不可思议！去年12月底，我刚刚拿到《西周甬钟篆带云纹研究》的第一批样书。当天晚上竟然梦到要去给先生送书，突然想起先生已经仙逝，没法送了，于是在梦里像孩子一样号啕大哭，最后醒了才发现是一个梦。先生仙逝已三个多月，我自己原以为那份伤痛已修复很多。但通过这场梦，才让我深切地知道，对先生的思念其实并没有分毫的减少，只不过都被自己的理性压抑在自己的潜意识里面而已。今年1月14日，我们全家去给师母乔淑芝女士拜早年，并奉上《西周甬钟篆带云纹研究》一书。同时，我向师母表示，我能否以自己的方式来纪念先生？那就是在我即将完稿的新书扉页上注明"谨以此书献给恩师刘绪先生"。师母当时没有立刻答应，说先看看我写的《西周甬钟篆带云纹研究》，考虑一下再回复我。这也在我的意料之中，因为师母也是一位非常低调的人。1月17日，师母来微信说："您说将在下一本书里写上献给刘老师的话，我同意。"所以，我在本书的扉页上专门注明："谨以此书献给恩师刘绪先生"，同时我又恩请师母为本书题写了书名，以表达我对先生的深切缅怀之情。

　　诚挚感谢项阳研究员、李宏锋研究员和赵为民教授。我的两位研究生曾以编钟鼓部纹饰研究为题撰写学位论文，分别为《河南所见周代编钟正鼓部纹饰研究》[1]《山东所见周代编钟鼓部纹饰的音乐考古学研究》[2]。项阳研究员、李宏锋研究员和赵为民教授在两位研究生的硕士论文答辩时，提出了诸多建设性的金玉良言，从而使得我对编钟纹饰的研究有了更为深入的认识。

2010年11月，我去陕西实地考察，采录一些西周编钟的测音与图片资料，先后得到陕西历史博物馆董理主任，西安博物院贾晓燕主任及赵希利、赵其钢、葛天、薛妮等几位工作人员，宝鸡青铜器博物院陈亮院长及赵峰、马继军、付洁等几位工作人员的热情帮助和鼎力支持。在此向以上诸位领导和工作人员表示诚挚的谢意。

诚挚感谢湖北省武汉精密铸造有限公司总经理兼技术总监李明安先生。2017年10月，我带领研究生陪同中央电视台《中华文明探源工程·音乐篇》摄制组到武汉精密铸造有限公司，全程拍摄当代编钟的铸造过程。由此，我全面而系统地了解了编钟的铸造过程，对原来书本上学到的编钟理论有了更为深入的认识。特别在校音的工序中，我充分了解到编钟调音的难度及其背后蕴涵的音乐声学与乐学理论知识，这对我利用调音为西周甬钟断代提供了非常重要的实践理论支撑。

诚挚感谢中国社会科学院考古研究所常怀颖和中国国家博物馆冯峰两位先生。就述钟篆带纹饰的定名和工艺手法问题，我曾求教于常怀颖先生，颇多启发，受益良多。2022年初，冯峰先生帮我核实了中国国家博物馆所藏述钟的编号及来源，彻底解决了我心里的疑问；同时，我还向他请教了虢季编钟的断代问题，了解到一些西周青铜器与墓葬的最新断代认识。

诚挚感谢我的研究生们，如李璐、焉瑾、曹葳蕤、陈伟岸、宋骁双、操知箴、郭雯、魏旭爽、陆昕怡、陈健、尹衡炎，他们有的曾协助我出差考察，有的曾帮我从知网下载文章，有的曾帮我翻拍一些西周编钟的图片，有的曾帮我整理有关资料。尤其是尹衡炎，他帮我通校全书，从本书的初稿一直到出版稿的三校，从而提升了本书的校对质量。

感谢我的妻子张玲玲女士。由于写书需要全神贯注，最忌分神。所以，家里几

[1] 陈洁：《河南所见周代编钟正鼓部纹饰研究》，中国艺术研究院硕士学位论文，2017年。
[2] 张玲玲：《山东所见周代编钟鼓部纹饰的音乐考古学研究》，中国艺术研究院硕士学位论文，2020年。

乎所有的事情都由她来打理，为我提供了一个平心静气的写作环境。对于孩子的教育，她宽严相济，管理有方，使我不用担心孩子的学习问题。对于我的母亲，她总是耐心地哄老人开心，把老人的方方面面都记在心里。有时候给老人家买衣服或日常用品，她会根据老人的喜好花费很长的时间在网上反复挑选，然后会不厌其烦地配合老人家退货、换货、再退货、再换货，如此反复，直到老人家满意为止。特别是，她还是我的一位良师诤友。在我写到某些特别令人纠结的问题时，有时候就想化纠结为省略或敷衍，但总会遭到她的一顿严厉批评。处于焦头烂额时的我，肯定会不高兴，也会针锋相对、振振有词的反驳。但事情过后，待情绪冷静下来，我还是觉得她说的有道理，那些令人纠结而崩溃的问题，往往也是学术创新点所在。所以，最后我还是老老实实，一丝不苟地把这些问题厘清、解决。另外，妻子帮我通校全书（一校至彩样），指出了一些学术和格式方面的问题，使本书得到进一步的完善。能有这样一位良师诤友型的妻子，乃是我的荣幸和福分。

　　还有一个我需要感谢的人，那就是我的儿子王家翊。和他在一起的时候，是我非常快乐的时光，那种快乐是真正发自心底的快乐和幸福。在我儿子小的时候，我们两个人总是无忧无虑、没心没肺、像傻子一样的瞎玩瞎闹，是儿子让我有生以来第一次体会到释放天性的快乐是一种什么样的感觉。由于我的腿伤不能干重活，儿子成了家里的大总管，一些累活都是儿子来做，分担了许多家务。现在初中的他，经常和我斗智斗勇，我经常是甘拜下风，只有妻子才能降服这个"孙猴子"。儿子善良、热情、勤劳、宽容，属于那种无论到了哪里都不缺朋友的孩子，令我十分欣慰。

　　最后，我再次向所有帮助过我的老师、领导、朋友、妻子和儿子，致以诚挚的谢意！感恩导师教导我在学术上不断成长，感恩师友给予我的无私帮助，感恩妻子兼诤友的默默付出与严厉批评，感恩儿子赐予我幸福和快乐。

王清雷

2月25日定稿

4月26日修订